근대시의 경계적 상상력

지은이 오문석(吳文錫, Oh, Moon-seok)은 1965년 전북 정읍 출생으로 연세대학교 국어국문학과와 동대학원 국어국문학과 졸업했다. 문학박사, 문학평론가로 현재 조선대학교 국어국문학과 교수이다. 주요 저서로『백년의 연금술』(2005),『시는 혁명이다』(2006)가 있고, 역서로『바흐친의 산문학』(2006),『자크 데리다의 유령들』(2007) 등이 있다.

근대시의 경계적 상상력

2008년 2월 20일 1판 1쇄 인쇄
2008년 2월 25일 1판 1쇄 발행

지은이 _ 오문석
펴낸이 _ 박성모
펴낸곳 _ 소명출판
등록 _ 제13-522호
주소 _ 137-878 서울시 서초구 서초동 1621-18 (란빌딩 1층)
대표전화 _ (02) 585-7840
팩시밀리 _ (02) 585-7848

somyong@korea.com | www.somyong.co.kr
ⓒ 2008, 오문석
값 17,000원
ISBN 978-89-5626-292-5 93810

근대시의 경계적 상상력

Liminal Imagination in Modern Poetry

오문석

소명출판

  운문시대의 장르인 서정시가 산문시대에도 생존을 지속한다는 것은
일종의 기적이다. 서사시·극시 등 거대 장르들의 멸종에도 불구하고 보
잘 것 없는 서정시가 시의 시대를 기억하는 마지막 장르로서 살아남을
수 있었던 비결은 알 수 없다. 서정시 연구는 대부분 그 비밀에 접근하는
경로의 발견과 다르지 않다. 폴 드 만(Paul de Man)에 따르면 그 비밀은 산
문시대의 한계를 지시하는 서정시의 지혜에 담겨 있다. 다시 말해 산문
시대에 속하지 않는 운문시대의 지혜를 담고 있기 때문에 운문시대의 종
언에도 불구하고 서정시가 산문시대의 타자로서 생존할 수 있었다는 것
이다. 서정시는 산문시대의 탄생을 위해 필요했던 전근대적 타자였던 것
이다. 그 타자로서의 기능을 충실히 수행했기 때문에, 그리고 타자는 절
대 소멸하지 않는다는 프로이트의 원칙에 따라, 서정시는 지속적인 수명
을 보장받을 수 있었던 것이다. 그런 의미에서 보면 서정시는 근대 사회
의 타자의 자격으로 시민권을 획득한 독특한 장르에 해당된다.
  다시 말해 서정시는 산문시대와 운문시대에 동시에 속한 장르이다.
산문시대의 내부에 속하면서 동시에 산문시대의 외부에 속할 수 있는
유일한 장르인 것이다. 내부와 외부에 동시에 속할 수 있는 서정시의
장르적 지반을 가리켜 이 책은 '경계적 상상력'이라 명명했다. 내부와

외부, 산문과 운문, 언어와 비언어, 천상과 지상 등등의 모든 경계를 넘나들며 서정시는 번식한다. 그 번식의 현장에서 서정시의 생존의 지혜를 발견할 수 있다는 것이 이 책의 잠정적 전제이다. 서정시는 차라리 그 경계를 서식지로 삼는다. 그리고 서정시 생존의 지혜인 경계적 상상력은 그것을 추적하는 연구자들의 자유로운 상상력을 보장한다. 그러한 믿음에 근거하여 이 책은 한국의 근대시를 지탱하는 경계적 상상력의 흔적을 추적한다.

그 첫 번째 대상으로 프로시를 선정하였다. 프로시는 식민지 시대 진보적 문인단체 카프(KAPF)를 중심으로 생산된 일련의 시를 가리키는 것으로, 크게 보아 전기의 프로파간다 시와 후기의 프롤레타리아 시로 나뉜다. 프로시라는 명칭은 프로파간다와 프롤레타리아의 앞글자 '프로'를 모두 포괄한 것이다. 하지만 일반적으로 프로시는 부르주아 서정시를 타자로 배제하면서 성장한 프롤레타리아 서정시(단편서사시와 같은 명칭이 통용된 적이 있지만 대체로 프로시는 근대시=서정시의 테두리를 크게 벗어나지 못하였다)를 가리킨다. 이때 프로시의 경계적 상상력은 부르주아 서정시를 타자로 지목하면서부터 작동한다. 부르주아 서정시는 프롤레타리아 서정시의 가능성과 불가능성을 동시에 보여주는 대상이기 때문이다. 부르주아 서정시를 부정하면 서정시 자체가 불가능해지고, 부르주아 서정시를 유산으로 받아들이면 서정시는 가능해도 프롤레타리아 서정시의 성격이 모호해진다. 따라서 프로시 내부의 발전과정은 부르주아 서정시라는 타자의 처리 문제를 둘러싼 갈등의 연속으로 구성되어 있다. 그 상상력의 진폭은 대개 부르주아 서정시에서 가장 멀어진 '삐라시'와 부르주아 서정시의 혐의를 받고 있는 '단편서사시' 사이에서 이루어진다. 이 과정에서 벌어진 대부분의 갈등 양상은 부르주아 서정시라는 외부를 프롤레타리아 서정시 내부에 안착시키는 방법에 관련된다. 이것이야말로 근대시의 경계적 상상력을 유감없이 보여주는 대목이다. 따라서 이 책은 우선 프로시 자체가 아니라 프로시의 정체성 형성을 둘러싸고 벌어지는 논쟁적 지점들을 통사적으로 살피고 있다.

두 번째 논문에서는 위와 같은 논지를 프로시에 적용하여 농촌과 도시의 경계에서 이루어지는 상상력의 형성 과정을 살펴보았다. 도시를 기반으로 형성된 프로시가 도시적 삶을 부정하고 농촌 공동체를 미래 사회의 모델로 설정하는 모습은 산문시대에 서정시의 생존전략을 반복하고 있어 주목된다. 그 경계적 상상력의 작동이 아니었다면 프로시는 존재 이유를 상실했을 것이다. 서정시의 생존전략이 프로시를 통해 현시되는 모습을 확인하게 될 것이다. 그런 의미에서 프로시 연구에 있어서도 경계적 상상력이 요구된다는 사실을 강조하려 했다. 연구자의 경계적 상상력이란 연구 대상이 처해 있는 곤경의 지점에 투입된 에너지를 가리킨다. 그 곤경의 지점은 연구 대상의 자명성이 사라지는 순간에 드러나게 되는데, 프로시야말로 그러한 상황에 처해 있다고 판단했기 때문이다.

세 번째 논문에서 최남선이 친일 문제를 처리하는 방식에서도 마찬가지다. 최남선의 친일은 순간적인 변심과 전향을 통해 이루어진 것이 아니라 반일의 열정이 극에 달했을 때 친일에 편입하게 된다는 것이 본 논문의 요지이다. 친일과 반일의 경계가 모호하다는 것을 주장하기보다는 이광수의 말처럼 '민족을 위한 친일'이라는 모순된 논리가 가능하다는 것을 입증하고자 했다. 본 논문은 최남선에 대한 연구물 시리즈에 해당된다. 이미 다른 글에서 밝혔듯이 최남선은 '시조'를 통해서 '자유시'의 잘못된 길을 바로잡고자 했던 경력이 있는 사람이다. 그것은 국문학의 초석을 놓는 발상에서 가능한 것으로, 국문학의 받침돌에 놓여 있는 경계적 상상력을 확인할 수 있었다. 그리고 경계적 상상력은 최남선의 학문세계에서도 반복되고 있다.

네 번째 논문은 국경지방에서 나고 자란 시인 이용악의 경계적 상상력을 살펴보았다. 이용악의 시에서 두만강을 중심으로 만주와 연해주, 일본을 잇는 국경을 상상력의 근거지로 삼는 경우를 살펴보았다. 예컨대 「오랑캐꽃」에서 작동하는 것은 우리와 그들의 대립이지만, 그 시에서 오히려 그는 우리의 정체성 형성을 위해 희생되는 타자를 향한 애도를 표현하고 있다. 이향을 통해 더욱 깊어지는 향수는 말할 것도 없이 국경에서 이루어지는 경계적 상상력의 대표적 작동방식이다.

다섯 번째 논문은 박두진의 초기시에 나타나는 자연에 이미 후기시의 신적인 비전이 자리하고 있다는 논지를 제시하고 있다. 이를 통해 박두진의 자연이 청록파 일반의 자연에서 구별되어야 한다는 것, 그리고 초기시의 개성은 박두진 시세계 전체의 관점을 통해 보았을 때 의미가 있다는 생각을 보였다. 그리하여 지상과 천상의 경계를 넘나드는 박두진 시의 경계적 상상력의 흔적을 추적해볼 수 있었다.

마지막 논문은 식민지 시대 학교 교지의 위상을 고찰해 본 것이다. 당시의 학교 교지는 오늘날의 그것과 다른 위치를 차지하고 있었는데, 예컨대 교내와 교외를 잇는 역할을 하고 있었던 것이다. 교지는 우선 일종의 B급 문단의 존재를 보여준다. 교지는 주류 문단의 권위를 승인하는 토대로 작동하는 것이다. 또한 그들의 대사회적 발언의 수위는 식민통치의 기초자료로도 활용되었다. 저항의 목소리는 통치의 방식을 설정하는 데 긴요한 자료로 쓰이는 것이다.

이 모든 글들을 관류하는 '경계적 상상력'은 서정시의 생존전략에만 한정되는 것이 아니다. 오히려 문학을 연구하는 과정에서 발산되는 활력의 다른 이름이기도 하다. 그것이 거창하게 사회적 의미를 지닌다고 말할 수는 없겠지만, 필자의 경우 연구가 시작되고 연구가 종료되는 지점을 봉인하고 있는 열쇠인 것은 분명하다. 이 책을 통해 장차 있을 연구의 출발지점을 표시해두고자 한다. 이 책의 출간을 지원해주신 연세대학교 근대한국학연구소와 김영민 교수님께 감사드리며, 작업을 도와준 김성숙, 이승은 후배, 그리고 무엇보다 소명출판 박성모 사장님께 고마움을 전한다.

2008년 2월

오문석

제1장

프로시론의 전개과정 연구

1. 서론

이 글은 1920~30년대에 걸쳐서 진행된 프로시론[1]의 전개과정을 사적으로 검토하고, 한국의 근대시론 형성에 있어서 프로시론이 차지하는 위치를 올바르게 자리매김하는 데 일차적 목적을 둔다.

프로문학연구 혹은 카프(KAPF)를 중심으로 전개된 문학이론과 비평에 대한 연구와 작업은 한때 일정한 수준에 도달하였지만 최근에는 정체된 모습을 보인다. 하지만 일정한 수준에 도달했다고 판단되는 프로문학 연구에서조차 '프로시의 이론'에 대한 관심은 높지 않았고 따라서 연구 성과 또한 일천하다. 한때 시와 리얼리즘의 관련성에 대한 비상한 관심이 있기도 했지만 그것 또한 식민지 시대 '시론'이 아니라 '시작품'에서

---

1) 이 글에서 프로시론은 프로파간다(propaganda) 시론 및 프롤레타리아(proletariat) 시론을 동시에 가리키는 개념이다.

이론적 근거를 찾는 현상을 보게 된다. 이러한 현상은 카프 내부 시 이론의 수준이 높지 않았던 데도 원인이 있겠지만, 본질적으로는 프로시론 자체에 대한 정보의 부족을 탓할 수 있다. 실제로 프로시론이 문제가 될 때마다 몇몇 뛰어난 논쟁을 중심으로 마치 그것이 프로시론의 전부인 것처럼 논의되는 경우가 많았다. 이 글은 우선 프로시론에 대한 정보의 부족으로 인해 발생된 오해를 바로잡는 역할을 하게 될 것이다.

한국에 근대적 시론이 도입되고도 자체적으로 생산한 시론은 그리 많지 않다. 적어도 김수영과 김춘수 이후에야 우리는 그러한 노력의 결실을 겨우 만나게 될 뿐이다. 그 전까지 수없는 시행착오의 과정을 거쳤지만 그 모든 것들이 의미 있는 시도라고 볼 수는 없다. 하지만 적어도 프로시는 참조할 서구 시론이 많지 않은 상황에서 카프 내외부의 논쟁을 통해서 자체적으로 형성된 이론 탐색의 과정을 보여준다. 따라서 프로시론은 한국적 근대시론의 가능성을 보여주고 있다. 이것이 프로시론을 정리해야 할 두 번째 이유이기도 하다.

그 동안의 프로문학에 대한 연구가 주로 소설론 또는 비평론에만 국한되고 시론에 대한 연구가 많지 않았던 데에는 시 장르의 특수성을 고려한 논의가 일천했던 당시의 카프문학운동에도 원인이 있겠지만, 더욱 중요한 원인은 프로시론을 비판적으로 분석할 수 있는 이론적 참조틀이 부재하다는 데에 있기도 하다. 그러므로 프로시론이 한국적 근대시론의 가능성을 보여준다면, 그 까닭은 모더니즘 시론처럼 참조할 만한 서구의 이론적 출처가 적었다는 데 있다. 알다시피 모더니즘 시론은 영미 신비평과 이미지즘 운동, 초현실주의 등의 다양한 이론적 근거에서 안전하게 시작하는 경우가 많았다. 그렇기 때문에 한국 모더니즘 시론 연구는 마치 서구의 모더니즘 시론을 반복하고 있다는 느낌을 주기 쉽다. 양측 시론의 비교문학적 접근법을 무시할 수 없기 때문이다. 그런 까닭에 한국 모더니즘 시론의 독자적 사유 구조를 발견하기도 쉽지 않다. 하지만 리얼리즘 시론에 해당되는 프로시론 연구의 경우에는 참조할 서구시론이 그리 많지 않았다. 시와 리얼리즘의 관련성에 대한 각종 논의에서도 그랬던 것처럼 프로시론에 한정한다면 모범적 서구 이론이 부재하다. 그렇기 때문에 한국에서의 프로시론은 그 자체만으로도 순수한 자기반성의 산물이며, 그것을 대상으로 하는 연구는 곧 국내 연구자들의 이론 생산의 능력을 점검하는 기회가 되기도 한다. 왜냐하면 시와 리얼리즘이라고 하는 서로 화해할 수 없는 두 영역을 화해시키려는 부질없는 시도에 관심을 두고 있기 때문이다. 그러므로 이 글은 프로문학 연구의 공백을 메우기 위해, 그리고 리얼리즘과 시의 관계를 중심으로 좌충우돌하며 성장했던 한국적 프로시론의 기록을 목적으로 그 시론의 변천 과정을 통시적으로 정리하려고 한다.

시론을 정리하는 문제는 단순히 그 논의를 순서대로 기록하고 열거하는 데 있지 않다. 그와는 반대로 그 논의를 추적하면서 그 수준을 가늠할 수 있는 기준점이 어느 정도 있어야 함에도 불구하고 프로시론을 과연 시론으로 평가해줄 만한 것인지 판단하기 어려울 정도로 프로시론의 미학적 기반은 충분하지 않았고 현재도 그러하다. 이 글도 동일한 문제를 안고 시작한다. 시의 특수성과 현실반영의 가능성을 화해시키려는, 아직도 해결되지 못한 문제를 동시에 만족시킬 만한 미학적 근거는 아직까지도 충분치 않다. 프로시론의 역사는 따라서 그 과정에서 발생할 수 있는 지침의 설정과 좌절의 기록, 그리고 반성의 역사일 수밖에 없다. 따라서 프로시론의 통시적 정리는 어떤 목적론적 지점을 설정하고 그 진전사항을 측정하는 문제가 아니다. 오히려 한국에서의 프로시론의 역사는 나침반도 없는 낯설고 어두운 영역에서 우연히 해결해야할 문제에 직면하고 시급히 해답을 제시해야만 했던 끝없는 탐색의 연속으로 이루어져 있다. 따라서 당시의 시론이 고민한 지점을 발견하고 그 고민이 만들어가는 길을 따라가는 것만으로도 충분히 의미 있는 작업이라고 생각한다. 그렇기 때문에 다소 무리하게 통시적 구도를 설정하였다. 물론 그들의 고민은 더 이상 현재 우리들의 고민이 아닐 수 있다. 그리고 그들의 고민이 혹 잘못 설정된 문제에 집착하는 어리석음으로 비칠 수도 있다. 하지만 어리석음을 감수하면서까지 독자적 노선을 만들어간다는 것 자체만으로도 한국의 근대적 문학이론의 역사에서는 흔치 않은 소중한 시도라 생각한다. 그러므로 이 글은 어떠한 이론적 틀도 강요하지 않은 상태에서 식민지 시대 프로시론의 전개과정을 통시적으로 살펴보고자 한다.

프로시론의 역사를 통시적으로 살펴보는 데에 있어서 이 글은 다음과 같은 점을 특히 중점적으로 살피고자 한다. 첫째, 프로시론의 전개과정에서 자연스럽게 시의 특수성 문제가 대두하기까지 그들이 보여줬던 시행착오를 충분히 살펴본다. 프로소설론에 비해서 프로시론은 이론적 근거가 탄탄하지 못했기 때문에 간혹 소설에서 적용되어야 할 이론을 무매개적으로 시에도 적용하려고 했다. 그리고 그 무매개적 적용이 시 장르의 특수성으로 소화해낸 부분보다는 그렇지 못한 부분이 더 많았다. 타 장르에 적용되는 이론이라고 모두 다 시에 적용될 수는 없는 것이고 보면 그 진통과정을 살피는 것도 의미가 있다. 특히 시의 특수성을 고려하게 된 시점, 즉 사회주의 리얼리즘의 도입 이전까지는 문학의 특수성조차 인정하지 않았을 뿐 아니라 그 중심이 프로파간다(propaganda)에만 있었다는 점에서 이 글에서는 그것을 구별하여 프로파간다 시론이라고 호명한다. 물론 프로파간다 효과는 문학을 판별하는 주요 기준이 될 수는 없다. 왜냐하면 프로파간다 효과는 문학이 아닌 다른 수단과 문학적 수단 사이의 경계를 무화시키기 때문이다. 따라서 프로파간다 시론은 독자적 문학론을 생산했다기보다는 새로운 문학론에서 해결해야 할 문제를 안겨주었다는 점에서 프로시론의 전주곡으로 볼 수 있다. 하지만 그 프로파간다 효과가 문학론 속에서 끈질기게 남아 있음으로 해서 프로문학론은 진정한 이론으로 발전할 수 있었다. 그러므로 프로파간다 시론과 본격적인 프로시론의 차이는 문학의 특수성을 이론적 고려의 대상에 포함하느냐 여부에 달려 있다. 더구나 프로파간다 시론의 부정적 측면은 당시 프로시 실천의 이론적 반영이다. 그것이 시의 추상화이다. 시의 추상화는 문학의 경계를 불신하고 과감히 추상적인 주관이 직접 문학의 표면으로 부각되는 장면에서 연출되는 것이다. 프로문학의 아방가르드적 속성을 유감없이 보여주는 이 장면이 이후의 프로시론에서 어떤 역할을 수행하는지를 판별하는 것도 중요한 관심사이기도 하다. 프로문학이 어떤 의미에서는 구체성을 생명으로 한다는 점에서, 추상성의 원인과 그 해소방안에 대한 연구는 프로시론 내부에서 지속될 것이기 때문이다.

둘째, 이 글은 통시적인 접근과 공시적 연관성의 시각을 동시에 유지하려고 한다. 프로시론의 발전은 낭만주의 시론과 모더니즘 시론 사이에서 서로 영향을 주고받으면서 시론으로서의 주장을 명확히 할 수 있었기 때문이다. 그러므로 타 시론과의 차별성과 동일성은 프로시론의 독자성을 해명하기에 적절한 기준이 될 것이다. 또한 당시의 프로문학론, 즉 소설론과도 유기적으로 연관되는 측면도 중시하려 한다. 시론과 소설론이 기본적으로 공유하는 문제의식을 무시할 수는 없기 때문이다.

셋째, 가급적이면 시의 특수성으로서는 정서와 감정을, 프로시론에 대한 기본적인 시각으로서는 현실반영의 문제를 중심에 놓고 그 긴장관계를 그대로 담고자 한다. 특히 정서와 감정이 어째서 현실반영과 충돌하는지, 그 충돌을 의식하였을 때 어떤 문제들이 지속적으로 출현하는지를 살펴보고자 한다. 그 충돌을 자각하고 해명해가는 과정과 그 해결방법을 주시하는 것이야말로 프로시론 연구의 목적이기도 하다.

넷째, 사상의 문제, 즉 도식(schema) 및 시각(perspective)의 문제가 시의 특수성 문제와 상충되는 부분을 주시하고 그때 프로시론이 그 문제를 해결해나가는 과정을 주목하려고 한다. 특히 도식은 사물을 분별하는 계급적 기준 때문에 중시되지만, 다른 측면에서는 시의 추상성을 발생시키는 원인이기도 하다. 그 도식이 세계관 혹은 당파성으로 연결되면서 시론 내부에서 어떤 기능을 수행하는지 살펴보고자 한다. 다른 말로 하면 그것은 특정 계급의 시각이라고 하겠는데, 그것은 부르주아 문학과 갈라서는 부분이기도 하다. 하지만 부르주아 문학과 갈라서면 대개는 문학에서 멀어진다는 문제에 부딪히게 된다. 따라서 프로시론의 역사는 부르주아와 결별하고자 하면서도 부르주아 문학과는 쉽게 결별하지 못하는 딜레마의 기록이기도 하다. 그리고 그러한 난점이 많으면 많을수록 프로시론의 탄탄한 발전에는 득이 된다는 사실을 기억해야 한다.

2. 1920~30년대 프로시론의 전개과정

1) 낭만주의 시론

(1) 상징주의 시론

1910년대 중반 상징주의 시론의 국내 유입은 한국에도 시민 의식에 토대한 자율적 문학이론의 성립을 예고한 것이다. 그때까지의 모든 비문학적인 것의 간섭으로부터의 해방을 토대로 하는 자율적 문학이론에서 문학은 이제 한낱 무기능적 내지 기능중립적인 것이 되고, 작가는 자신의 주관성에만 관계를 맺어야 하는 '사회의 국외자'[2]로 자리하여 문학 고유의 탑을 세우게 된다. 그것은 한국에서도 비로소 문학 특유의 영역을 중심에 두고 사유할 수 있는 기회가 주어졌다는 긍정적 측면만큼이나 부정적인 결과도 초래하게 된다. 그 대상을 시에 한정해볼 때, 전통적 동양 시론에서부터 개화기 시론에 이르기까지 한국 시론에 뿌

---

2) 김문환, 『근대미학연구』 1, 서울대 출판부, 1986, 148면.

리 깊이 남아 있었던 시의 대사회적 기능이 무의미한 비문학적 의도로 처리되기에 이르렀다. 상징주의 시론의 유입이 전통에 대한 무자비한 단절로 평가되는 것도 여기에서 비롯된다. 상징주의는 이처럼 사회 현실에 대해서 더 이상 아무런 기능도 주장하지 않는다는 것을 전제로 성립된 문학론에 가깝다. 그런 의미에서 프로파간다 시론의 등장은 현실에 대한 무기능성, 무관심성을 강조하는 상징주의 시론에 대한 일종의 도전이라고 할 수 있다.

그러나 비록 프로파간다 시론이 외형상 모든 부르주아 시론에 대한 적대적 성격을 유지하려고 하더라도, 결코 시 자체를 부정할 수는 없었다. 따라서 프로파간다 시론 또한 상징주의가 세워둔 문학의 자율성 영역에 어느 정도 의존할 수밖에 없었다. 그러므로 프로파간다 시론은 이중의 임무를 띠게 된다. 한편으로는 상징주의가 추방한 문학의 사회적 기능을 다시 회복하는 것, 다른 한편으로 그에 따라 상징주의가 세워 놓은 문학의 자율성을 재정의하는 것이 그것이다. 문학의 대사회적 기능도 중요하지만 문학의 자율성 역시 무시할 수 없는 중요한 자산이기 때문이다. 어쩌면 상징주의 시론이 시적인 것과 비시적인 것의 엄격한 분리를 강조하지 않았다면 프로파간다 시론은 등장할 수조차 없었을 것이다. 이처럼 시의 절대적 자율성을 재조정하고 시에 대사회적 기능을 회복시킨다는 것이 프로파간다 시론의 어려운 과제에 해당된다. 그렇다면 상징주의 시론이 설정한 시의 자율성론은 과연 시론 체계에서 어떤 식으로 자리하게 되었는지를 먼저 살펴볼 필요가 있다.

알다시피 한국 근대시사에서 자유시를 이론적으로 제시한 공적은 상징주의를 도입한 일군의 시인들[3]에게로 돌아간다. 하지만 그들이 이론적으로 자유시를 모색하기 이전부터 이미 한국에서는 자유시형으로 가는 여러 징후들이 존재하고 있었다는 사실도 무시할 수 없는 의미를 지

---

[3] 이하 백대진·김억·황석우·주요한 등 상징주의 시론의 전신자들을 '상징주의자'로 호칭하기로 한다.

닌다.4) 이때 봉건적 시형의 엄격한 절차가 시를 소수의 특권층에게 한정하는 결과를 낳았다면, 그 시형에 대한 해체를 의미하는 자유시형에는 시에 대한 향수계층의 특권화를 해체하고 그것을 다수의 민중에게로 개방한다는 무의식적 기도가 내재한다. 자유시형으로 표현된 시의 대민중적 개방성은 이처럼 봉건 시대의 계급적 차별성을 시의 형식면에서부터 제거하자는 소박한 의미를 담고 있다. 따라서 자생적으로 자연스럽게 진행된 봉건시형의 해체와 실천적 자유시형의 실험은, 그것이 지향하고 있고 또 지향해야 할 명목과 당위를 보증해 줄 이론의 출현을 요구하였다. 하지만 아무도 시 형식상의 변화가 갖는 시대적 의미를 이론적으로 해명해 주지는 못하였다. 그것은 기존의 시 장르 개념에 도전함으로써 봉건적 시형의 속박으로부터 벗어나려는 자유시가 과연 새로운 시 형식으로 성립할 수 있는가에 대한 뚜렷한 확신이 어느 누구에게도 없었다는 것을 의미한다. 하지만 이때 그 확신을 제공한 것이 상징주의였다. 그러므로 상징주의 시론이 쉽게 수용될 수 있었던 배경에는 자유시의 형식을 이론적으로 해명해주기 바랐던 당시의 일반적인 기대심리의 잠재를 무시할 수는 없다. 그런 의미에서 신체시가 외형률을 재도입하여 자유시로 가는 실천적 흐름에 역기능으로 작용하여 독자들의 호응을 얻는 데 실패하였다는 사실5)은 그 흐름에 편승하였던 상징주의 시론이 대중적 입지를 다질 수 있었던 것과는 대조적이다. 상징주의가 별 무리 없이 자리할 수 있었던 데에는 자유시형의 이러한 자

---

4) 자유시 형성과정을 자생성의 시각에서 정리한 논자로는 김영철과 오세영이 있다. 김영철은 찬송가의 율조에 의한 산문적 리듬의 출현과 행구의 시각적 변화에 의한 정형성의 탈피 노력 등을 들고 있고(김영철, 『한국근대시론고』, 형설출판사, 1988, 172면 참조), 오세영은 ① 전통 장르 자체 내의 형태 체계, ② 전통 장르의 상호 침투에 의한 해체, ③ 외래적 요소의 영향과 새로운 율격의 실험, ④ 새로운 정형시의 실험과 그 초월 등 4단계의 과정을 주장한다(오세영, 『20세기 한국시 연구』, 새문사, 1989, 53~66면 참조).
5) 신체시의 음수율이 한국시의 발전에 역기능으로 작용하였다는 점에 대해서는 김영철, 앞의 책, 160~175면과 오세영, 앞의 책, 65면을 참조.

생적 터잡기 노력이 순기능으로 작용한 것이다. 그러나 자유시형의 대두가 아무리 자생적인 실천에서 비롯되었다고 할지라도 그것이 이론화의 작업을 동반하지 않았기 때문에 상징주의에 의한 이론화를 그대로 허용하였으며, 그것은 다시 상징주의가 자유시론으로서 혹은 근대시론으로서 지위를 굳히는 기반으로 작용하였다. 당장 필요했던 것은 자유시에 대한 이론적 해명이었지 특정한 시론이 아니었던 것이다.

그러나 백대진·김억·황석우 등의 상징주의자들에 의해 개진된 자유시론은 봉건적 시가의 전통적 규범을 해체한다는 의미를 곧바로 개성의 해방이라는 방향으로 유도하였다.[6] 그들은 자유시형의 범민중적 성격은 사상한 채 개인주의적 개성론, 그리고 시의 자율성론을 주장하는 근거로서만 자유시형을 해석했던 것이다. 따라서 자유시형은 이제 개성의 자유, 리듬의 자유, 시에 대한 모든 사회적 요구로부터의 자유를 의미하는 것으로 이해되었다. 형식적 규범을 해체하여 시의 특권적 향수층을 해소하자는 대중들의 욕구에서 비롯되는 자유시형의 의지는 역설적이게도 시의 특권층을 더욱 공고히 하는 데 이바지하게 되었다. 예컨대 상징주의자들의 등장은 그에 앞서 자유시형을 자연스럽게 시도해오던 많은 익명의 투고자들에게 주어지던 지면이 일본 유학생 중심의 엘리트들에게로 넘겨졌음을 알려준다. 이처럼 익명의 비전문적 계층으로부터 실명의 전문적 문인계층에게로 창작계층의 전이는 개화기 당시 시 발표의 익명성이 보여준 투쟁적 성향[7]마저도 시에서 사라지게 하였다. 그러므로 봉건적 시형에 대한 해체 작업에 담긴 반봉건적이고 범민중적인 진취성, 그리고 발표의 익명성에 기댄 반제국주의적 저항성은 상징주의적 자유시론의 등장과 더불어 자연스럽게 한꺼번에 사라지게 된다. 반면에 전문적 시인의 등장으로 자연스럽게 시단이라는 폐쇄적인

---

6) 한계전, 『한국 현대시론 연구』, 일지사, 1983, 23~33면 참조.
7) 개화기 시가의 익명성은 실명성에 비해서 저항 및 비판적 투쟁정신과 이어진다. 김영철, 「개화기 시가의 창작계층」, 『근대문학연구』 1집, 지학사, 1987, 87~117면 참조.

제도적 장벽이 설정되었다. 전문시인으로 구성되는 시단이 시의 제작과
정은 물론 발표지면까지 통제하게 되어, 발표될 모든 작품이 그들의 심
사를 통과하게 함으로써, 비전문적 계층의 유입을 차단하고 시단의 순
수성을 보존하게 된 것이다. 그러므로 비전문적 계층은 자연히 자유로
운 생산자의 위치에서 한낱 잡지 구매자의 위치로 전락하게 된다.[8] 이
러한 가능성은 계속 잠재해 있다고 각종 동인지의 발간이 허용되는
1920년대에 이르러서 급속도로 표면화된다. 봉건적 시형의 해체를 통해
서 시의 특권 계층을 허용하지 않으려던 민중의 노력이 상징주의의 등
장으로 말미암아 좌절된 것이다. 그들은 시 이론에 있어도 어떠한 전통
적 계기도 인정하지 않음으로써 급속한 단절을 유도하였다. 하지만 시
의 자율성과 창작자의 개성적 창조적 방면에 대한 강조는 근대적 의미
의 시론이 태동하는 데 영양분을 공급하였으며, 거기에서부터 한국의
근대 시론이 가능해졌다는 점은 인정해야만 한다.

　이처럼 자유로운 개성을 가진 소수의 전문 시인을 가정함으로써 그
들의 시론은 자연히 시[9]의 순수성을 중심으로 하는 경계선 구축에 기
여하였다. 사실 상징주의자들에게 시와 비시의 경계와 시의 범위 문제
는 무엇보다도 중대한 사안이었다. 그들은 시의 경계와 범위를 확정하
기 위해서 시가 아닌 다른 문학장르와의 대비라는 방식을 취했다. 즉
시의 본질에 대한 논의에서부터 그들의 시론을 연역적으로 구축했던
것이 아니라 먼저 비시적인 요소들을 설정한 다음에 그것을 시의 영역
에서 차례로 배제하는 방식으로 시론을 구성했다는 것이다. 그 과정은
크게 다음 세 가지로 집약된다.[10]

---

8) 물론 당시 잡지의 발행부수가 제한된 만큼 잡지 구매자인 독자층의 범위 또한 제한
　적일 수밖에 없었고, 잡지를 구매하는 계층의 제한을 고려한다면 자유시 향유 계층의
　규모 또한 짐작할 수 있다.
9) 물론 상징주의자들이 시라고 말할 때는 대개 서정시(lyric)를 의미한다.
10) 다음에서 진술되는 세 가지 측면은 대표적인 상징주의자인 김억의 시론을 중심으로
　해서 제시된 것이다.

첫째, 상징주의자들은 '감정 / 이지'의 대립을 통해서 시가 오직 감정의 표현임을 강조한다. 다시 말해서 비시적인 '이지적' 요소의 개입은 더 이상 시를 불가능하게 만든다는 것이다. 이것은 시에서 합리적 요소를 척결하는 첫 번째 단계이기도 하다. 그들이 이지를 불허하는 이유는 우선 그들의 '개성론'에 근거한다. 그들은 작가의 생명[11]이 개성의 표현에 있다고 주장한다. 그 개성의 표현이 시인데, 작가의 개성이 죽어 있는 글은 더 이상 시가 아니라 과학에 불과하다는 것이다.[12] 한편 개성론은 다음과 같은 인식론과 쌍을 이룬다. 그들도 감정이 사물을 통해서 발생한다는 점은 인정한다. 하지만 그들은 프랑스 상징주의자들에게서처럼 그 사물이 천상의 의미를 '상징'한다는 사실보다는 다만 개인의 감정을 '암시'한다는 점 때문에 사물을 중요하게 여긴다.[13] 물론 과학적 발상이 아닌 이상 그때의 사물은 작가의 주관에 의해서 필연적으로 변형된 형태로 시에 등장하게 된다. 이때 사물은 단순히 작가의 주관적 감정을 표현하기 위해 이용되는 매개체에 불과하게 된다.

---

11) 여기에서 상징주의 시론에 베르그송의 생철학이 미친 영향을 생각해볼 수 있다. 특히나 김억은 생명의 연속성이라는 베르그송의 개념을 '생명의 표현' 또는 '생의 요구'라는 말로써 드러내고 있으며, 「예술의 독립적 가치」(『동아일보』, 1926.1.1~3)에서는 예술적 진리가 그것(생의 요구)을 직관하는 데 있다고 하여 베르그송의 '직관' 개념을 원용하고 있다. 생명과 직관을 통한 비합리주의가 김억의 시론에서 무시할 수 없는 비중을 차지한다는 점에서 1920년대 제도권 시론에서 베르그송이 끼친 영향을 주시할 필요가 있다. 예컨대 김억과 비슷한 시기에 일본에서 공부한 주요한의 경우에도 당시 일본에서 유행하던 베르그송 철학의 영향을 받고 있었다. 주요한에 대한 베르그송의 영향은 심원섭, 「주요한의 초기 문학과 사상의 형성과정 연구」, 연세대 박사논문, 1992, 151~156면 참조

12) 서양뿐 아니라 동양의 낭만적 시인들은 과학이 예술에 이바지할 수 있기기는커녕 예술과 상충되며 더 나아가서는 예술이 추구하는 미를 파괴한다는 것을 의심치 않았다. 박이문, 「예술과 과학」, 『세계의 문학』, 1993년 겨울, 115면.

13) 감정의 근원을 이루는 현실마저도 김억은 '돌멩이'와 '풀 한 포기'로 축소해서 이해한다(김억, 「시가의 현실성」, 『매일신보』, 1931.1.1~9). 김억은 이처럼 자연 사물만을 현실로 인정함으로써 사회적 현실에 대한 무관심을 노골적으로 드러내고 있다. 물론 감정의 근원을 이루는 현실로서의 사실에 대한 무관심은 현실 도피적 경향을 시에 도입하게 된다.

그렇다면 단순한 매개체에 불과하며 또한 필연적으로 변형되는 사물 자체에 대한 관심보다는 그 사물을 변형시키는 주체인 시인 자신의 개성을 시론의 중심에 놓는 것은 당연하다. 바로 그 감정의 주관적인 측면 때문에 개성을 부여받게 되는 시에서도 이지에 의해 객관 측면이 개입하게 되면 전혀 시가 아닌 것으로 전락하게 될 터이니, 구태여 감정의 동인에 대해 객관적인 관심을 기울일 필요는 없는 것이다. 그러므로 독자는 시적 진술에서 객관적 대상이나 객관적 의미를 발견하려고 해서는 안 된다. 왜냐하면 객관적 대상이나 객관적 의미는 시가 아닌 과학이 추구하는 목적이기 때문이고, 따라서 대상과 의미의 객관성에 집착하는 것은 더 이상 시적 감상이 아닐 것이기 때문이다. 마찬가지로 시인도 객관적 대상이나 객관적 의미를 표현할 수도 없을 뿐 아니라 표현하려고 의도해서도 안 된다. 그렇게 의도된 대상과 의미의 객관성은 과학적 논문과 차별성을 갖지 않을 것이다. 이처럼 감정의 근본적 동인에 대한 관심을 차단함으로써 시인의 개성이 발현되는 주관적 과정으로 시론의 관심이 집중하게 된다.

게다가 지적 상징주의에 대한 상징주의자들 공통의 부정적 태도가 '이지'에 대한 부정성을 확고하게 만든 원인이 되고 있다. 보통은 프랑스 상징주의의 경향을 지적 상징주의, 정서적 상징주의, 그리고 환상적 상징주의 등 세 갈래로 나누는 것이 일반적인데, 한국의 상징주의자들은 특별히 정서적 상징주의에 경도되어 있었다.[14] 그들에게 지적 상징주의는 다만 추상적 관념을 회화적 언어로 번역한 것이며, 지적 조작에

---

14) 한계전에 의하면 백대진에 의해서 지적 상징주의가, 김억에 의해서 정서적 상징주의가 소개되었다. 하지만 백대진보다는 김억의 영향이 지속적이었으며, 환상적 상징주의는 논의조차 되지 않았다(한계전, 앞의 책, 16면). 김은전은 예이츠의 상징주의론을 소개한 황석우마저 지적 상징주의를 한낱 알레고리로 축소 이해하여 거기에 대한 반감을 가지고 있었다고 지적한다(『한국 상징주의시 연구』, 한샘, 1991, 172면). 황석우는 자칭 지적·정서적 상징주의를 내세웠지만 사실상 정서적 상징주의를 지향한 것이므로, 대체로 정서적 상징주의의 압도적 우세를 확인할 수 있다.

의해서만 해독할 수 있는 부호와 마찬가지인 일종의 알레고리[15]에 불과한 것이다. 관념만을 환기하는 알레고리는 계시와 은폐를 동시에 작동시키는 상징에 비해서 저급한 기법에 불과하다. 관념·이지·사상 등의 항목을 과학으로 떠넘긴 그들로서 알레고리를 부정하는 것은 당연한 귀결이다.

둘째, 개성적 표현을 관장할 언어의 기능은 '음영(음조) / 의미'의 구분을 토대로 한다. 앞서 살펴보았듯이 논의가 주관적 감정의 표현에만 집중되고 객관적 의미의 제시는 배제되었던 것처럼 언어의 기능면에서도 객관적 '의미'보다는 주관적 '음영(음조)'이 시적 언어의 자질로서 인정된다.[16] 문제는 그 두 가지 언어의 기능을 서로 모순되는 관계로 본다는 점에 있다. 즉 감정에는 음영(음조)이, 이지에는 의미가 각각 적당한 언어의 기능으로 배치된다. 그렇다면 언어에는 서로 모순되는 두 가지 기능이 공존하게 되고, 그 가운데에서 감정이나 이지의 요구에 따라서 서로 다른 기능이 선택된다는 추론이 가능하다. 하지만 시인이 사용한 언어의 음영(음조)이라는 것이 의미의 변형을 강조하는 것이므로, 오직 훈련된 독자만이 시적 언어를 이해할 수 있는 특권을 소유하게 된다. 이때 시인의 사적인 언어 사용법을 납득하지 못하는 독자는 자연히 시 작품의 소비자 대열에서 소외받게 될 것이다. 이처럼 시적 언어에서 객관적 의미의 배제는 시를 이해할 수 있는 능력을 특별한 소수에게만 한정하여, 시에서 소외받는 계층을 증대시키는 결과를 낳게 된다. 상징주의 시론이 일반 독자라면 경험할 법한 이러한 혼란에 대해서 무관심할 수 있었던 것은, 작가 개인의 고유한 감정을 표현하는 데에만 시론을 집중하고 있었기 때문이다. 이처럼 시적 언어의 이해를 소수의 특권층

---

15) 김은전, 앞의 책, 170~172면.

16) "그러기에 '프로베르' 같은 사람은 '의미 좋은 시가보다는 의미가 없으나마 음조 좋은 시가가 좋다'는 말을 하였는지는 모르겠습니다마는 여하간 시가에서 의미는 제이의적이요 음조가 제일의적이라고 보는 것이 적당할 줄 압니다."(김억, 「시예술 창작론 —만평자와 작자의 태도」, 『매일신보』, 1932.5.27~31)

에만 한정할 경우 시론에 있어서 일반 독자에 의한 수용미학적 측면, 즉 표현 이후의 문제가 거론될 여지는 없게 된다.

게다가 상징주의 시론이 이처럼 작가의 주관에만 중점을 둘 경우, 주관의 온전한 표현을 위해서라면 산문적 언어에 대한 폭력행사가 필수불가결하다.[17] 왜냐하면 시인이 홀로 느낄 수밖에 없는 주관적 감정을 언어의 객관적 의미를 관통하여 그 감정에 적합한 언어로 표출되어야 하기 때문이다. 이 경우 감정과 언어 사이의 관계는 마치 플라톤의 이데아와 그 이데아의 그림자의 관계와 같아서 양자의 합치를 기대한다는 것은 오직 이상적인 수준에서만 가능한 일이다. 그러므로 감정의 표현을 중시하는 상징주의 시론의 관심이 이 과정에 집중되는 것은 당연한 귀결이라 할 수 있다. 주관적 언어의 기능인 '음영(음조)'를 통해서 개인의 고유한 감정을 최대한 암시하게 하는 것, 이 과정이 상징주의 시론에서 제시하는 시창작의 지향점이라 할 수 있다.[18] 시인이 시를 제작하는 과정에는 이처럼 어려운 시련의 과정이 가로놓여 있는 것이다. 이렇게 시창작 과정의 지난함은 민중에 대해서 시인이 상대적으로 높은 지위를 차지하게 만든다. 시를 창작한다는 것은 더 이상 비전문가의 몫이 아닌 것이다.

마지막으로, 시와 시 아닌 것을 구분하기 위해 '음악성'[19]이 동원된

---

17) 여기에서 그들의 시론 형성에서 중요한 참조점이 되었던 베르그송의 언어관을 강조할 필요가 있다. "베르그송에 있어서 언어는 사실을 은폐시키는 대표적인 요인이다. 언어는 운동을 부동성에로, 질을 양으로, 연속성을 불연속성에로 환원하는 반면, 사물의 비개성적인 면만을 드러내기 때문이다. 진정으로 개성적이며 일회적인 것은 개념화될 수 없으며, 개념적으로 파악한 동기는 내적 실재의 아주 불완전한 상징에 불과" 하기 때문이다. 김진성, 『베르그송 연구』, 문학과지성사, 1985, 55면.

18) 김억이 플로베르의 일물일어설(一物一語說)에 열중한 것, 그리고 시적 언어의 번역 불가능성을 개진한 것도 감정과 언어 사이에서 고심하는 시인의 노고를 중시한다는 뜻이다.

19) 상징주의를 소개할 당시에는 청각적 음향에 대해서 그것이 불러일으키는 상징적 기능에 관심을 가졌지만, 그 후에는 점차 그것을 언어와 감정이 응어리진 상태로 이해하게 되었고, 결국은 그러한 상태가 시에서 필수불가결한 특성으로 고착화된다.

다는 점을 강조할 필요가 있다. 알다시피 시에서 음악성을 강조하는 일은 상징주의 시론의 주된 특성이다. 시의 형식적 특성은 오직 음악성을 통해서만 확인될 수 있기 때문이다. 하지만 음악성에 대한 강조는 자유시의 이론화 과정을 복잡하게 만들었다. 자유시는 봉건적 율격의 엄밀성을 해체하였을 때 의미가 있는 명칭이다. 하지만 아무리 엄밀한 음악성을 강요하지 않는다고 하더라도 만일 시에서 모든 리듬이 사라지고 만다면 형식면에서 시라는 장르를 구분할 수 있는 표지조차 잃게 된다. 따라서 엄밀한 음악성의 강요도 아니고 그렇다고 해서 음악성의 완전한 부재도 아닌, 그 절충의 지점에서 자유시가 갖는 고유한 음악성을 이론적으로 해명할 필요가 있었던 것이다. 앞서 제기했듯 시인의 주관적 감정과 그 언어의 음영적 요소는 종국적으로 시라는 장르를 확인하게 할 수 있는 아무런 외형적 기준도 제시할 수 없는데, 따라서 음악성이야말로 시라는 장르를 구별하게 해주는 마지막 표지인 것이다. 그러나 프랑스어에 비해서 언어 자체에 음악성이 내재하기 힘든 한국어의 경우 외부에서 강제로 부가되는 율격을 거부한 채로 시의 음악성을 설명하기란 좀처럼 어려운 과제가 아닐 수 없다. 내재율, 내용율, 혹은 호흡률 등의 개념은 자유시의 음악성을 해명하기 위해서 도입되었지만, 외면적 형식에서 표출되는 음악성을 설명할 수 있는 개념은 아니었다. 하지만 외면적 형식에서 시의 변별적 자질을 구성하는 음악성을 해명하지 못한다면 시와 시 아닌 것을 가르는 기준은 다만 형식으로 드러나기 이전의 서술 방법의 수준[20]에서만 고려할 수 있게 된다.

이처럼 상징주의자들이 자유시론을 도입함으로써 초래한 각종 파장에 비한다면, 사실상 그들이 자유시형을 집요하게 고집할 만한 이론적

---

20) 김억은 서술 방법에서 시와 산문(비시)의 차별성을 강조한 바 있다. 즉 시는 "암시적, 집중적, 생략적, 비설명적" 임에 반해서 산문은 "묘사적, 분해적, 번역적, 설명적"이라는 것이다(김억, 「작시법(5)」, 『조선문단』, 1925.8). 하지만 이 경우 시와 산문의 차별적 인식은 지나치게 기계적이어서 시의 서술 방법이 지나치게 제한적이며, 동시에 사물을 '보여주는' 모든 수법을 배제하고 오직 주관적 표현에만 집중하고 있다.

근거나 필연성에 대한 인식은 확고하지 않았다는 점이 지적되어야 한다. 오히려 그들의 태도는 이중적이었다. 한편으로는 자유시가 서구의 지배적 시형식에 불과하다고 과소평가하면서, 다른 한편으로는 자유시에 필수적인 개성적 측면과 시에 필수적인 음악적 측면 사이의 모순을 해소할 방도를 찾는 데 열중했다는 것이다. 당시 지배적 시대정신인 진화론 사상21)으로 무장한 그들은 서구의 선진적 사조인 상징주의와 그에 부수하는 자유시론을 도입함으로써 조선에 적합한 근대적 시론을 정립하고자 노력하였다. 그러나 거대 사조에 가까운 상징주의 시론에 비한다면 자유시론은 실로 부차적인 항목에 속한 것이었다. 시론이 차지하는 비중에 비해 자유시형은 무시될 수도 있는 아주 작은 문제였다. 봉건적 시형의 소수독점적 성격을 배격하고 시를 다수의 민중에게까지 개방할 가능성을 보여준 국내의 자유시형 실험의 의도를 무시한 채 외래의 시론에서 도출된 이론만으로 자유시를 설명하려 했던 상징주의 시론 관련자들은 결국은 자신들이 시론의 핵심으로 간주했던 음악성으로 자유시를 해명할 수 없다는 사실을 발견하고 결국에는 자유시에 대해서 유보적 태도를 보이게 된다. 예컨대 김억은 "아직까지 적합한 것을 발견치 못한 조선시문에는 작자 개인의 주관에 맡길 수밖에 없는" 자유시형을 "얼마 동안은 새로운 일반적 음률이 생길 때까지"22)만 시험적으로 사용한다면서 자유시를 과도기적 시의 형식으로 처리하고 있다. 황석우도 자유시에서 우리 시단이 발족하지 않으면 안 된다면서도 "시단이 차차 깨우는 때를 따라 상징시, 혹 민중시, 인도시, 혹 사상시(寫象詩) 등에 기를 분하여 나가는 것이 그 가장 현명한 순서"23)라면서 초기의 자유시 운동을 과도기적 운동으로 인식하고 있다. 주요한도 마찬가

---

21) 자유시의 가능성을 개시한 일본 유학생 잡지 『학지광』은 발행 초기부터 1910년대 말까지 진화론 사상을 주된 시대정신으로 간주했다. 이에 대해서는 한점돌, 「1910년대 한국소설의 정신사적 연구」, 서울대 박사논문, 1992, 65~74면 참조.
22) 김억, 「시형의 음률과 호흡」, 『태서문예신보』, 1919.1.13.
23) 황석우, 「조선시단의 발족점과 자유시」, 『매일신보』, 1919.11.10.

지여서 그 또한 자유시를 비판하는 자리에서 "조선말로 시험할 때에 자유시의 형식을 취하게 된 것은 그 시대의 영향도 있었거니와 조선말 원래의 성질상 그러지 않을 수 없었"[24]다라고 하면서 자유시를 오직 형식상의 과도기적 실험 단계로서만 인정하려는 태세이다. 특히 주요한의 진술에서는 '조선말 원래의 성질상'이라는 표현이 두드러지는데, 이는 자유시의 음악성을 해명한다는 것이 한글에서 얼마나 지난한 작업인가를 입증하는 발언이기도 하다. 이처럼 자유시의 의의를 그 형식의 측면에서만 제한적으로 이해하려 함으로써 자유시형의 의미를 이론적으로 해명해주길 바랐던 시대적 요구를 그들은 방기한 것이다. 오히려 시형에서 음악성에 집중하여 자유시에서 멀어졌으며, 시 창작 과정에서 봉건적 시형에 버금가는 난해하고 복잡한 과정을 강조하여 민중을 시의 생산자층에서는 물론 소비자층에서도 배제하는 역설적 결과에 귀착하였다. 시형과 시를 다수에게 개방하고자 했던 자생적인 자유시형 실험의 방향을 이론적으로 해명하기에는 그들의 시론 자체가 정반대의 입장에 서 있었던 것이다.

이상에서 살펴본 세 가지 측면 중에서 첫째와 둘째가 상징주의를 표면적으로 내세우면서 낭만주의 시론과 다르지 않은 면모를 보여준다면, 셋째는 자유시형에 관계되는 이론적 해명 작업의 한계를 드러낸 부분이라고 할 수 있다. 이 가운데에서 특히 상징주의 시론의 입장에서 시급하게 요구된 부분이 세 번째임에도 불구하고 이 부분의 해명에 실패한 것은 외형적 음악성에 대한 끈질긴 집착과 국내 자유시형 실험의 의미에 대한 무지의 결과라고 할 수 있다. 이 과정에서 드러났듯이 상징주의자들은 근대시론의 기초는 다졌을망정 자유시형에 대한 합당한 이론 정립에는 실패하였다. 오히려 앞서 제시한 세 가지 항목이 차후 시의 순수성을 보존하려는 낭만주의 시론의 핵심으로 다시 도입된다는

---

24) 주요한, 「노래를 지으시려는 이에게」, 『조선문단』, 1924.10.

점에서 상징주의 시론의 위치를 어느 정도 가늠할 수 있을 뿐이다.

이 경우에 상징주의 시론의 뒤를 잇는 낭만주의 시론의 미학적 기반을 추출한다면 우선적으로 주관적 상대주의[25]와 비합리주의를 들 수 있다. 이 두 가지는 상징주의 시론에서 제기한 시적 요소를 떠받치는 근본 미학이면서, 향후 낭만주의 시론에서 반복적으로 등장하는 핵심 사상이라고 할 수 있다. 그와는 반대로 상징주의 시론이 시에서 배제한 이른바 비시적 요소의 근본 사상은 객관주의와 합리주의라는 것을 짐작할 수 있다. 이러한 측면을 배제한 것은 객관적 의미나 합리적 이해를 시에서 추방함으로써 시의 고유 영역과 시단의 존재 근거를 확보하려는 의도의 반영이다. 이처럼 객관적 의미 전달의 의무를 시론에서 추방함으로써 독자가 시를 이해할 수 있는지 여부를 물어야 하는 책임감에서 자유롭게 벗어난 시인은 오로지 자신의 개성적 고유 감정을 표현하는 데에만 집중 할 수 있게 되었다. 감정 표현 중심의 상징주의 시론은 이와 같이 시를 이해할 수 있는 소수의 특권층에게만 시의 독서를 제한함으로써 일반 독자에 대해 시인의 상대적 우월감을 유지하게 하고, 또한 표현 과정에 엄밀하고 까다로운 절차를 두어 일반 독자조차도 시의 생산자에서 단순한 소비자로 전락하게 만들고 궁극적으로는 소비자에서조차 밀려나는 계층을 양산하게 된다.

---

25) "주관이니 객관이니 하는 것은 한가지의 편의에 지나지 아니하는 말이요, 들어가서 보면 분명히 경계선을 그을 만한 표계는 없는 것이외다. 주관에도 객관이 있을 것이요 객관에도 주관이 있을 모양이니 나는 그 경계를 알 수 없습니다. 그뿐 아니라 같은 말도 그 말의 음조 여하에 따라서는 그것이 이지적이 되고 감정적이 되는 것"(김억, 「작품과 작자의 태도」, 『조선일보』, 1934.5.19~26)이라는 김억의 주장은 주관과 객관의 경계를 넘어서는 것처럼 보이면서도 사실상 주관 하나로 인식 과정을 통일하려는 것이고, 그것은 언어에서 객관적 의미를 인정하지 않는 태도로 이어진다. 그렇다면 다음과 같은 진술은 주관적 상대주의의 전형적인 사례라고 할 수 있다. "물건이란 볼 탓이란 말이 있는 것을 잊을 수 없으니 같은 물건이라도 사람마다 그 주관에 따라서 이렇게도 보고 저렇게도 평하는 것이외다. 그리하여 같은 물건에 대하여 십인십색의 만화상을 일일이 들어가면서 작품을 제작할 수가 있겠습니까."(김억, 「시예술창작론 – 망평자와 작자의 태도」)

(2) 민중시론의 매개적 위치

민중시론은 예술이 사회에 긍정적 영향을 끼쳐야 한다는 낭만적 열정을 포함하고 있다는 의미에서 상징주의[26]보다는 좀 더 적극적으로 낭만주의를 지향한 시론이다. 하지만 민중시론이라고 해서 혁명적 열정을 가진 시론이었던 것은 아니다. 다만 그것은 상징주의로 인해서 잃어버린 영향론적 관점을 시론에 복귀시키고, 상징주의 일색이었던 당시 시단에 대한 반성을 제기한 것으로 인정된다. 그리고 그 반성은 의도한 바는 아니었지만 그후 프로파간다 시론이 성립하는 데 있어서 중요한 매개적 기능을 수행하게 된다. 그러나 문제는 그 민중시론의 범위를 확정짓기가 곤란하다는 데에 있다. 그것은 상징주의에 대한 전면적 부정을 의도한 조직적 집단적 운동 형태가 아니라 다만 상징주의의 비판적 계승을 목적으로 하는 몇몇 개인의 불만 제기 수준에 그쳤기 때문이다. 상징주의와 구별되는 뚜렷한 시론이 제출되지 않은 상태에서 개인적으로 문제를 제기한 것에 불과하기 때문에, 몇몇 잡문 가운데서 그 시론의 흔적을 겨우 찾을 수 있을 뿐이다. 그럼에도 불구하고 굳이 민중시론을 별도로 설정하는 데에는 다음과 같은 이유가 있다.

첫째, 현철·김형원·박종화·이상화, 그리고 후기의 황석우 등이 남긴 잡문은 결코 상징주의에 그대로 안주하지 않고 적어도 상징주의에 안주하는 작품 경향과는 다른 방향을 모색하려는 의지의 표명으로 간주되기 때문이다. 그 방향이란 상징주의 자체에 사회적 효용의 측면을 부가하려는 태도를 말한다. 하지만 바로 그 효용성이란 앞서 살펴보았듯이 상징주의 시론의 순수성에 비춰볼 때 용납될 수 없는 민감한 문제에 해당된다. 둘째, 상징주의 시론의 입장에서는 양립가능성을 점칠 수 없는 민중주의를 시론에 적극 도입하려 한다. 장차 상징주의에 대한 비판을 촉구하게 되는 민중주의는 결국 상징주의자들이 민중시론의 변형

---

26) 이하에서 반복적으로 나타나는 '상징주의'는 앞서 살펴본 '상징주의 시론'을 지칭한다.

된 형태인 민요시론으로의 변신을 유도하는 계기가 된다. 셋째, 그들이 선보인 시 작품의 내용 자체가 상징주의 계열의 시 작품과는 달리 사회 비판적 시각을 드러내고 있다는 점이다. 이들의 작품은 이미 프로시의 초기 형태인 '신경향파시'로 평가되기도 한다. 하지만 무계급적 평등 사회를 향한 막연한 낭만적 열정에 기대고 있기 때문에, 계급적 선명성과 시의 교육적 기능을 강조하는 프로시 초기의 프로파간다 시 작품과는 구별되며, 따라서 그것들을 프로시의 전신이라고 단정할 수는 없다. 사실 그들은 상징주의 시론에서 정립한 시의 순수성의 범위를 크게 벗어나려고 하지는 않았으며, 따라서 프로파간다 시론이 어느 정도 자리를 잡았을 때에는 오히려 프로파간다 시론에 동의하지 않게 된다.[27]

앞서 보았듯이 상징주의와는 그 입장을 달리하는 새로운 형태의 시론이 형성되려는 움직임은 1920년대 초기 이른바 민중주의적 사상이 일반화되면서부터 시작되었다. 민중시론의 사상적 배경을 이루는 민중주의는 1920년대 들어서면서 서서히 두각을 나타내기 시작한 민주주의적 평등주의의 다른 이름이다.[28] 당시 그것은 보편적 시대정신으로까지 발전해 있었다.[29] 이러한 민주주의적 평등주의에 토대한 민중시론이 상징주의가 몰두해 있던 귀족적 엘리트주의를 부정하게 되는 것은 어쩌

---

27) 예컨대 석송 김형원은 프로파간다 시를 요구하는 카프에 가입하지 않았으며, 이상화도 활동 초기에 카프에서 탈퇴하게 되고, 현철은 본래의 관심사인 연극을 통해 국민극 운동에 전념하였고, 박종화는 역사소설로, 그리고 상징주의를 극복하려던 황석우는 아나키즘에 관심을 가지게 된다. 황석우의 아나키즘은 자유로운 개성을 지지하고 예술성을 강조함으로써 프로파간다 시론과 격돌한다는 점에서 그의 선택 또한 프로시론에 있지는 않았다.

28) 민중시론의 대표적 시인인 김형원의 다음 글은 그러한 사상의 면모를 확연히 드러내고 있다. "떼모크라시를 보통 번역하여 민주주의라고 한다. 그러나 民字의 字意로만 해석하여 종래 피치자 곧 백성만을 위주로 하는 주의로 알아서는 큰 오해이다. 떼모크라시는 피치자·치자·강자·약자·남녀노유 색별을 물론하고 사람이란 사람은 모다 균등한 기회에서 생장할 수 있다는 것을 부르짖는 주의이다."(김형원, 「민주문예소론」, 『생장』, 1925.5)

29) 조남현, 「한국 근대문학에서의 지식인과 민중」, 『한국 근대문학의 쟁점』 1(조동일 외), 한국정신문화원, 1991, 52~53면.

면 당연한 귀결이다. 더 나아가 그 사상이 지향하는 바 반귀족주의와 반봉건주의, 그리고 민중성은 시론을 형성하는 데 기본 축으로 작용하게 된다.

하지만 민중시론은 말할 것도 없이 일본에서 이미 성행하던 생각의 연장이다. 당시 일본에서는 민중시 운동이 집단적이고 조직적인 움직임으로까지 확산되어 1919년에는 이미 상징주의와 함께 일본 근대시 운동의 한 줄기를 형성하고 있었다. 특히 휘트먼(W. Whitman) 탄생 백주년이 되는 그 해에는 일본 민중시 운동이 절정을 이룬 해로 기록된다.[30] 여기에서도 알 수 있듯이 일본 민중시론은 그 운동의 시원을 휘트먼에 두고 있었다. 한국의 민중시론도 예외는 아니어서 휘트먼에 대한 관심에서 시작된 것이다.[31] 휘트먼은 고상한 유럽의 문학으로부터 미국문학의 독립을 실현하고, 미국국민에게 국가의식을 고취 계발함을 목적으로 하는 미국적 개성이 묻어나는 국민문학의 정체성을 확립한 시인으로서, 신대륙 미국의 독립과 개혁을 주장하고 민주적 선거제도, 남녀평등, 여권신장, 노예제 폐지 등을 역설한 시인이다. 휘트먼은 신대륙 미국 안에 있는 모든 개인을 종족, 혈통, 종교, 계급을 초월하여 하나의 형제, 가족으로 동맹시키는 코스모폴리탄적 민족 국가의 이념이 바로 민주주의라고 믿었던 것이다.[32] 한 마디로 휘트먼은 계급을 초월한 미국식 민주주의를 전폭적으로 지지하고 찬양한 시인이다.[33] 1920년대 들어서 유행한 민중주의의 개념적 내포 또한 민주주의나 평등주의에 한정된다는 점에서 그것이 휘트먼의 사상과 크게 다르다고 할 수는 없다. 민주주의와 평등주의에 근거한 민중주의, 그리고 휘트먼의 시와 사상은 그 친연성

---

30) 유정 편저, 『현대일본시집』 1, 탐구당, 1984, 320~322면.
31) 그렇다고 해서 한국의 민중시론이 일본의 민중시론에 깊은 관심을 두고 있었던 것 같지는 않다. 상징주의자들과는 달리 그들이 일본의 민중시인 소개에 관심을 보이지 않았기 때문이다.
32) 김영호, 『한용운과 휘트먼의 문학사상』, 사사연, 1988, 63~66면.
33) 김용직, 「Leaves of Grass의 영향」, 『한국현대시연구』, 일지사, 1974, 71~72면.

으로 인해서 쉽게 결합되어 민중시론의 토대를 이루게 된다. 이때 민중주의라는 용어에서 민중이란 말은 계급적인 구분을 의미하기보다는 계급의 구분 없이 평등하게 적용되는 'People'의 번역어인 인민 또는 국민을 의미한다.[34]

하지만 민주, 평등 개념의 유행에도 불구하고 그에 토대한 일본의 민중시론은 쉽게 수용되지는 않았다. 사실상 일본의 민중시론이 절정기를 구가하던 1919년까지만 하여도 한국시단에서는 민중시론이라는 명칭조차 통용되지 않았다.[35] 그것은 일본에 유학하면서 이미 상징주의와 민중시의 대립적 상황을 목격하고 있었던 상징주의자들이 민중시론의 소개에 소극적이었다는 데에 일차적 원인이 있다.[36] 한국에 민중시가 형성되기도 전에 이미 상징주의 시론의 전파자들 사이에는 일본의 민중시에 대한 부정적 시각이 공유되어 있었던 것이다. 개인주의적이고 귀족적 시론을 고수하는 상징주의자들이 시를 민중을 향해 개방함으로써 시의 순수성을 훼손당하기를 원치 않았던 것이다. 상징주의자들이 민중시론에 동의한다는 것은 자신의 시론을 희생시킨다는 것을 의미한다.

---

34) 예를 들어 현철은 민중의 개념을 다음과 같이 정리하고 있다. "민중이라고 하는 말은 관중이라고 하는 그러한 협의적으로 해석치 말고 다시 말하면 지방적 구획이나 계급적 사상으로부터 분리된 일반 동포라는 의미로 귀족이나 평민이나 시민이나 농민이나 모두 한 가지로 총괄한 것을 의미한 것이다."(현철, 「문화운동의 급선무로 민중극을 제창함」, 『개벽』, 1921.3) 이처럼 민중이란 초계급적 평등주의를 기초로 성립되는 개념이다.

35) 실제로 일본시단의 경향을 소개한 주요한과 황석우의 글에서도 민중시에 대한 항목은 생략되어 있었다(주요한, 「일본근대시초」, 『창조』, 1919.2~3; 황석우, 「일본시단의 2대 경향 1」, 『폐허』, 1920.7 참조). 다만 황석우의 경우 일본 시단의 2대 경향으로 상징주의와 민중시를 거론하면서 1차로 상징주의를 소개하고 2차로 민중시를 소개할 예정이었으나 돌연 『폐허』를 탈퇴하는 바람에 예정했던 2차분을 싣지 못하였다.

36) 주요한의 일본에서의 다음 발언은 민중시론에 대한 상징주의 시론의 입장을 여실히 보여준다. "이번 달 '민중'은 정상강문군의 시집으로 되어 있다. 그러나 민중시 사람들의 통폐인 '개념'에 지배되어 있다는 것이 애석하다. 작년, 삼목로풍씨가 '개념' 때문에 여러 곳에서 공격을 받은 바도 있지만, 인도파 사람들은 그들의 '개념'을 제거해버리지 않는 이상은 본연의 민중예술에 이르기가 어려울 것이다." 「시합평회」, 『현대시가』, 1918.4, 35~36면; 심원섭, 앞의 책, 158면에서 재인용.

그러므로 그들은 민중시의 국내 소개를 꺼렸던 것이다.

실제로 휘트먼의 영향이 우선적으로 상징주의가 유포한 자유시 개념 자체에 대한 비판의 무기로 활용되었다는 데서도 알 수 있다. 한국의 민중시론은 휘트먼의 자유시 이론을 통해 상징주의에서 이해하는 자유시 이해의 수준을 비판하기 시작한다. 휘트먼은 유럽문학의 엄격함으로부터 미국문학의 독립을 자유시형으로 제시한 시인으로 평가된다. 이때 그가 보여준 자유시의 이념은 상징주의가 부각시킨 개인의 해방이라는 측면보다 훨씬 더 역사성을 띠고 있다. 휘트먼에게는 사상과 시, 시론이 별개의 것이 아니었다. 사상에서도 시에서도 공히 민중주의적 입장을 고수했던 것이다. 따라서 휘트먼에 의존함으로써 민중시론은 상징주의와는 다른 방향으로 자유시론을 전개할 가능성이 있었다. 휘트먼에 의지해서 그 가능성을 보여주며 상징주의와 대립한 최초의 논자가 현철이다. 현철은 휘트먼의 생각에 기댐으로써 상징주의에서 주장하는 자유시 이해의 피상성을 정면으로 비판한다.[37] 휘트먼에 근거한 그의 자유시 이해는 다음과 같다.

> 亞美利加의 왈트 화이트맨(Walt Whitman)이 자유시형이라고 한 말도 당시 亞美利加에서는 상당한 이유를 가지고 주장한 것이요 其後 구주 각국에서 이를 본받은 것도 구주 문명으로서는 이를 용인할 근거가 있었다. (…중략…) 즉 우리 인류는 往古의 생활이 단순한 시대보다도 금일은 사회문물이 복잡함을 따라 그 내용의 감정흥취도 또한 복잡하여질 것이니 우리는 언제든지 古來의 단순한 생활을 담을 수 없다는 이유와 자유로 유출하는 정서를 굳이 구속하여 형식에 구애할 것이 없다는 것으로 자유시형이라는 명칭이 생겼으니 즉 자유의 사상감정을 담은 그 그릇의 형상도 그 담은 물건에 따라 자유가 되어야 하겠다는 말이다.[38]

---

37) 현철 이외에도 박영희가 자유시의 비조로 휘트먼을 내세운 바가 있다(박영희, 「문학부 80어」, 『개벽』, 1924.7에서 '자유시(Free Verse)' 항목 참조. 박영희는 휘트먼의 시를 가리켜 직접적으로 '심각장려한 민중시'라고 표현하고 있다.
38) 현철, 「소위 신시형과 몽롱체」, 『개벽』, 1921.2.

이 글에서 현철이 주목한 것은 휘트먼이 미국의 특수 상황에서부터 자유시의 필연적 요청을 인식했다는 데에 있다. 그리고 그것은 상징주의가 해명하지 못한 자유시의 다른 측면이기도 하다. 이 글에서 휘트먼의 자유시형은 봉건적인 유럽시형에 대한 부정을 목적으로 제시된 것이다. 하지만 현철은 여기에서 외의의 방향으로 논지를 전개하고 있다. 오히려 휘트먼의 미국적 상황 자체가 한국의 봉건적 시형을 변호할 근거로 활용되는 것이다. 새로운 시형(자유시형)의 수용에 있어서도 미국적 특수 상황이 있는 것처럼 한국적 특수성에 입각한 주체적이고 선택적인 수용이 가능하다고 생각한 것이다. 이를 통해 보건대 현철조차도 국내에서 자생적으로 산발적으로 진행된 자유시형 실험의 의미를 반영하지 못하고 있음을 알 수 있다.

현철은 현대의 복잡성을 감당할 수 없게 된 재래의 시형이 오히려 억압으로 작용했고 따라서 불가결하게 그 시형을 파괴하고 새로운 시형인 자유시형을 요청할 수밖에 없었던 것이 서양의 역사적 맥락이지만, 그러한 사정이 한국의 재래시형에도 그대로 적용될 수 있느냐는 의문을 제기한다. 만약 서양의 재래시형에 비해서 한국의 그것이 덜 억압적이었다면, 단지 대세라는 이유만으로 굳이 서양의 자유시형을 끌어들일 필요가 있느냐는 것이다. 그러면서 현철은 바로 봉건시형에 대한 변론으로 들어간다. 즉 "우리의 시, 즉 시조같은 것도 다소의 이러한 폐단이 없다고는 하지 못하겠으나 그 형식에 여유가 있음은 우리 시의 자랑거리"라면서 자유시가 요청되지 않을 만큼 그토록 비억압적이었던 시조형의 재고를 당부하고 있다. 이는 자유시가 필연적으로 도입될 만한 환경이 조성되었는지를 반성하자는 의미를 포함한다.[39] 상징주의적 자유

---

39) 하지만 여기에는 황석우와의 논쟁 이후 상징주의적 자유시론에 대한 현철 자신의 불만이 내재해 있어서 비판을 위한 비판이 아닌가 하는 의심이 든다. 사실상 황석우와의 논쟁이 끝나고 현철은 더 이상 이 부분에 대한 문제의식을 발전시키지 않고 있다. 현철로서도 시조의 장점을 추켜세우고 나면 자유시형이 아직은 시기상조가 아니냐는 결론 이외의 별다른 대안이 없을 것으로 판단했기 때문이다.

시론에 대한 현철의 비판에는 당시 서구적 보편성에 대한 맹목적 추종을 비판하고 한국적 특수성에 입각한 선택적 수용을 제안했다는 의미도 있다. 하지만 전통시형이 억압적일 때는 필연적으로 자유시가 요청됨을 긍정하면서도 조선의 전통시형이 억압적이지 않다고 주장하게 되면 필자의 의도와는 반대로 자유시형 자체에 대한 거부에 귀착할 수밖에 없다.

하지만 현철이 봉건시형에 대한 맹목적 옹호론을 펴기 위해서 자유시를 문제삼은 것이 아니었다는 점에 주목할 필요가 있다. 그보다는 자유시형을 범국민적 시형의 시험대에서 평가하고자 하는 의욕이 앞서 있었던 것이다. 그에게 휘트먼은 미국식 시형을 개발해냄으로써 범국민적 시형을 창안한 시인으로 기억된다. 다시 말해서 그는 소수의 엘리트만이 즐기는 시가 아니라 국민 전체가 즐길 수 있는 시형의 확립을 기대한 것이다. 시인이기보다는 연극인이었던 현철은 20세기를 민중의 시대로 파악하고 민중적 삶을 바탕으로 하면서도 민중을 위한 교화 기능을 포함한 연극, 즉 서구의 리얼리즘극을 주창한 바가 있다.[40] 시에 있어서도 만인이 즐길 수 있는 국민시, 즉 민중시가 출현해야 한다는 것은 예술에 대한 그의 지론의 반영이다. 그런 의미에서 그는 아직 국민시가 존재하지 않는 조선의 상황에서 "조선민족을 위한 국민시가를 창설하려고" 한다면 "그 순서로서 먼저 우리의 고시를 연구하여 그 시상과 시형이며 그 민족성이 那邊에 있는 것을 깊이 안 후에 조선문 ― 조선어 ― 를 新古勿論하고 잘 알아야" 한다고 지적한 것이다. 이러한 관점에서 설사 자유시형을 도입할 필요성이 있다고 하더라도 한국 재래시형의 장단점을 면밀히 알아본 이후에 그 단점을 보완하기 위해서만 "외국시상이나 시형을 배울 것"이며 또 "그 주의주장을 참작하여 가장 우리 민족성의 특장에 영입하는 것"만을 가려서 수용해야 한다고 주

---

40) 유민영, 『우리 시대 연극운동사』, 단국대 출판부, 1990, 66면.

장한다. 결국 수용의 대상이 되는 시론이 "직접으로 간접으로 우리 민족에 어떠한 이해관계를 가졌는지"를 따져봐야 한다는 것이다. 그래야만 한국민의 생리에 맞는 국민시가를 창안할 수 있기 때문이다. 현철의 주장은 결국 자유시의 옹호가 아니라 자유시에 대한 전면 재검토라는 결론에 도달하게 된다. 현철은 휘트먼의 자유시형이 나름대로 의의가 있다고 보면서도 한국적 상황에서 그것은 다만 새로운 국민시형을 창안하는 데 참조할 대상에 지나지 않는다고 그 의미를 축소한다. 자유시형이라는 것이 다만 미국식 국민문학의 시적 형식에 지나지 않는 것이라면 그것 또한 근대시의 한 형식에 지나지 않을 것이라는 상징주의자들의 결론에 근접하게 되는 것이다. 여기에는 한국적 국민문학의 형식으로서 자유시형이 부적합하다는 판단이 개입되어 있는 것이다. 이처럼 현철에게 있어서 휘트먼은 자유시형의 창안보다 국민문학의 형식 창안자로 기억되고 있는 것이다.

휘트먼의 두 번째 영향은 김형원에서 발견된다.[41] 그의 기본적 입장은 먼저 「문학과 실생활의 관계를 논하여」[42]에서 감정론의 형태로 제시되어 있다. 이때 문학에 대한 그의 인식에는 집단적 관습보다는 개성적 창의력[43]을 소중하게 여기는 낭만주의적 입장이 전제되어 있다. 그렇기 때문에 자연히 봉건적 시형에 대한 비판이 앞선다. 그는 우선 과거 봉건 시대의 문학이 독자로부터 외면받게 된 까닭으로 관습적 감정의 잦은 활용을 든다. 즉 작가 자신이 직접 체험하지도 않은 중국인의

---

41) 김형원은 1921년 7월부터 현철이 학예부장으로 있던 『개벽』지에서 신시 선정을 담당하게 되는데, 이듬 해 그 잡지에 그는 휘트먼의 시를 번역, 소개하고 있다. 물론 그의 번역 이전에도 휘트먼의 시 몇 편이 부분적으로 번역되긴 하였지만 본격적인 번역은 그가 처음이라 할 수 있다.

42) 김형원, 「문학과 실생활의 관계를 논하여─조선신문학의 급무를 제창함」, 『동아일보』, 1920.4.20~24.

43) 하지만 그것이 상징주의에서 주장하는 개인주의적 개성을 의미하는 것은 아니다. 상징주의에서는 개성을 오직 개인주의적 성향으로만 이해하고 있다면, 김형원은 그 개성을 보편성과 개별성이 통일된 단계로 승화시키고 있다.

상투적인 감정을 작품에 습관적으로 도입함으로써 작가 자신의 혼과 체험적 주관이 망실되었다는 것이다. 그처럼 상투적이고 관습적인 감정이야말로 거짓 감정이며 그런 의미에서 재래의 문학은 민요 몇 구를 제외하고는 모두 '가문학(假文學)'이라고 단정짓는다. 여기에는 특정 문학에 대한 독자의 관심 여부는 작가가 표현한 감정의 진실성에 따라 결정된다는 전제가 깔려 있다. 그러므로 독자의 무관심을 돌려놓으려면 그러한 관습적 감정을 버리고 작가 자신의 혼이 담길 수 있는 자신이 직접 체험한 감정만을 표현해야 하는 것이다. '문학과 실생활'이라는 글의 제목 또한 실생활에서 체험하지 않은 감정은 표현하지 말아야 한다는 논지를 강조하고 있다. 시인의 감정은 더 이상 특별한 것이 아니며 누구나 실생활에서 느낄 수 있는 평범하고 보편적인 감정에 지나지 않게 된다. 여기에는 상징주의와 달라지는 부분이 있다. 상징주의자들은 시인의 감정을 신비화하는 데 관심을 두지만 김형원의 체험 위주의 감정론은 감정을 구체적 실생활로 한정함으로써 신비감을 해체하고 있기 때문이다.

이러한 감정론은 다시 현철에게서 보다 세밀하게 전개된다. 「문학에 표현되는 감정」[44]이라는 글은 당시로서는 최초의 체계적 감정론에 해당되는데, 여기에서도 "감정이 생길 만한 정당한 근거"가 있을 때에만 진정한 감정으로 인정받는다. 앞서 김형원이 지적한 것처럼 체험하지도 않은 중국인의 감정을 무작정 차용하는 태도는 현철의 관점에서도 허위의 감정에 불과하다. 그는 여기에서 한 걸음 더 나아가 비록 정당한 감정이라고 하더라도 그 감정에 힘이 있어야만 한다고 주장한다. 이때 힘 있는 감정이란 "남을 많이 감동시키는 감정, 자극성이 많은 감정, 즉

---

44) 曉鐘生(=현철), 「문학에 표현되는 감정」, 『개벽』, 1921.2~3. 이 글에서 현철은 문학에 표현된 감정의 우열을 판정할 수 있는 방법에 대해 설명하고 있다. 우수한 감정 식별법으로는 다음과 같은 기준이 제시된다. "제1은 감정이 정당할 것, 제2는 감정의 품위가 고상할 것, 제3은 감정에 힘이 있을 것, 제4는 감정이 不易의 性을 가질 것."

독자로 하여금 깊이 감격케 하는 작용을 가진 감정"[45)]을 말한다. 따라서 감정에 힘이 있고 없음은 독자에게 수용되는 순간 '감동의 질'에 의해서 결정되는 것이다. 물론 감정의 효과를 염두에 둔 이와 같은 발언은 아직까지는 효용론적 의도를 내포하고 있는 것은 아니다. 다만 주목할 점은 이러한 감정론을 통해 지나치게 표현에만 중점을 두는 상징주의적 감정론을 비판할 수 있는 기준점이 마련된다는 것이다.

> 어떠한 문학자는 개인적 감정을 파자하는 이도 없지 아니 하니 그네들의 주장은 문학은 자기를 고백하는 것이다. 그러면 그 고백증의 감정이 타인의 가슴에 감촉이 되던지 그것은 문의할 필요가 없이 다만 자기를 위식없이 표백하는 것이 가장 우수한 문학이라고 한다. 그러나 이와 같은 생각은 아무래도 오해라고 하지 않을 수 없다. 아무리 마음에서 우러나온 진실한 감정이라고 하더라도 자기 혼자뿐이라거나 또는 자기와 동일한 심정을 가진 사람밖에 감촉되지 못하는 감정이면 이것은 가장 가치 없는 감정이라고 하지 않을 수 없는 감정이다. 고금동서를 물론하고 대문학에는 결코 이러한 감정의 범위가 협소한 감정을 표백한 것이 없다고 하여도 과언이 아니다.[46)]

이러한 내용은 이미 상징주의 시론의 시적 실천에 대해서 비판적 발언을 한 바 있는 현철[47)]에게는 새삼스러운 일이 아니지만, 그는 재차 개인적 감정만을 표현하고 독자의 이해를 무시하는 개인주의적 시론의 고압적인 자세에 대해서 비판적인 시각을 유지하고 있다. 현철의 감정론은 이처럼 감정을 오직 개인적 표현의 측면에만 국한하여 이해하지

---

45) 현철, 위의 글.
46) 현철, 위의 글.
47) 상징주의적 경향의 시에 대한 현철의 부정적 반응은 다음과 같이 표명되었다. "알기 어렵게만 써놓으면 누가 알아보지 못하기 때문에 — 자기도 모르지만은 — 남도 모르니까 응당 이 가운데 무슨 의미가 있는 것같이 기만할 수단으로" 시의 난해성을 이용한다는 것이다(현철, 「소위 신시형과 몽롱체」, 위의 책). 여기에서도 알 수 있듯이 그는 이미 독자의 이해가능성을 무시한 채 개인주의적이고 엘리트적인 작품 생산에 대해 비판적인 태도를 보인 바 있다.

않고 "참으로 지성에서 나온 감정은 반드시 일만 사람의 가슴에 공통이 되는 동시에 또 일만 사람이 흉내내지 못할 특수성을 가진 것"이라는 주장에서도 알 수 있듯이 "보편성과 특수성이 상합"된 상태로 발전시키고 있다. 이때 보편성과 특수성이 상합된 감정의 상태를 그는 '독창적 감정'이라고 규정한다. 그런 의미에서 현철의 '독창성' 개념은 시인 개인의 특수한 감정에만 절대적 권위를 부여하는 상징주의적 감정론의 '개성'에서 한 걸음 진전된 것이다. 이를 통해서 현철은 한편으로는 시인의 감정이 주관적이라는 점을 인정하면서도 또한 그것이 누구나 느낄 수 있는 보편적 수준으로 고양되어야 한다고 주장함으로써 시인의 감정과 독자의 감정을 공통의 기반 위에 올려놓고 있다. 이와 같은 경로를 통해 감정의 표현이 한낱 자기만족에 머물렀던 상징주의의 단계를 벗어나 독자와의 소통의 장으로 끌어올려지면, 시인은 이제 자신의 감정에 대해 거리를 유지하고 감정을 조절할 수 있는 여유를 갖게 된다. 본질적으로 개인적 속성을 갖는 감정이긴 하지만 시인이라면 자신의 사적 감정을 최대한 보편화시키려는 노력을 경주해야만 한다. 그런 뜻에서 현철은 감정에서 특수와 보편의 결합을 중시하고 최종적으로 다음과 같이 정리하고 있다.

> 지성의 감정은 누구나 한 가지 동감될 수 있는 만인 공통의 보편적이라고 할 수 있지만은 그것을 감수하는 방편은 각각 같지 아니한 특수적이란 말이다. 또 한 번 곱삶으면 근본으로 미라든지 선이라고 감촉되는 감정은 동일하지만은 어떠하게 아름다운가 어떠하게 선한 것인가 하는 그 어떻다는 감수의 방편은 각각 다를 것이다.[48]

비록 만인 공통의 감정이라 할지라도 시인은 그 표현에 있어서 시인 특유의 감수성을 발휘하여 그것을 독창적 감정으로 발전시킬 수 있다

---

48) 현철, 위의 글.

는 것이다. 이상의 논의를 통해 볼 때 현철은 무작정 감정을 표현하기에 앞서 시인 스스로 다음과 같은 반성을 하게끔 유도하고 있다. 첫째, 표현하고자 하는 감정이 자신이 직접 체험한 감정인가? 둘째, 그 감정이 본질적으로 만인 공통의 감정에 토대하였는가? 셋째, 그 감정이 과연 만인에게 광범위한 감동을 줄 수 있을 만한 감정인가? 이러한 반성의 과정을 통과한 시작법은 필연적으로 독자를 상대해야만 하는 시인의 숙명을 자각하게 하고 그에 따른 책임감을 강화하며 궁극적으로는 시인의 감정을 개인의 사적이고 비밀스런 영역에서 해방시키고 더욱 많은 독자들이 시적 감응에 동참할 수 있는 넓은 터전을 확보하게 한다. 현철의 감정론은 이처럼 시인의 감정이 다수의 독자를 감동시키기 위해서는 그 감정에 '힘'이 있어야 한다는 점을 이론적으로 제시하고 있다. 현철의 감정론이 갖는 미덕은 이처럼 문학이 독자를 상대하는 작업이라는 인식이 확고하다는 점에 있다. 상징주의가 유독 시인 중심의 시론이었다는 점에 비춰보면 현철의 감정론은 독자 지향적 시론의 가능성을 열어 놓았다고 평가할 수 있다. 물론 여기에 한계가 없는 것은 아니다. 그가 비록 광범위한 감동을 산출하게 만드는 추상적 기준점을 제시하고 있기는 해도 감동의 실제적 내용과, 그 감동을 산출시키는 '힘'을 발휘하게 하는 구체적 절차와 방법에 대해서는 침묵하고 있기 때문이다.[49]

이처럼 광범위한 감동을 얻었을 때 인정받게 되는 '문학의 힘'을 구체적으로 발전시킨 사람이 석송 김형원이다. 그는 그것을 '시의 힘'으로 표현하고 있다.

---

49) 물론 현철의 감정론이 명기된 글은 사실 문학 감상을 위한 기초적 교양을 위해 기술된 것이기 때문에 거기에는 시인이 따라야 할 구체적 규정을 제시할 이유가 없다. 따라서 그가 주장하는 보편적 감정이라는 것도 감상 단계에서 평가할 수 있는 문제이지 창작 이전에 준비할 절차에 해당되는 것이 아니다. 그것이 창작방법의 수준에서 논의될 수 있는 것은 프로시론의 단계에서 가능해졌다.

㉮ '월트 휘트맨'—. 나는 이렇게 감탄적으로 그의 이름을 부르지 아니할 수 없이 그를 경앙하고 숭배한다. 함은 그의 시가 美의 시인 것보다도 力의 시인 까닭이다. (…중략…) 나는 다만 '민주시의 선구자' — 종래의 규약을 함부로 무시한 '대담한 자유시인'이라고 그를 부르고 싶다.[50]

㉯ 예술의 주인공은 왕후장상에 국한되고, 귀공자와 귀부인 사이의 정열만이 서정시로 읊어지던 종래의 귀족적 문예는 그 제재부터도 극단의 배타적인 동시에 인생의 일국부만을 영탄, 서술함에 불과하였다. 그리하여 만인에게 공감을 주어야 할 문예로 하여금, 일부 소위 특권계급 인물의 소일거리를 만들고 말았고 영겁에 생동하여야 할 문예로 하여금 석양의 무지개 같이 쓸쓸히 사라지게 하였다.[51]

㉮에서 중요한 것은 김형원이 '力의 시'(힘의 시)를 '美의 시'와의 대조를 통해서 이해한다는 점이다. 이때 '미의 시'라는 것을 다만 형식적 아름다움에 치중한 시라고 이해한다면, 반대로 '힘의 시'는 형식의 아름다움뿐 아니라 내용과 사상의 아름다움까지 겸비한 시라고 이해할 수 있다. 김형원은 그것을 '민주'를 향한 '대담성'으로 표현하고 있을 뿐이다. 그러므로 ㉯의 글이 좀 더 구체적으로 '힘의 시'의 의미를 이해하는 데 도움을 줄 수 있을 것이다. 앞서 지적했던 것처럼 ㉯에서도 김형원은 여전히 과거의 봉건 시가에 대한 비판에 몰두해 있다. 봉건적 문학의 관습적 감정이 독자를 소외시키는 결과를 낳는다는 앞선 주장을 상기한다면, 인용문에서 '만인'을 독자로 설정하는 것은 자연스럽다. 따라서 "만인에게 공감을 주어야 할 문예"라는 표현이 현철의 '힘 있는 감정'에 이어지는 것도 어색하지 않다. 양자 모두 독자 지향의 문학을 염두에 두고 있기 때문이다. 현철이 힘없는 사적 감정을 표현함으로써 소수 특권층이 감동을 독점하는 태도를 비판하였듯이 김형원 또한 소수의 특

---

50) 김석송, 「'초엽집'에서」, 『개벽』, 1922.7.
51) 김형원, 「민주문예소론」, 앞의 책.

권계급끼리만 공유하는 감동을 결코 인정하지 않고 있다. 다수의 독자에게 두루 감동이 미칠 수 있는 작품, 그것만이 만인이 공히 누릴 수 있는 문예, 즉 민주문예의 기반이다. 그의 '민주시' 또한 그런 맥락에서 이해할 수 있다.

그렇다면 휘트먼이 보여준 '대담성'이란 무엇인가? 그것은 일차적으로 과거 봉건 시가의 부정적 측면에 저항한다는 의미를 담고 있다.[52] 그것은 중국식의 상징과 비유를 습관적으로 사용하는 몰주체적 태도에 대한 저항이면서, 엄격한 시형식의 억압적 성격에 대한 저항이기도 하다. 대담성의 부족이 시인과 독자가 소원해지는 원인으로 작용한 것이다. 반면에 시인이 독창적 표현법을 개발하고 그것을 자유롭고 개성적 형식으로 표현하면 할수록 자연스럽게 광범위한 독자에게 공감을 얻을 수 있게 된다는 것이다. 시인의 개성이 보편적 감정을 무시하지 않는다는 전제에서, 개성을 최대한 발휘하면 할수록 다수의 독자에게 감동을 줄 수 있을 것이고, 여기에 시의 힘이 내재한다는 것이다. 그렇다면 현철과 김형원이 생각하는 시의 힘이란 다름 아니라 광범위한 독자에게 감동을 줄 수 있게 하는 동력이며, 더군다나 그것은 독자의 개성에 해를 끼치는 것이 아니라 오히려 그것을 더욱 높은 차원에서 보편적 개성으로 발전시키는 계기라고 할 수 있다.

하지만 현철과 김형원으로 이어지는 힘에 대한 논의는 박종화에서 더욱 세련된 내용을 얻게 된다.

앞으로 우리가 가져야 할 예술은 '力의 예술'이다. 가장 강하고 뜨겁고 매운 힘 있는 예술이라야 할 것이다. 헐가의 연애문학, 미온적의 사실문학 그것만으로는 우리의 오뇌를 건질 수 없으며 시대적 불안을 위로할 수 없다. 만 사

---

52) 봉건 시가에 대한 입장에서 김형원과 현철은 서로 차이를 보이고 있다. 김형원은 봉건 시가를 무조건 평가절하하고 자유시(민주시)의 수립을 주장하고 있다면, 앞서 보았듯이 현철은 봉건 시가의 장점은 살리면서 그 단점을 보완한다는 제한된 의미에서 자유시 수용을 인정하고 있기 때문이다.

람의 뜨거운 심장 속에는 어떠한 욕구의 피가 끓으며 만 사람의 얽혀진 뇌 속
에는 어떠한 착란의 고뇌가 헐떡거리느냐, 이 불안의 고뇌를 건져주고 이 광
란의 괴물을 녹여줄 파지자는 그 누구뇨 '力의 예술'을 가진 자이며 '力의
시'를 읊는 자이다.[53]

현철과 김형원이 주장하는 힘의 내용에서는 독자가 경험할 수 있는
구체적 '힘'의 효과가 해명되지 않았다. 박종화는 바로 그 힘의 효과를
고려하고 있다는 점에서 그들과 차이를 보인다. 예술에서의 힘은 만 사
람의 독자를 '착란의 고뇌', '불안의 고뇌', '광란의 괴물' 등에서 구원해
주고 사람들의 '시대적 불안'을 위로해주는 것이다. 물론 그 고뇌의 더
욱 구체적 내용은 언급되지 않아서 자세히 알 수는 없지만, 다만 그것이
개인적 차원의 고뇌가 아니라 '만 사람'[54]의 고뇌라는 것, 따라서 '시대
적 불안'과 관련되어 있다는 것을 짐작할 수 있을 뿐이다. 박종화는 예
술이 그러한 고뇌와 불안으로부터 구제해줄 것이라는 믿음을 가지고 있
다. 이처럼 예술의 효용에 대한 박종화의 믿음은 현철과 김형원이 주장
하는 '힘' 개념을 연장하면서 그 내포를 확장한 것이라 할 수 있다.

한편 예술이 시대적 불안과 고뇌를 치유해주기 위해서는 반드시 예
술 안에 그것을 치유할 만한 내용이 담겨 있어야 한다. "만 사람의 가슴
에 있는 욕구"가 바로 그 내용일 터인데, 그 욕구를 파악하고 그것을 예
술로 표현했을 때 비로소 힘이 작동하는 작품이 완성되는 것이다. 비록
좀 더 구체적인 설명으로 이어지지는 못하였지만 이상의 내용만으로도

---

53) 박종화, 「문단의 일년을 추억하며」, 『개벽』, 1923.1.
54) '만 사람'이라는 말에서도 짐작되듯이 박종화는 '민중'이라는 말의 외연을 '민족 전
체'를 가리키는 것으로 사용하고 있다는 점에서 현철의 입장에 근접하고 있다. 그것을
확인할 수 있는 구절을 인용해본다. "〈민중문화를 건설하자!〉, 〈예술을 달라, 민중에게
예술을 달라!〉 하는 부르짖음은 날로 높아 바야흐로 전세계를 풍미하여 한 큰 문단적
조류가 되었다. 한 민족의 민요가 곧 그 민족성의 반향임을 따라 그 민족문화에 대하
여 얼마나 큰 가치와 심절한 관계가 있음을 우리가 일찍이 안 바이거니와 개인으로
민중에 천재로 범용에 예술을 민중화하여 (…후략…)" 월탄, 「러시아의 민요」, 『백조』,
1922.1.

박종화의 힘의 예술론, 힘의 시론은 현철과 김형원의 글에서 누락된 부분을 보완하고 있다. 현철과 김형원은 감정의 보편성과 특수성이 결합하여 독창적 감정이 되었을 때 감정에 힘이 실린다고 주장하는 데 그쳤다면, 박종화는 그 뒤를 이어 그와 같은 힘이 독자에게 미치는 효능까지 고려하고 있기 때문이다. 상징주의 시론의 시인 중심적 감정론에서 벗어나서 독자 지향적 감정론의 가능성을 선보이고 있는 것이 민중시론인 것이다. 민중시론에 따르면 독자에게 감동을 주기 위해서는 작가의 특수한 감정이 보편적 감정과 결합하여야 하는데, 이때 그 감정은 다수의 독자에게 감동을 전해줄 힘을 발휘하게 될 것이고, 그 결과 독자는 고뇌와 번민에서 해방될 수 있다. 그러므로 소수의 엘리트를 만족시키는 예술이 박종화의 비판 대상이 되는 것은 당연하다.[55]

하지만 상징주의의 소수독점적 시론에 대한 비판으로 힘이라는 개념을 동원하였음에도 불구하고 민중시론의 주창자들 또한 시와 시 아닌 것의 차별성에 대해서는 상징주의의 인식을 그대로 계승하고 있다. 또한 감정에 있어서도 그것이 개인적 감정이 아니라 보편과 특수가 결합된 독창적 감정이라는 면을 제외한다면, 시는 감정을 표현한다는 상징주의 고유의 표현론적 관점을 그대로 유지하고 있다. 그렇다면 만약 상징주의 시론이 민중시론의 비판을 받아들인다면 그것은 시론 자체의 기본적 구도를 크게 훼손하지 않으면서도 오히려 개인주의적 소수 독점의 시론이라는 비판에서 벗어날 수 있는 기회가 될 수도 있다.

그렇다고 하더라도 민중시론의 취약점은 그대로 남게 된다. 언어론

---

55) 박종화의 비판을 들어보자. "민중은 팔둑이 떨어지고 다리가 엮여졌을 때 시인은 상아탑 속에서 콧노래를 불렀다. 민중은 절박 기한에 수미를 펴지 못할 때 소설가는 카페에서 술을 마시고 음악회에서 사랑하는 사람과 속살거리는 소설을 썼다. 문학은 무엇 때문에 생긴 것이냐. 예술은 무엇 까닭으로 된 것이냐. 문학이란 소수의 문학자의 소일거리로 된 것이냐. 예술이란 머리칼 길게 흐트러트리고 이상야릇한 말 쓰는 정신병환자 같은 예술청년을 위하여 난 것이냐. 아니다. 문학의 세계는 그리 좁은 것이 아니다. 많은 '삶'을 위하여 난 것이오 예술의 사명이 그리 가벼운 것이 아니다. 수없는 영혼 때문에 생긴 것이다."(박종화, 「갑자문단종횡관」, 『개벽』, 1924.12)

의 부재가 그것이다. 상징주의 시론은 언어의 기능을 의미와 음영으로 구분하고 시인의 감정 표현에 적절한 음영을 크게 강조하였는데, 그렇기 때문에 시인에서부터 독자에게로 의미가 전달되는 과정은 관심을 두지 않았다. 하지만 다수의 독자에게 감동을 전달한다는 민중시론의 취지를 반영할 만한 언어론을 세우지 못하여 상징주의 시론과의 차별성을 살리지 못하였다. 오히려 그렇기 때문에 상징주의를 추종하여 감정의 자발적 범람이라는 낭만주의적 감정론을 크게 벗어나지 못했던 것이다. 그래서인지 독자에게 영향을 끼칠 명백한 의도를 가지고 창작에 임하는 태도에 대해서는 부정적인 반응을 보인다.[56)]

태양이 우리에게 광선을 주려하는 의식하에 주는 것은 아니나 스스로 그 광선을 받음과 같이 문학이 스스로 사회에게 어떠한 무엇을 제공하자는 명확한 의식하에서 그 무엇을 제공함이 아니라, 사회 곧 독자가 스스로 문학에서 자기가 구하고 싶은 바를 구하는 것이다. (…중략…) 과연 문학은 감정이 주체가 되어 상상과 취미를 붙이어서 사상을 표현한 것이다. 그러하다. 문학은 감정 그것이다. 독자에게 감정의 작용을 주고자 하는 공리적 성질보다도 유미적 성질이 많다. 아니 순 유미적이다. 문학, 광의로 예술 자신은 '미의 결정'이다.[57)]

---

56) 그들은 시가 공리적 기능을 갖는다는 점은 인정하지만 미리부터 공리적 의도를 가지고 시를 쓴다는 행위, 더군다나 그 의도가 노골적으로 드러나는 경우에 대해서는 비판적 태도를 견지한다. 이 점에서는 양주동·정로풍 등의 절충주의적 문학론, 김화산 등의 아나키즘 문학론에서도 같은 태도를 유지하고 있다.

57) 김형원, 「문학과 실생활의 관계를 논하여」, 앞의 책. 이러한 김형원의 입장은 그 후에도 지속되며 상징주의자 김억의 적극적 지지를 받게 된다. "3월 시평을 하라고 하기에 하마 하는 대답을 하고 3월호 잡지 『생장』을 읽어보다가 우연히 김석송군의 「서적이전, 서적이후」라는 강연에 눈이 뜨였습니다. (…중략…) 김군의 말은 실로 '彼得我意'의 기쁨을 주었습니다. 김군은 유명한 미학자 '히튼'이라는 교수는 '작자의 창작적 심리에 공리적 의식이 존재할 수 있다.'는 말을 응용한 뒤에 다시 동교수의 취한 태도를 가리켜 그것은 예술적 태도라고는 할 수 없고 또한 충실한 의미로 보아, 시인의 취할 만한 태도도 되지 못한다고 부정했습니다. 만일에 공리적 의식을 가지고 어떠한 작가가 예술적 창작을 한다 하면, 그것은 예술적 작품이 아니고 벌써 타락된 작품이라고 한 동군의 말은 대단히 의미 깊은 것이라고 생각합니다."(김억, 「3월시평」, 『조선문단』, 1925.4)

이처럼 공리적 의도에 대한 부정은 민중시론이 프로시론과 결별하는 지점이기도 하다. 독자를 중시하는 민중시론의 공적은 인정되지만 명확한 의도를 갖지 않은 상태에서 독자에게 영향을 끼치려 한다는 맹목적 태도는 프로시론의 입장에서는 인정될 수 없기 때문이다. 물론 계급의 구별을 인정하지 않는 초계급적 평등주의에 대한 신뢰가 더 큰 걸림돌일 것이다. 설사 계급의 존재를 인정한다 할지라도 "시간공간을 초월하여 만인의 흉금에 공감을 주어야 할 문예"58)에서까지 계급의식을 고수할 수는 없었던 것이다. 민중시론은 이처럼 상징주의 시론에 대해 표면적으로는 비판적 입장을 견지하려 했지만 사실상 상징주의 시론에 본질적이었던 시와 시 아닌 것의 구별에 대해 뚜렷한 반대 입장을 보이지 않으면서 결국에는 상징주의 시론의 비판적 계승자로 머물고 말았다. 하지만 상징주의 시론에 대한 민중시론의 비판이 아무리 미미한 것이라고는 해도, 프로파간다 시론에서 그 비판적 내용이 계승 발전될 수 있었기 때문에 민중시론의 매개적 위치는 아무리 강조해도 지나치지 않다.

2) 프로파간다 시론

(1) 프로파간다 시론의 성립

1920년대는 민주주의와 평등을 앞세운 휴머니즘적 민중주의가 확산되는 한편으로 계급의식에 기초하는 사회주의가 동시에 번성한 시기라 할 수 있다. 전자는 이미 문학론에 반영되어 민중시론을 형성하였지만, 후자는 아직 문학론의 형태를 얻지 못하였다. 사실상 1922년 1월 창간되어 이듬해 1월 "공산주의·계급투쟁·사회혁명 등을 창도 고취함에

---

58) 김석송, 「계급을 위함이냐 문예를 위함이냐」, 『개벽』, 1925.2.

이른 결과 안녕질서를 방해한다"는 혐의[59]로 폐간된 『신생활』지가 대중매체를 통해 사회주의가 대중에게 알려진 첫 번째 성과물이었던 것이다. 『신생활』지의 등장과 더불어 민중주의에서 독점하던 민중이라는 개념은 비로소 노동자, 농민과 결부되어 논의되기 시작하였다.[60] 그와 비슷한 시기에 문단에서도 염군사(1922)와 파스큘라(1923)라는 진보적 성향의 모임이 형성되어, 드디어 예술 분야에서도 사회주의 사상이 뿌리를 내릴 수 있게 되었다. 그 중에서도 동경 유학 시절 이미 사회주의 사상의 영향을 받은 김기진[61]이 귀국하기 전까지 『백조』 동인 박종화 등에게 서신을 띄워 민중에 토대한 문학의 필요성을 역설하고 있었다. 귀국 후에도 그는 파스큘라를 조직하는 등 사회주의에 토대한 문학운동을 선도하였다. 이처럼 각종 진보적 단체의 결성, 김기진 등의 적극적 활동은 프로문학 태동기의 활기를 입증한다. 다음은 그 당시 박종화의 증언이다.

> 일 년(1922년-인용자) 동안을 회상할 때에 또 한 가지 기억하여 둘 현상이 있다. 비록 문단에 표면으로 논쟁될 일은 없으나 소리없이 잠잠한 듯한 그 밑바닥에는 조선에도 또한 부르주아 예술 대 프롤레타리아 예술의 대치된 핵자가 배태되었다. 노동 대 자본의 계급투쟁 운동은 사회적인 것에 그치지 않고 예술의 가치론과 현상론에도 파급되어 각국 문단에 파문을 일으키게 되었다. 지금 일본 문단으로 말하면 부르주아 대 프롤레타리아 예술이 격렬하게 투쟁 중이다. 이러한 추세는 우리 문단을 권외로 할 리가 만무하다. 멀지 않은 앞날에 표면으로 나타날 현상의 하나이다.[62]

---

59) 장사선, 『한국리얼리즘문학론』, 새문사, 1988, 90면.

60) 장사선, 위의 책, 91면.

61) 김기진의 회고에 따르면 "1921년부터 1922년까지는 문학사조상으로 신낭만주의 사상을 가진 예술지상주의자였고, 시작법에 있어서는 상징주의를 따르는 문학도였지만" "1922년 가을부터 사상이 좌경하기 시작하였다"(김기진, 「초창기에 참가한 늦동이」, 『세대』, 1964.7)고 한다.

62) 박종화, 「문단의 일년을 추억하며」, 『개벽』, 1923.1.

1922년까지의 사회주의 사상은 아직 사회운동에 한정되었음을 알 수 있다. 이처럼 사회운동에 한정되었던 사회주의 사상이 본격적으로 문학운동으로까지 확산될 계기는 1923년경에 와서야 마련되었다. 1923년 5월 김기진은 토월회 1차 공연을 앞두고 귀국하여 사회주의 예술의 필요성을 에세이를 통해 개진하였으며, 이듬해인 1924년부터는 박영희가 가세함[63]으로써 사회주의 문학론의 출현이 그 기반을 마련하게 된 것이다. 그리고 마침내 1925년 한국 최초의 진보적 문인단체인 '카프(KAPF)'의 결성으로 사회주의 문학운동은 조직적인 형태로 발전할 수 있게 된 것이다.

하지만 조직상의 성장에도 불구하고 당시 사회주의 사상의 수준이란 매우 초보적이고 경직된 이론적 단계에 머물러 있었다. 그 중에서 예술에서 두드러진 이론적 기초로 작용한 것이 상/하부구조의 기계적 결정론이다. 이 초보적 이해를 밑천으로 상징주의와 사회주의 사이에서 갈등하던 박영희[64] 등은 과감하게 상징주의로부터 탈출할 수 있었던 것이다. 그 다음으로 계급적 차이의 문제를 들 수 있다. 계급적 차이를 기계적으로 이해하게 되면 양 계급 사이에 동질성이 들어설 공간을 마련할 수 없다는 게 문제이다. 부르주아 계급이 생산한 모든 상부구조는

---

63) 김윤식은 박영희가 「체홉 희곡에 나타난 노서아 환멸기의 고통」을 『개벽』에 발표한 1924년 2월에 "완전히 계급사상으로 전향"했다고 보고 있다(김윤식, 『박영희연구』, 열음사, 1989, 54면). 하지만 박영희는 1925년경까지 상징주의에 대한 관심을 중단하지 않았기 때문에 그 당시 그가 프로문학으로 완전히 돌아섰는지는 쉽게 판단하기 어렵다. 상징주의에 대한 관심이 완전히 사라지는 1925년 이후를 계급사상으로의 전향 시점으로 보아야 할 것 같다.

64) 박영희는 김기진의 에세이와 직접적 설득을 통해 '파스큘라'에 가담하였으면서도 여전히 상징주의를 떠나지 않고 있었다. 적어도 1924년경까지만 해도 여전히 그는 "방에 꼭 들어 앉아서 영어공부만 하고 뽀들레엘, 베를레엔만 애송"(춘해, 「문인들의 이 모양, 저 모양 4」, 『조선문단』, 1925.1)하는 상징주의자로 알려져 있었다. 반면 「조선을 지나가는 비너스」(『개벽』, 1924.1)에서는 '생활이 문예에 영향을 준다'는 초보적 토대결정론을 강조하고 있어 상징주의와 사회주의 사이에서 동요하고 있었음을 알게 해준다. 1923년부터 25년까지가 박영희에게는 정신적 시련의 시기였던 것이다.

프롤레타리아의 상부구조와 아무런 관계도 없다. 그것이 문학에 적용된다면 부르주아 문학과 프롤레타리아 문학 사이에 동질성이 존재할 수 있는 여지는 거의 없다. 어차피 부르주아 문학은 오로지 부르주아 사회를 존속하기 위한 수단에 지나지 않을 것이기 때문이다.

이 두 가지 관점이 1923년 7월호 『개벽』지에 처음으로 선을 보이게 된다.[65] 이 가운데 「문사 제군에게 여하는 글」을 싣고 있는 임정재는 당시의 예술운동을 자아표현운동으로 규정짓고 그것을 크게 3가지 부류로 나누어 설명하고 있어 주목된다. 말하자면 세잔느 예술로 대표되는 순연한 개성표현운동, 톨스토이와 같은 대자아표현운동, 그리고 고리키 예술로 대표되는 계급자아의 선전적주의의 표현운동이 그것이다. 그 가운데 세 번째 선전예술만이 현재에 적합한 표현운동이라고 강조하면서 그 이유를 다음과 같이 들고 있다.

> 계급에 재한 인간성은 돌진 과정에 있어서 당연히 계급을 초월하지 못하며 현대 사유재산제도에 계급이 존재할 때까지는 계급문예가 있을 것이다. 왜 그러냐 하면 인간은 환경을 개척할 수가 있지만 환경을 초월하여서는 생활이 성립하지 못하는 동시에 불합리한 현실에 재하여 인간의 완전성을 무시하는 파면에 당하는 연고로 의식, 무의식간에 계급의식에 지배를 받게 된다.[66]

인간이 의식적이든 무의식적이든 계급을 초월하지 못한다는 이 명료한 명제는 사회주의 문학론의 초보적 인식틀을 형성한다. 그러므로 문학에서도 계급의식이 반영되었을 때 한쪽에는 부르주아 문학이, 다른 한쪽에는 프롤레타리아 문학[67]이 설정될 수밖에 없다. 하지만 양 계급

---

65) 여기에 김기진의 「프로므나드 상티망탈」, 임정재의 「문사제군에게 여하는 일문」, 임노월의 「사회주의와 예술」 등이 실려 있다. 임노월의 글을 제외하고 나머지는 사회주의 예술의 필요성을 역설하고 있다.

66) 임정재, 「문사제군에게 여하는 일문」, 『개벽』, 1923.7.

67) 이하에서 '프롤레타리아 예술' 및 '프롤레타리아 문학' 등은 약칭하여 '프로예술', '프로문학' 등으로 표기한다.

의 문학은 서로 적대적 관계를 유지하는 까닭에 부르주아 문학은 프로 문학의 성립을 의식적으로든 무의식적으로든 방해하게 될 것이다. 그런 이유에서 부르주아 예술이 프롤레타리아 계급에게 끼치는 영향 관계를 정확히 파악하는 문제는 프로 문학의 성립에 있어 중요한 관건이 될 것이다. 다시 말해서 이데올로기적 분석이 필요하다.

> 종래의 사회조직은 알아보기 쉬운 유산계급 본위의 사회조직임으로 피등은 피등의 계통문화에 입각하여 프롤레타리아를 가장 유효하게 지배할 작정으로 이것을 교화할 필요가 있었다. 항용 하는 말로 교육의 보급! 이것은 부르주아 계급이 과장하는 미명에 불과한 수작이다. 더 길게 말할 것도 없이 현대 교육 기관이라는 기관은 모두 다 부르주아 계급의 수중에 있는 것이 아니고 그 무엇이랴!68)

이 글의 필자는 부르주아가 생산해낸 상부구조는 부르주아 이데올로기를 유포하는 데 소용된다고 보고, 특히 그 이데올로기가 침투하는 경로를 교육에서 찾고 있다. 자본주의 사회는 프롤레타리아를 "유효하게 지배할 작정으로" 교육을 활용한다는 것이다. 부르주아 교육의 목적은 한 마디로 "부르주아 사회 조직의 존속을 승인하고 특권 계급에 대한 봉사 도덕"69)이라는 이데올로기를 프롤레타리아에게 주입하는 데 있다. 이데올로기가 교육을 통해 주입되는 과정에서 "부르주아 계급의 지배권에 저촉되는 온갖 진리는 모두 말살"당하고 "허위가 도리어 진리의 가면을 꾸며 가지고 무산계급의 청년을 부르주아적 계통문화 선내로 마춰"70)시키는 일이 발생한다. 이처럼 부르주아가 교육의 형식을 빌어서 이데올로기를 주입해야만 하는 "까닭은 부르주아에게는 프롤레타리아를 노동시킴으로써 그들의 생활의 안락을 유지"71)해야 할 필요에 있

---

68) 장적파, 「문화운동과 무산자운동」, 『조선일보』, 1923.8.2~9.
69) 김기진, 「지배계급 교화, 피지배계급 교화」, 『개벽』, 1924.1.
70) 장적파, 앞의 글.

다고 보는 것이 당시에는 지배적 관점이었다. 하지만 프롤레타리아에 대한 이데올로기적 교화가 비단 교육 분야에만 한정된 것은 아니지 않는가.

> 이와 같은 문학의 효과는, 문학이라는 것을 병적으로 발달시키고 제도와 조직에 무관심하게 만들고 현실 위에다 낡아빠진 상아의 탑을 세우게 만들고 수음적 자위의 辭를 짓게 하고, (…중략…) 간접으로 현실을 긍정하는 속정주의에까지 타락하게 만드는 것이다. 이와 같이 현금의 예술, 현금의 종교, 현금의 교육, 심지어 미관말직까지도 유의식 무의식 간에 이 엄청나는 부르주아 컬트의 작용을 하여가며, 여기에서 조선 고래의 전통이 한층 더 부르주아 컬트를 효과있게 만든다는 것이다.[72]

이 글의 필자 김기진은 교육, 종교, 예술 등등 모든 부르주아 문화는 한결같이 프롤레타리아로 하여금 "현실을 긍정"하도록 교화하는 데 목적이 있다고 주장한다. 이어서 그는 지배계급에 의한 교화 체제가 "전 조선 백성의 머릿속에서 다대한 효적을 수득하고 있"음에도 불구하고 "제4계급에 대한 교화운동이라는 것은 아무것도 없었다는 사실"에 놀라움을 표한다. 사회가 변하면 의식도 바뀌어야 한다는 역사결정론에 근거한 것이다. 예컨대 "사회조직, 생활상태가 결정해 준"[73] 생활의식에서 혁명기 러시아의 예술이 생성된 것처럼, 생활상태의 변화에 맞추어 한국에서도 그에 필적할 만한 "미의 카테고리도 변"[74]해야 하는데 현실적으로는 그렇지 못하다는 사실이 불만족스러운 것이다. 그리고 그 원인을 그는 부르주아 이데올로기의 부단한 교화 작용 때문이라고 판단한다. 그렇다면 프로문학의 사명은 분명하다. "과거의 사회조직에서

---

71) 박영희, 「신흥예술의 이론적 근거를 논하며 염상섭군의 무지를 박함」, 『조선일보』, 1926.2.3~19.
72) 김기진, 앞의 글.
73) 김기진, 「금일의 문학, 명일의 문학」, 『개벽』, 1924.2.
74) 김기진, 「너희의 양심에 고발한다」, 『개벽』, 1924.8.

결정된" "그릇된 미의식 위에 입각한, 부르주아 문학에 대항"[75]하는 것이다. 그리하여 프롤레타리아의 "영혼을 자본주의의 손톱 아래에서 오직 구해"내고, 궁극적으로는 "일그러진, 쭈그러진, 꾸부정한 자본주의의 독아에서 전인류를 해방시키는 것"[76]이다.

이처럼 부르주아 이데올로기가 교화나 교육의 형식으로 주입된다는 판단은 프로문학도 그에 맞서는 교화와 교육의 기능을 행사해야 한다는 주장에 설득력을 부여한다. 결국 부르주아 이데올로기에 마취되어 "부르주아가 설치한 미의 함정에 빠"[77]진 프롤레타리아를 교육을 통해서 구출해내는 일이 프로문학에 부과된 첫 번째 사명으로 여겨진다. 사회가 변했음에도 불구하고 프롤레타리아의 계급의식이 형성되지 못한 것은 부르주아의 계급 이데올로기에 의한 마취에 그 원인이 있기 때문이다. 그렇기 때문에 마땅히 존재해야 할 프롤레타리아 계급의식이 프롤레타리아가 아니라 오히려 그것을 선취한 지식계급에서만 발견되는 일은 어색하지 않다. 문학가는 바로 그 지식계급에 속하는 존재이며, 따라서 "그 시대의 선구자"일 수밖에 없고, 그의 문학은 부르주아 이데올로기에 대항하기 위한 "최대다수의 교화"[78]를 목표로 삼아야만 한다. "그릇된 조직의 개혁을 위해서, 그릇된 미학의 개념을 부수"는 것이 "문학가의 임무, 지식계급의 임무"[79]이기 때문이다.

이렇게 하여 초기의 프로문학론은 점차 프로파간다(propaganda)에 초점을 맞추게 된다. 프로파간다의 목적은 새로운 인간들로 하여금 테러의 위협에 의해서가 아니라 내적 찬동에 의해서 선전자들과 그들 조직의 권력주장에 '기꺼이' 봉사하게 만드는 것이다.[80] 초기의 프로문학론은

---

75) 김기진, 「지배계급 교화, 피지배계급 교화」, 앞의 책.
76) 김기진, 위의 글.
77) 박영희, 앞의 글.
78) 김기진, 「프로므나드 상티망탈」, 앞의 책.
79) 김기진, 「지배계급 교화, 피지배계급 교화」, 앞의 책.
80) 김문환, 『사회미학』, 문예출판사, 1993, 48면.

부르주아 이데올로기를 일종의 프로파간다로 이해했기 때문에 그에 대항해야 하는 프로문학의 중심적 기능으로 프로파간다에 주목한 것이다. 따라서 프로파간다 문학론은 프롤레타리아 미의식이 형성되지 못한 원인이 부르주아의 교육 및 교화에 있다고 보고 그 교화의 선을 차단하고 그 대신으로 지식계급이 선취한 진정한 의미의 프롤레타리아 미의식을 주입하는 것을 사명으로 한다. 이처럼 초기 프로문학론이 교육을 빙자하여 프로파간다를 강조했던 것도 부르주아 이데올로기의 교화기능에 대한 맞대응을 고려한 결정에서 기원한다.

  당연한 귀결이지만 그 결과 모든 부르주아 문학이 거부당하는데, 그것은 그 문학이 내용에서 형식에 이르기까지 부르주아 이데올로기의 프로파간다에 공헌하고 있기 때문이다. 그러한 관점이 시론에 적용되어 초기의 프로시론, 다시 말해서 프로파간다 시론[81]은 부르주아 문학으로부터 아무런 유산도 받아들이지 않으리라는 당당한 기세로 시작하게 된다. 유산을 받아들이는 순간 그들의 교화에 응답할 수밖에 없을 것이기 때문이다. 하지만 프로시인은 부르주아 이데올로기로부터 프롤레타리아의 의식을 구제해야 하므로 일차적으로 모든 부르주아의 문학적 유산을 거부해야 할 뿐 아니라 더 나아가 시인의 내면에 남아 있는 부르주아의 흔적에 대한 자기 검열도 수행해야 한다. 교육은 검열과 금지를 통해서도 이루어지는 것이기 때문이다. 그러므로 교육을 목적으로 하는 프로파간다 시론 역시 부르주아 시론이 생산하고 유포하는 정서에 대한 검열과 금지의 이행을 포함한다. 예컨대 박영희는 과거의 시라는 것이 "속세를 미워하여 심산에 들어가서 자연과 접하여 인생생활을 미워하고 적막과 고독을 유일한 벗으로 알고 홀로서 노래를 부르던 시대"의 산물인데, 당대 조선의 시마저도 "자기찬미, 자기감정도취의 이

---

81) 이 글에서 프로시론은 프로파간다 시론과 프롤레타리아 시론을 동시에 포함하는 용어로 사용된다. 초기의 프로시론은 프로파간다 시론으로, 후기의 프로시론은 프롤레타리아 시론을 함의한다.

야기, 유희, 매춘사"[82]에 머물고 있다고 비판한다. 부르주아 시의 내용은 현실도피와 개인주의를 조장함으로써 현실에 대한 맹목적 순종을 획책한다는 것이다. 그러한 판단에서라면 현실에 대한 순응을 유도하는 부르주아 문학의 이데올로기 효과를 걷어내기 위해서는 먼저 부르주아 문학에서 즐겨 사용되는 소재를 파악하여 그 소재의 도입을 금지할 필요가 있다. 시인은 소재에 대한 자기 검열을 통해서 부르주아가 현실도피를 목적으로 원용했던 소재들, 예컨대 꽃과 새를 포함한 자연사물과 "젊은 남녀의 참을 수 없는 사랑의 열정"[83]이라는 소재의 사용을 자제해야 한다. 이처럼 소재에서부터 계급적 차별화를 시도함으로써 부르주아 문학의 교화적 기능을 차단한다는 것은 일면 편리한 조치이기도 하다. 그렇게 함으로써 부르주아 시인이 추구하는 유희적 쾌락이 프롤레타리아에게는 더 이상 쾌락이 아님을 알리고, 그러한 유희적 쾌락이 아닌 다른 종류의 쾌락을 추구할 수 있게 유도할 수 있기 때문이다. 이때 프롤레타리아가 누려야 할 쾌락은 오직 현실에 대한 반항과 부정 가운데서 획득될 수 있다.

하지만 소재적 차원의 검열과 금지에도 한계가 있기 마련이다. 게다가 어떤 소재를 부르주아적이라고 하여 사전에 검열하고 차단해버리면 결국 그것은 프롤레타리아를 위한 소재 선택의 범위에 울타리를 치는 꼴이 되고 만다. 자가당착에 빠지는 것이다. 따라서 시일이 경과하면서 부르주아 이데올로기의 주입이 특정 소재의 사용에서 비롯되는 것은 아니라는 깨달음에 도달하게 된다. 부르주아가 독점했다는 소재를 제거함으로써 프로시는 정서와 감정을 표현할 수많은 소재를 잃어버리게 될 것이다. 이처럼 부르주아 유산의 과감한 거부는 쉽지 않은 일이다. 이는 프로시가 처한 어려움을 말해준다. 부르주아 문학의 유산을 어떻게 처리할 것인가.

---

82) 박영희, 「시의 문학적 가치」, 『개벽』, 1925.3.
83) 박영희, 위의 글.

부르주아 문학의 유산에는 상징주의를 비롯한 낭만주의 계열뿐 아니라 그와는 사상적 배경이 전혀 다른 자연주의도 포함된다. 1910년대 중반 백대진에 의해서 처음 소개된 자연주의는 김억, 현철 등의 손을 거치면서 이론에 대한 이해가 깊어져 시에서 낭만주의가 차지하는 지위를 소설에서는 자연주의가 차지하게 되었다. 하지만 자연주의마저 프로문학에 의해 거부당하게 된다. 자연주의건 낭만주의건 모두 부르주아 문학 이념의 일종이기 때문이다. 문예사조에 대해 상당한 식견이 있었던 김기진, 박영희조차도 한국에 유입된 문예사조를 '낭만주의 → 자연주의 → 프로문학'의 순서로 정리하여 자연주의에 대한 프로문학의 선진적 입장을 대변하였다. 그 예를 들자면, 김기진은 「금일의 문학, 명일의 문학」에서 자연주의를 프로문학의 전사(前史)로 놓고 다음과 같이 비판하게 된다.

> 자연주의는 '자연의 무관심'이라는 말을 그대로 자기의 관조와 태도로 하여 가지고, 인생을 그대로 재현하고자 하였다. 인생을 조금도 자기의 주관을 집어넣지 말고서 여실히 그리어내는 것이 '진'이라고 하였다. 여기에서 주관을 삽입하자는 인상주의와 소분열을 하게 되고, '과학의 미해결'에 대한 반동으로 말미암아 일어난 신주관주의 때문에 자연주의도 패배하지 않으면 안 될 지경에 이르러버렸다. 주관은 독단적이나 귀납적 객관은 진실이다! 하던 자연주의가 패배한 원인은 '과학의 파산'에 있다.[84]

김기진에 따르면 자연주의는 주관을 배제하고 인생을 있는 그대로 재현하는 경향으로 정의된다. 그런 의미에서 보면 자연주의는 낭만주의의 한계를 극복하고 진일보한 정신의 표현이다. 자연주의에 의해 문학의 중심이 "공상에서 현실로, 정열에서 이지로, 주관에서 객관으로"[85] 옮겨갔기 때문이다. 하지만 자연주의의 지나친 관조적 태도, 그리고 과

---

84) 김기진, 「금일의 문학, 명일의 문학」, 앞의 책.
85) 김기진, 위의 글.

도한 주관의 배제는 당시 프로파간다의 입장과 거리가 있었다. 문제는 주관에서 객관으로 관심을 옮기는 것이 아니라 양자의 관계를 재정립하는 것이기 때문이다. 따라서 현실에 대한 문학인의 태도를 실험 대상에 대한 과학자의 태도와 혼동할 수는 없었다.

그 점에서는 박영희의 반응도 마찬가지다. 「자연주의에서 신이상주의에 기울어지는 조선문단의 최근경향」86)에서 그는 당시 문단의 흐름을 낭만주의, 자연주의에서 신이상주의로 기울 것이라 예측하고, 자연주의가 극복될 수밖에 없는 이유를 다음과 같이 제시하고 있다.

> 다시 말하면, 우리는 아직껏 동경의 진미를 맛보기 전, 남의 자연주의를 수입하였고, 남의 심각한 자연주의를 맛보기 전에, 또 남의 이상주의를 따라가려는 모방적 생활도 하였다. 그러므로 얼른 다시 말하면 조선문학의 낭만운동이 있었다 하면 그것은 자기 개성 속에서 터져나오는 싹과 같이 우리 민족의 손으로 되었다는 것을 다른 사람이 변명할 만치 농후하지 못하였고, 자연주의 문학이 있다 할 것이면, 그것은 진실한 의미에서 보면, 인생의 암면이라는 것의 묘사보다도 주인공의 타락을 서술한 데 불과하였다. (…중략…) 자연주의는 방관적이며 의지를 버리고 감정보다도 다만 현실을 객관적으로 묘사하려는데 비해서 신이상주의는 가장 견실하고 참된 인생의 적극적 개방일 것이다. 자연주의를 주창할 만한 암흑의 시대는 비록 완전치는 못한 문학이나, 지나가고 말 것이다.

이 글에서 자연주의는 현실에 대한 긍정이나 미래에 대한 의지가 없이 그저 방관적으로 인생의 어두운 면을 부정적인 시각으로 바라보는 것으로, 주인공의 타락상만을 부각시키는 '반이상주의'로 묘사된다. 자연주의에서 "다만 현실을 객관적으로 묘사"하려는 것도 "방관적이며 의지를 버"렸을 때만 가능한 발상에 지나지 않는다. 하지만 박영희는 "소

---

86) 박영희, 「자연주의에서 신이상주의에 기울어지는 조선문단의 최근경향」, 『개벽』, 1924.2.

극적 비관주의가 가로 걸리던 때"가 지나갔다고 말하며, "적극적으로 인생을 긍정하고 생명을 사랑"하는, 따라서 "그의 생활과 그의 환경을 가장 건전한 관찰과 지적 태도로 마음깊이 새기려는 때"가 도래했다고 믿는다. 자연주의가 기생하던 암흑의 시대는 지났다. 이제 "가장 견실하고 참된 인생의 적극적 개방"을 목표로 하는 신이상주의가 요청되는 시대가 도래한 것이다.

김기진과 박영희는 자연주의의 성과를 제한적으로 긍정하고 있다. 다만 그들은 현실에 대한 부정적 태도에서 비롯된 방관자적 객관성에 대해 비판적이다. 주관적 의지나 미래지향적 이상과 무관한, 현실에 대한 객관적 묘사의 위험성을 자각했기 때문이다. 사실 부르주아가 바라보는 현실과 프롤레타리아가 바라보는 현실이 다를진대, 무작정 현실에 대한 객관적 묘사를 강조한다 했을 때 누구도 그 시각의 객관성을 보장할 방도가 없다. 그런 의미에서 자연주의가 상정하는 현실과 프로문학이 상대하는 현실은 다르다. 프로문학의 관점에서 보면 자연주의는 표면적 현실만을 중시하는 것이다. 그에 반해 표면을 뚫고 현실의 본질을 직시할 수 있는 계급은 프롤레타리아에 한정된다. 프로문학에서는 표면적 현실이 아니라 본질적 현실이 문제되는 것이다. 하지만 자연주의에서 파생된, 더욱 중대한 문제가 있다. 그것은 자연주의가 표면적 현실에 한정된 객관적 나열에 그친다는 비판적 통찰보다 더 본질적인 문제이다. 즉 자연주의를 향한 비판적 거리두기가 지나쳐서 아예 눈에 보이는 현실 그 자체의 묘사를 방기하는 현상이 그것이다. 표면적 현실에 대한 묘사는 자연주의의 몫이니 배제해버리고 프로문학은 본질적 현실만 제시하면 된다는 손쉬운 결론에 도달하게 된다. 다시 말해서 현실을 구성하는 추상적 관계가 전면화되는 것이다. 이렇게 하여 독자에게 직접적으로 추상적 관계를 제시하고 싶어 하는 작가의 조급증을 만나게 된다. 프로파간다 작품에 확산되는 노골적인 설교는 이처럼 자연주의에 대한 미련 없는 거부가 낳은 또 다른 편향이라 할 수 있다.

낭만주의와 자연주의 등 기존의 부르주아 문학양식과 단절함으로써 프로문학의 입지를 다져야 했지만, 그 과정이 결코 쉬운 일은 아니었다. 프롤레타리아의 의식에서 부르주아 계급의 이데올로기를 걷어내는 것도 중요한 일이지만, 다른 한편으로 그들에게 프롤레타리아 미의식을 주입하는 일 또한 시급한 문제였다. 프롤레타리아 미의식은 무엇보다도 "우리의 생활을 변혁"[87]하려는 의지에 결부된 것이다. 따라서 현실의 부정성을 직시하게 하고 그것을 극복할 의지를 북돋우는 것을 목적으로 한다. 하지만 앞서 언급했듯이 그 이상형은 오직 지식계급의 머릿속에만 존재한다는 것이 현실이다. 따라서 지식계급이 선취한 미의식을 프롤레타리아 의식으로 주입하는 과정을 거칠 수밖에 없다. 마치 부르주아 이데올로기가 그렇게 한 것과 마찬가지로 프롤레타리아의 미의식 또한 프로파간다의 형식으로 주입되어야 한다. 이것이 프로파간다 단계의 프로시론에 부과된 사명이다.

하지만 여기에도 문제가 없는 것은 아니다. 독자가 다만 수동적 대상이어야만 한다는 조건이 붙기 때문이다. 프로파간다의 효과를 위해 독자는 자발적 선택의 권한을 박탈당해야 한다. 그들은 다만 자신의 과거 입장을 철회하고 프로파간다의 내용을 섭취하기만 하면 되는 것이다. 독자의 자발성이 없으면 없을수록 효과는 더욱 높아진다. 어차피 프롤레타리아 미의식은 주입의 대상이고, 더구나 그들은 부르주아 미의식에 이미 오염되어 있는 상태가 아닌가. 그들이 부르주아 미의식을 자발적으로 획득한 것처럼 보이지만 그것은 착각에 불과하다. 하여 그들에게 자발성을 기대할 수는 없는 일이다. 그런 그들에게 수용자의 자발성을 기대한다면 프로파간다는 아무런 소득도 얻지 못할 것이 뻔하다. 자발성이라는 능동적 의식은 이미 부르주아적 태도에 가까운 것이고, 그 상태에서는 일방적 주입조차 불가능하다. 따라서 독자는 항상 시인의 의

---

87) 김기진, 앞의 글.

도에 동의할 준비가 되어 있는, 고전적 독자[88]에 머물러야 한다.

이처럼 수용자의 자발성이 신뢰받지 못하는 상태에서 작동하는 문학의 소통체계를 우리는 짐작할 수 있다. 자극과 반응만을 반복하는 스키너식의 행동주의 모델에 종속된 문학작품은 수용자의 상상력을 고려의 대상에서 제외하게 된다. 자발성은 그것이 독자이건 시인이건 문학적 상상력의 기초이며, 문학작품의 생산과 수용 과정은 모두 상상력을 매개하지 않고서는 작동하지 않는 것이라면, 자발적 상상력을 억압하고 일방적인 설득과 주입에만 관심을 두는 프로파간다의 목적이 문학에 대해 적대적일 가능성은 충분하다. 따라서 프로문학의 발전은 이러한 문제를 해결하는 과정의 기록인 것이다. 문학성을 차치하고라도 수용자의 자발성을 고려하지 않는 교육이 효과를 얻기는 쉽지 않다. 프로파간다 문학의 이러한 파행성은 부르주아 이데올로기의 주입을 차단하려는 목적을 달성하기 위해 동일한 전략을 구사하려 했기 때문에 발생한 것이다. 그들은 전자의 무의식적 주입을 의식적 주입으로 대체하려 했다.

그러므로 프로파간다 문학의 가치는 독자를 부르주아 미의식의 마취에서 구출하여 프롤레타리아 미의식으로 무장시키는 데서 발휘된다. 그 과정에서 성공을 보장받을 수만 있다면 그것이 문학성에 어긋나는 행위일지라도 얼마든지 허용될 수 있는 것이다. 어차피 부르주아 문학형식이 폐기되고 새로운 문학형식은 아직 도래하지 않은 상태에서 문학성이라는 낡은 기준으로 프로파간다를 평가할 수는 없을 것이기 때문이다. 그것이 문학이냐 아니냐를 따지기 이전에 그것이 과연 프로파간다 효과를 발휘하고 있느냐는 판단이 우선하게 된다. 내용에 있어서는 엄격한 자기 검열을 요구하는 프로파간다 문학이긴 해도 부르주아 형식 앞에서는 무척 관대해질 수 있다. 하지만 형식에 있어서의 관대함은 물론 새로운 문학의 문학성을 판정할 만한 미적 기준의 부재에서 기인

---

88) 차봉희, 「현대문예학과 수용미학」, 『수용미학』(박찬기 외), 고려원, 1992, 87면.

하는 것이다. 다시 말해서 문학형식 자체에 내재하는 수용미학적 효과에 민감하지 않다는 뜻이기도 하다. 프로파간다 문학론은 아직까지는 내용에 치중하고 형식을 방기하는 미성숙한 상태에 머물렀던 것이다.

박영희가 교조주의적 태도를 보이면서까지 프로파간다 문학론의 기계적 결정론에 그토록 열정적으로 매달렸던 것은 상징주의로부터의 철저한 격리를 통해서만이 상징주의에서 습득한 문학성의 유혹에서 벗어날 수 있었기 때문이다. 따라서 이후 기계적 결정론이 비판의 대상이 되고 프로문학에 다시 문학적 조건이 강조되었을 때, 그는 더 이상 문학성의 유혹에 저항할 수 없었던 것이다. 오직 기계적 결정론만이 박영희가 상징주의를 박차고 나올 수 있었던 결정적 이유였다. 이처럼 기계적 결정론은 프로문학 초기의 분위기를 프로파간다로 몰아가게 했던 중요한 이론적 근거에 해당된다. 우리는 박영희의 다음 글에서 환경과 미의식의 관계를 목격할 수 있다.

> 정서는 환경을 떠나서는 완전한 작용을 하지 못하는 까닭이다. 그러함으로 시인이 시인 된 가치는 어떠한 환경으로부터 얻은 주관화한 정서가, 누구보다도 먼저, 그 환경에 있는 사람이 장차 요구할 진리를 예언자와 같이 부르짖음으로 잠자고 있는 만인의 흉중에 있는 심원의 곡을 깨워서 일으키어야 할 것이다. 그곳에 문학적 가치를 발휘할 수 있는 것이다.[89]

이 글에서 "만인의 흉중에 있는 심원의 곡"은 프롤레타리아 미의식에 연결된다. 그것은 "장차 요구할 진리"이긴 하지만 아직은 "잠자고 있는" 상태에 있다. "문학을 순전히 유희나 쾌락으로 알던 시대는 이미 고대의 일"[90]이 되었고, "심원의 곡"을 노래할 때는 왔건만 그 노래는 아직 박영희를 비롯한 지식계급의 의식 속에만 있는 것이다. 당시 시단을 지배하고 있는 것은 여전히 부르주아 시의식에 국한된다.

---

89) 박영희, 앞의 글.
90) 박영희, 「문학상 공리적 가치 여하」, 『개벽』, 1925.2.

조선 시인이여! 그러면 어찌해서 조선문으로 시를 써서 누구에게 보이려고 지상에다가 발표를 하는지를 묻고 싶다. 시인일수록 민중에 대한 열이 있어야 한다. 그런고로 '시는 열정의 언어'(Poetry is the language of the passion)라고 한다. 그러나 조선의 시인들은 그 '열정'이라는 말을 젊은 남녀의 참을 수 없는 사랑의 열정으로만 해석하여 가지고 젊은 계집의 연약한 가슴 속에서 생명을 썩히려고 한다. 그 '열정'이라는 말은 인생 전체의 진리에 대한 열정인 것이다. 뜨거운 마음! 그 마음에는 민중의 뜨거운 고통을 한가지로 불붙일 만한 열이 있어야 한단 말이다. (···중략···) 또한 시를 읽을 때에 소위 '쾌락'이라는 말을 현대 조선시인들은 유희기분으로 해석하려고 한다. 그러나 우리가 시에서 요구하는 쾌락이라는 것은 그러한 유희적 쾌락은 아니다. 그 쾌락이라는 것은 현대 조선사람이야말로 현대조선이 요구하는 시의 문학적 가치의 일요소란 말이다.91)

프로파간다 시의 가치는 열정, 그것도 "남녀의 참을 수 없는 사랑의 열정"이 아니라 "인생 전체의 진리에 대한 열정"에서 결정된다. 그런 뜻에서 목적이 뚜렷한 시의 형식이라 할 수 있다. 시의 가치는 시 자체의 독자적 형식에 의해서 결정되는 것이 아니라 시인의 열정과 그것이 "만인의 흉중에 있는 심원의 곡을 깨워서" 일으킬 수 있는 효과에서 결정된다. 이처럼 시인의 열정과 의도는 프로파간다 시의 가치를 결정하는 핵심 사안에 속한다. 감정의 자발적 범람에 의존하는 낭만주의와 견준다면 프로파간다의 시는 감정의 의도적 생산에 가깝다고 할 수 있다. 시에서 의도성이 강조되는 이유가 여기에 있다. 더구나 "만인의 흉중에 있는 심원의 곡"이 아직은 프롤레타리아의 마음에 형성되지 못한 까닭에 시인의 의식에 당위적으로 정립되어 있는 내용의 주입이 요구된다. 그러므로 시인은 작품을 통해서 진리를 탐구하는 자가 아니라 이미 의식 속에 선재하는 진리를 작품으로 표현할 수 있을 뿐이다.

이렇게 시작된 프로문학의 프로파간다적 특성은 쉽게 극복되지 못했

---

91) 박영희, 「시의 문학적 가치」, 『개벽』, 1925.3.

다. 1927년 방향전환을 계기로 해서 오히려 문학에서 프로파간다의 요구가 더욱 강화되기도 했다. 방향전환이란 무엇인가. 박영희에 따르면 "프로문사의 인생관 내지 사회관은 이 계×××(급투쟁) 속에서 발전해야 할 것이니 작가는 먼저 계급×××(투쟁적) 입장에서 사상의 확립이 필요"[92]하다고 판단되는 단계이다. 그 단계에서 필요한 것은 그 전까지 단순한 예술운동단체였던 카프를 예술운동조직으로 정비하고, 이를 현단계의 정치운동과 결합하는 것이다. 이에 따라 문학예술인에게도 정치전선에서의 실제적 투쟁이 요청되며, 창작과정에서도 창작에 앞서 사상을 정비하고 선명한 사상을 그대로 작품에 투입해야만 한다. 작품에 나타난 사상의 강도에 따라 프로파간다 효과가 달라지기 때문이다. 문학운동과 정치운동의 결합은 이렇게 시작되었다.

당연한 말이지만 문학운동이 정치운동에 종속되는 방향전환론에서 문학운동의 독자성은 허용될 수 없다. 문학운동의 독자성을 강조한다는 것은 문학과 정치를 구별하려는 부르주아적 자율성 이론에 굴복하는 것이기 때문이다. 문학의 독자성은커녕 문학운동의 독립성을 주장하는 것조차도 그 자체로 예술지상주의자임을 선언하는 행위이다. 정치적 선전 효과보다 문학성이 우위에 있을 수는 없는 일이다. 그렇다면 '정서의 전염'과 '감정의 조직'만으로는 충분치 않다. 그것은 다만 "지극히 교묘한 묘사로써 감정에 호소하고 마는" 것이기 때문이다. 단순히 감정에 호소하는 것만으로는 사상과 감정을 온전히 전달할 수 없다. 차라리 "감정의 호소를 넘어서서 직접 감정을 격동시키는 운동으로서의 문예"[93]가 요구된다. 문학 자체의 형식에 의한 심리적 효과가 방향전환기에 필요한 프로파간다 효과를 감당할 수 없을 때 문학 외적 요인이 강조되는 것은 필연적이다. 문학의 독자성이나 특수성을 허용할 수 없는 상황에서 문학적 조건이 선전 효과와 배치되었을 때 문학적 조건의 희

---

92) 박영희, 「신경향파 문학과 무산파의 문학」, 『조선지광』, 1927.2.
93) 박영희, 위의 글.

생은 어쩔 수 없는 일이다. 프로파간다는 초창기 프로문학의 존재 이유였기 때문이다. 박영희의 진술에 따르자면 프로문학의 경우에는 "효용으로부터 형태가", "즉 필요로부터 이 필요에 적응한 형태가 필연적으로 구성"[94]된다. 이처럼 방향전환기까지 문학적 조건과 선전 효과는 치열하게 대립적 관계를 유지한다. 따라서 1927년에 진행된 이론적 갈등은 선전 효과와 문학성의 양립가능성을 둘러싼 논쟁이라고 할 수 있다.

사태가 이렇게 된 데에는 당시 정세분석이 중요하게 작용하였다. 1927년경 카프의 논자들은 당시의 정세를 부르주아 혁명이 임박한 비상기이자 전환기라고 판단했다. 비상기에 처한 프로문학에서 선전 효과가 더욱 강화되는 것은 당연한 일이며 문학성이 밀려나는 것도 예상 가능한 사태이다. 어차피 "프롤레타리아 독재 사회가 오면 예술도 전환기의 예술의 역할을 과정하고 건설기의 역할을 과정하게 될 것이므로 그러한 부르주아적 해석에 의한 선전이니 공리니 하는 말은 없어질 것"[95]이기 때문에, 현단계에서는 모든 역량을 정치투쟁에만 집중함으로써 혁명을 촉진해야 했다. 그러한 정세에서 문학예술인의 사명은 오로지 "최선의 노력을 다하여 그 정치의식을 주입, 촉진"[96]하는 것이다. 다시 말해서, "무산계급 자체가 필요한 운동으로서 일환적 역할이 문예운동에 있을진대 '선전'이나 '선동'이나 '투쟁의 무기'로써 사용하며 그것으로써 기능을 다하는 데에 비로소 가치를 가지게 될 것"[97]이다. 극단적인 경우 "프롤레타리아에게 계급해방의지를 제외한 예술적 요구는 있을 수가 없을 것"[98]이므로 '예술적 가치 = 선전적 가치'의 등식이 자연스럽게 받아들여진다.

---

94) 박영희, 위의 글.
95) 조중곤, 「비맑스주의 문예론의 배격」, 『중외일보』, 1927.6.18~23.
96) 문원태, 「소위 단계와 '프로'문예운동」, 『조선일보』, 1927.8.31~9.6.
97) 박영희, 「무산계급 예술운동의 정치적 역할」, 『예술운동』 창간호, 1927.11.
98) 임화, 「착각적 문예이론」, 『조선일보』, 1927.9.4~11.

계급운동을 망각하고 소위 예술운동만에 의하여 작품을 쓰려고 하는 순수
예술파에 속한 태도로 창작을 하여서는 절대로 아니된다. 먼저도 말하였지마
는 무엇을 쓸까를 생각한 다음에 그것을 일층 효과를 내기 위하여 어떻게 표
현할까? 하는 태도를 취하여야 한다. 다시 말하면 목적의식적 작품을 어떻게
표현해야만 변개적 행동에 더 큰 효과를 발휘하여질까? 하는 게 문제의 초점
이요, 현단계에 처하여 가장 긴요한 창작적 태도이다.[99]

작품에 대한 가치평가는 이제 "예술적 조건을 구비치 못한 선전용의
문예품이라도 일반민중의 사상을 자극 충동하기에 넉넉"[100]하다면 그
것으로 충분하다. 비상기에 처한 작품이 선전 효과를 확보하려면 확고
한 목적의식을 가진 시인이 작품 속에 "강제적으로라도 목적의식을 주
입해서 표현"[101]해야만 한다. 무엇보다도 "계급해방의 최량의 무기가
될 수 있는 것이 우수한 프롤레타리아 예술작품"[102]이기 때문이다. 방
향전환론에 이르러 드디어 문학이 혁명을 촉진하는 '무기'라는 의식에
이르게 된 것이다. 문학의 형식을 선택할 때조차 그 기준은 오직 프로
파간다 효과를 따르게 된다. 그리고 마침내 프로파간다 효과가 모든 문
학성을 압도하고 만다. "그들(부르주아―인용자)의 눈으로 보아 예술적 요
소를 구비하지 못한 비예술품이라고 인정을 받을수록 우리 편으로는
그만한 의의가 있고 가치가 있는 것"[103]이라는 입장에 도달하게 된 것
이다. 이제 프로문학의 문학적 가치는 프로파간다 효과가 결정하며, 효
과를 얻을 수만 있다면 종래의 문학형식의 굴레를 벗어나더라도 얼마
든지 용인될 수 있게 된다. 프로파간다 효과를 위해서 문학형식의 자유
로운 파괴가 허용된 것이다. "포스터도 예술품이요 인민위원회 정견발
표문도 예술될 자격"[104]이 주어지게 된다. 선전효과가 강할수록 높은

99) 윤기정, 「'계급예술의 신전개'를 읽고」, 『조선일보』, 1927.3.25~29.
100) 윤기정, 위의 글.
101) 윤기정, 「무산 문예가의 창작적 태도」, 『조선일보』, 1927.10.9~19.
102) 임화, 앞의 글.
103) 윤기정, 「최근문예잡감」, 『조선지광』, 1927.10.

문학성이 부가되기 때문이다. 하지만 그 역은 성립하지 않는다. 종래의 문학성은 높은 선전효과를 보장하지 못하기 때문이다. 이처럼 프로파간다 효과를 문학성의 중심에 도입함으로써 종래 부르주아 문학의 형식은 해체되고 프로문학의 형식에는 무한한 자유가 주어졌다. 이 과정에서 본래적인 문학형식에 거는 기대와 신뢰감이 현저히 떨어지는 것은 너무도 자연스러운 일이다.

(2) 프로파간다 문학의 추상성 비판

앞에서 프로시론의 초창기가 프로파간다 시론으로 표현될 수밖에 없었던 몇 가지 원인과 그 결과를 살펴보았다. 그 프로파간다 시론이 만약 아무런 논쟁도 거치지 않고 그대로 정착되었다면 한국의 프로시론은 아마도 죽은 이론에 지나지 않을 것이다. 하지만 첫 번째 방향전환을 전후해서 프로문학론은 돌연 논쟁의 소용돌이에 진입하게 된다. 그리고 그 논쟁은 기존의 프로파간다 문학론에 대한 반론으로 시작된다. 반론은 크게 두 가지 방향에서 제기되었다. 하나의 방향은 카프의 내부에서 촉발된 것이라면, 다른 하나는 카프에 반대하는 외부 사람들에 의해 시작된 것이다. 후자는 이후 민중시론의 변형태라고 할 수 있는 민요시론으로 발전하였다.105) 그러나 무엇보다도 생산적인 비판은 역시 내부에서 제기된 반론이라고 할 수 있는 것으로 그것 역시 크게 두 가지로 집약할 수 있다. 하나는 김기진의 비판이고 나머지 하나는 아나키스트의 비판이다. 양측의 비판내용과 제시된 대안은 서로 다르지만 프로파간다 문학론에서 진정한 프로문학론으로 변신하는 데 크게 기여했음은 기억해야만 한다.

우선 김기진이 프로파간다 문학을 비판하기까지의 과정을 살펴보자.

---

104) 조중곤, 앞의 글.
105) 민요시론에 대해서는 본 논문의 '프로파간다 시의 대중화' 부분 참조.

잘 알다시피 김기진은 한국에서 프로문학이 성립되기까지 결정적인 역할을 했던 인물이다. 심지어 상징주의에 깊이 매몰되어 있던 박영희조차도 김기진과의 만남을 통해 상징주의를 버리고 프로문학을 선택할수 있었다. 하지만 정작 프로문학을 바라보는 관점에서 김기진과 박영희의 시각 차이는 크게 벌어져 있었다. 앞서 보았듯 박영희는 부르주아문학 유산이라면 그 어느 것도 상속받지 않겠다는 단호하면서 경직된입장을 고수하였다. 반면 김기진은 언제나 부르주아 문학과 프로문학의연관관계를 염두에 두고 유연한 자세를 유지하였다. 김기진이라고 해서프로파간다 문학론 성립에 소극적이었다는 것은 아니다. 그 또한 프로파간다 문학의 성립에 기여한 바가 많다. 하지만 다른 한편으로 그는프로파간다 자체에 대해서만큼은 유보적인 태도를 견지하고 있었다.

반드시 작가는 선전만을 위한 문장을 쓰라고는 하지 않으나 당신들이 선전아닌 것을 쓴다 하더라도 그것은 보기에 구역질날 만한 것이요, 또 유해한 유희품에 지나지 못할 것이요, 오늘의 지배계급에게 무한한 제한을 당하는 것일뿐이니 그것도 결국은 그 영역을 벗어나기 전에는 예술적 가치가 없는 것이고 차라리 제작하려거든 외국어로 쓰라는 말이다. (…중략…) 마지막으로 내가문학이 단지 선전문으로만의 작용을 하는 것을 슬퍼하는 정도는, 그 슬퍼하는정도는 예술지상주의자가 슬퍼하는 정도보다 못하지 않다는 말을 하여둔다.참말로 슬퍼할 일이다. 그러나 탄식할 것은 아니다. 해보는 것이다. 성취하는것이다.106)

김기진은 모든 문학이 부르주아 계급에 봉사하거나 아니면 그 계급에 저항하는 문학으로 나뉜다고 믿는다. 따라서 프로문학에 프로파간다의 속성이 필연적으로 요구된다는 사실도 인정한다. 하지만 그것이 단지 선전문의 작용에서 그친다는 것을 그는 "슬퍼할 일"이라고 생각한다. 김기진이 계급에 따른 기계적 결정론에서 벗어나지 못하는 한 슬픔

---

106) 김기진, 「금일의 문학, 명일의 문학」, 『개벽』, 1924.2.

은 그의 몫이다. 그러므로 박영희에 비해서 그는 그러한 결정론이 문학에 끼칠 부정적 영향을 회피하고 싶어 했다. 다만 어찌할 도리가 없었을 뿐이다.

하지만 자세히 보면 박영희에 비해서 김기진이 사회주의를 자신의 이상으로 결정한 데에는 독특한 이유가 있었음을 알 수 있다. 그의 자본주의 불신은 그 체제가 예술에 대해 적대적이라는 이유와 밀접하게 연관된다. 그의 사회주의 선택의 계기에는 처음부터 예술적 요구와 기대가 잠재해 있었던 것이다.

> 사회주의 ─ 공산주의가 최고의 이상일 것은 아니다. "예술이 제한당하는 사회적 조건을 가지고 있는 현대의 모든 사회를 부정하고서, 예술을 생의 본연한 자유의 길로 해방시키기 위해서 제일 첫째 먼저 현대 사회조직과, 데카니스크, 부르주아 문학의 근본적 파괴를 하고자 하는 실제적 현실 혁명주의" (『개벽』, 9월호, 15면 참조-필자)는 즉 바르뷔스의 예술 운동이다. 이곳에서 예술운동과 사회운동과의 제휴가 되는 것이다.107)

그는 이미 계급적 차별이 존재하는 "자본주의, 군국주의 치하에서는 생의 본연한 문학이 없다"108)고 천명한 바가 있다. 이때 그가 주장하는 생의 본연한 문학이란 사회적 조건의 제약, 즉 계급적 차이를 의식하지 않고서도 자유로운 창작이 가능한 이상적인 사회에서 가능한 문학을 말한다. 이처럼 자유로운 창작의 가능성을 위해서 현재 자유롭지 못한 계급사회를 파괴할 필요가 있는 것이다. 그러므로 그의 궁극적 관심은 현실 사회의 파괴에 있기보다는 오히려 문학을 사회적 제한으로부터 해방시키는 데 있음을 알 수 있다. 현재와 같은 계급사회에서는 김기진이 소망하는 생의 본연한 문학은 잠시 유보될 수밖에 없다. 계급사회가 존속하는 한 그러한 문학은 아예 불가능할지도 모른다. 다른 한편으로

---

107) 김기진, 「또 다시 '클라르테'에 대하여」, 『개벽』, 1923.11.
108) 김기진, 「클라르테 운동의 세계화」, 『개벽』, 1923.9.

그는 어쩌면 생의 본연한 문학이 혁명 이전에도 가능할지도 모른다는 소망을 비친 적도 있다.

> ××[혁명] 후에 교육이 있다. ×× 전에도 교육이 있다. ×× 후에 본연한 문학이 있다. ×× 전에도 본연한 요구의 문학이 있다. (누구냐? 감히 그렇지 않다고 하는 자가?) (…중략…) ×× 후에 있을 본연한 문학과 ×× 전에 있을 본연한 요구의 문학은, 다만 가치론에 있어서만 틀리는 것이다. 즉 ×× 후에 있을 문학은 그 문학 자체로서 제1의적 가치로 존재할 것이요, ×× 전에 있을 문학은 ××을 위한 제2의적 가치로서 존재할 이유를 갖는다.[109]

다만 혁명 후에 존재할 '생의 본연한 요구의 문학'은 문학 자체를 목적으로 삼겠지만, 혁명 이전에는 우선 문학이 혁명을 위해 2차적인 자리로 물러나야 하며, 따라서 우선은 사회변혁에 봉사해야만 하는 것이다. 그것 자체가 '생의 본연한 요구의 문학'의 존재방식인 것이다. 그의 논지에 따르면 생의 본연한 문학이 본격적으로 개화하는 날까지 당분간 문학운동이 사회운동과 일시적으로 타협한다는 인상을 주기 쉽다. 문학은 본래 자기목적적이어야 하는데 현실 사회가 그것을 허용하지 않기 때문에 문학 본래의 자기목적성을 찾기 위해서는 부득이 현실 사회를 파괴해야만 한다. 그러므로 당분간 문학은 현실 사회를 파괴하는 운동에 종속될 필요가 있다는 것이다. 사회운동과 문학운동의 관계가 이런 식이라면 문학의 자기목적성에 대한 그의 기대와 희망이 얼마나 큰지를 알 수 있다. 그가 일시적으로 제2의적 가치로 돌려놓은 문학의 자기목적성은 사실상 제1의적 가치에 의해서 추방당해야 할 것이 아니라 제1의적 가치에 궁극적 목적으로 내재해 있어야만 한다.

김기진이 생각하는 '생의 본연한 문학'은 그러므로 의식의 자기 경험을 통해 서서히 현상해가는 헤겔적 의미의 정신과 같은 기능을 한다.

---

109) 김기진, 「지배계급 교화, 피지배계급 교화」, 『개벽』, 1924.1.

따라서 박영희가 상징주의에 대한 격렬한 비판에 몰두하는 동안 그는 상징주의가 보여준 시의 특수성질에 지속적으로 관심을 유지할 수 있었던 것이다.110) 그의 사실상 첫 번째 시론에 해당되는 「현시단의 시인」에서도 그는 상징주의 시론의 개념을 그대로 인정하면서 그것을 프로시론에 걸맞게 변용하고자 하는 의욕을 보여주고 있다. 프로파간다가 문학성을 압도하던 시기에 시의 특수성을 통해 프로파간다에 접근하려는 그의 노력이 유독 빛나는 것은 당연하다.

> 근대의 시는 서정시를 말하는 것이다. 그러면 서정시라는 것은 무엇이냐. 그것은 감정을 표현하는 것이다. 일언으로 감정이라고 말하였지만 그것은 감정과 정서, 감각과 직각(제6감)을 기초로 한 감정임은 물론이다. 그리하여 감정에는 정적 일면과 동적 타일면이 있다. 이와 같은 감정을 표현함에는 근본으로 음악이든지 미술이든지 상관이 없을 것이다. 그러나 음악은 주관적이며 또한 동적(시간적)이고 미술은 정적이며 또한 객관적인데 시는 그 주관적이며 시간적임에 있어서 음악과 비슷하고 그 의미를 객관함에 있어서는 미술과 가깝다. 이러므로 詩歌 — 언어예술 — 이 별다로이 필요한 것이다.111)

김기진은 우선 모든 예술이 감정의 표현이라고 하여 유독 시에서만 감정이 중심이 아님을 지적한다. 그리고 감정을 정적인 감정과 동적인 감정으로 나누고, 전자의 특징을 객관적·공간적이어서 시각적으로 현상하는 것으로 보고, 후자의 특징은 주관적, 시간적이어서 청각적으로 현상하는 것으로 규정한다. 그리고 각각 미술과 음악이 둘 중의 어느 하나의 감정만을 사용한다면, 두 가지 감정이 집약된 예술이 바로 시장르의 특징이라는 의견이다. 특이한 점은 시작품의 시각적 현상 형태를 '의미의 객관화'112)로 본다는 것이다. 상징주의 시론이 의미를 전략적

---

110) 프로문학론으로 경도되기 이전에 김기진은 자신을 상징주의자였다고 고백했다. 시와 문학에 대한 이론은 이미 상징주의를 통해 방향 잡힌 상태였다. 박영희처럼 무작정 상징주의를 폐기하지 않았기 때문에 이후 갈등을 빚는 계기가 된다.

111) 김기진, 「현시단의 시인」, 『개벽』, 1925.3.

으로 시에서 배제해버린 점을 상기한다면 김기진은 시에서 의미를 중요한 요소로 간주한다. 상징주의의 경우와는 달리 그의 시론에서는 감정과 의미가 서로 대립하지 않는다. 감정의 표현을 위해 의미가 희생될 필요도 없고 그 반대도 마찬가지이다. 의미를 표현하면 시인의 개성이 사라질 것이라는 상징주의의 주장은 애초부터 성립하지 않는다. 마치 감정의 두 극이 미술과 음악으로 표현되고 그것이 다시 시장르에서 하나로 결합되듯이, 언어의 두 극 또한 시에서 하나가 된다는 것이다.

> 언어는 그 발생시초부터 개념을 표명하는 것이다. 그런데 시가에 있어서는 개념인 언어를 사용하는 동시에 개념이 아닌 그 무엇, '무-드'를 표시하기 위하여 언어의 음영을 구한다. 그러므로 언어의 발성이 필요하다. 그리하여 언어는 의미를 표하는 동시에 발성으로 음악의 일부에 접촉한다. 시가라는 것은 객관할 수 있는 의미를 표시하는 동시에 음악의 일부에 접촉하는 언어예술이다.[113]

상징주의가 시의 특성상 언어에서 의미가 부차적이라고 주장한다면 김기진은 의미와 음영의 동시적 발현을 시의 특성으로 강조한다. 언어의 음영만을 강조하는 상징주의 시론에서는 앞서 보았듯이 독자에게 의미를 전달하기가 어렵다. 처음부터 독자의 이해는 고려의 대상이 아니기 때문이다. 반면에 초창기 프로시론에서는 의미와 개념만을 강조하여 상징주의 시론에 대립하였지만, 이때 언어의 시적 기능은 무시될 수 있다. 하지만 김기진은 상징주의 시론과 프로시론의 편향을 넘어서 시를 의미와 음영의 통일체로서 이해하고 있다. 그는 언어의 의미와 그 음영의 관계를 상징주의 시론에서처럼 양립 불가능한 관계로 파악하지

---

112) 김기진은 나중에 미래파의 시를 예로 들면서 '의미의 객관화'를 "기호와 구두점과 부호의 사용으로 또는 자수행수의 배열로 인하여 시각에 호소하는 방면"이라고 하여 시각적 현상 형태로 그것을 한정하고 있다. 김기진, 「시가의 음악적 방면」, 『개벽』, 1925.8.
113) 김기진, 「현시단의 시인」, 앞의 책.

않고 오히려 분리불가능한 언어의 두 측면임을 강조한다. 다만 모든 언어에 내재하는 의미가 언어로 발성되었을 때 시 자체의 음악적 청각적 성질에 의해 음영이 첨가될 뿐이다.

> 시라는 것은 창가를 의미하는 것이 아니다. 그러나 노래할 수 없는 것이어
> 서는 안 된다. 그것은 마음이, 정서가, 온 영혼이 노래할 수 있는 것이 아니어
> 서는 안 된다는 말이다. 그리고 그 노래 부르는 법은 사람 사람에게 있어서
> 다 다르다. 그러므로 시인은 자기의 개성을 가지고서, 자기의 감각, 직각, 온갖
> 감정을 가지고서 자기의 가진바 '리듬'을 가지고 노래하여 만인의 영혼에 부
> 닥침이 있도록 하여야 할 것은 물론이다.[114]

따라서 음영은 언어 자체에 내재하는 것이 아니라 발성되는 순간에 발생하는 현상이다. 그리고 음영은 작가의 개성이 발휘되는 '리듬'의 영역이기도 하다. 김기진은 시를 영혼과 영혼의 만남("부닥침")으로 생각한다. 두 영혼은 오직 발성을 통해서만 만날 수 있다. 개념이나 의미는 두 영혼의 만남을 준비하는 것이지만, 실제적인 만남은 발성을 통해서 이루어진다. 이때 그 만남을 주선하는 발성에서 음영이 형성되며 거기에서 시인의 개성이 발휘되는 것이다. 프로시론에서 생각하듯이 개념과 의미만을 강조해서는 영혼의 만남을 설명할 수 없다.

그리고 그 영혼의 만남은 음악성, 리듬, 음영에 의해 이루어진다. 시 장르의 특성이 시각성과 청각성이 결부되어 이루어지는 것처럼 시적 언어는 의미와 음영의 결합을 통해 완성되는 것이다. 그러므로 만일 시에서 음악성을 말살한다면 음영조차 사라질 것이고 개념과 의미만이 남게 될 것이다. 그리고 그것은 더 이상 시라고 할 수가 없다. 결국 김기진에게 있어서 시의 음악성은 포기할 수 없는 시의 필수자질에 해당된다. 그것은 상징주의 시론에서처럼 산문적 의미를 배제하기 위한 전

---

114) 김기진, 위의 글.

략에서 강조되는 음악성이 아니다. 그와는 반대로 그의 음악성은 시의 의미가 비로소 완성되는 순간에 해당된다. 시의 의미가 음악성에서 소멸하는 것이 아니라 음악성 속에서 비로소 완성된다는 것이다. 그리고 그것은 「시의 음악적 방면」115)에서 집중적으로 분석된다.

그의 음악성에 대한 설명은 두 가지 측면이 융합되어 있다. 하나는 주로 발성에 관계되는 음악성으로 자음과 모음의 음악적 자질에 관련된 문제이고, 다른 하나는 조선어의 독특한 음악적 자질에 대한 강조이다. 그는 우선 베를렌느의 「가을」이라는 시가 발성될 때의 음악성을 음의 중복과 배열 등을 통해 설명한다. 이때 발성을 통해 현상하는 시의 음악성이란 "사람의 감정을 능히 두드릴 만큼 묘하게 정돈하여 놓은 것에 지나지 않는다". 이러한 성질은 우리말에서도 그대로 적용된다. 하지만 "조선말은 엄격한 의미에서 리듬이 없는 말"이다. 그렇기 때문에 과거에는 자수율이 불가피했다. 하지만 자유시에서는 자수율에 의지하지 않고도 음악성을 표현할 수 있는데, 그것은 "조선어에서도 자모음의 선택으로 시적 효과를 도울 수 있"기 때문이다. 실제로 그는 영어의 악센트 개념을 이용하여 자음과 모음의 음색을 분류해보이고 있다. 이처럼 불어와 한글의 음악적 자질이 다르다는 점을 확인하고 그 가운데서 한글의 음악성을 분석한 점은 음악성에 대한 그의 집요한 관심을 입증해준다. 다만 리듬을 귀를 즐겁게 해주는 '활음조'에만 국한한 점은 그의 한계이다.116) 하지만 김기진은 상징주의 시론에 의해 시에서 추방된 의미를 구제하고, 그와 동시에 시인의 개성은 물론 시장르의 특수성까지도 훼손하지 않는 감정론, 언어론 등을 제시할 수 있었다. 이처럼 생의 본연한 문학의 요구를 통해서 김기진은 문학의 특수성에 대한 관심을 유지했으며, 문학의 특수성 속에서 프로파간다를 해명하려는 입장을 견지했다. 그것은 비단 시론에서 그치지 않고 소설론에서도 그대로 반복

---

115) 김기진, 「시의 음악적 방면」, 앞의 책.
116) 이승훈, 『한국 현대 시론사』, 고려원, 1993, 56~58면.

된다. 결국 소설에서의 그의 입장이 박영희의 경직성과 충돌하는 장면이 '내용형식논쟁'인 것이다.

이미 보았듯이 프로파간다 문학론에서는 프로파간다의 효과가 문학성을 대신한다. 프로문학 초창기에는 프로문학의 문학적 가치는 문학성에서가 아니라 프로파간다의 효과에서 결정된다는 생각에 누구도 반론을 제기하지 않았다. 하지만 김기진은 프로파간다 효과가 문학성을 대신할 수 없다고 보고 문학성에서 프로파간다의 가능성을 탐색하고 있었던 것이다. 그러므로 내용형식논쟁이란 프로문학 초창기에 문학성과 선전 효과가 본격적으로 충돌하는 최초의 현장이라 할 수 있다.

내용형식논쟁은 외형상 김기진이 박영희의 소설 「철야」와 「지옥순례」를 비판하는 데서 시작된다. 하지만 그것은 이미 예고된 것이기도 하다. 앞서 보았듯이 프로문학을 두고 박영희는 프로파간다적 가치를 김기진은 문학의 특수성을 가치의 중심에 놓고 대립하고 있었기 때문이다. 그렇기 때문에 내용형식논쟁 이전부터 김기진은 박영희의 소설을 못마땅하게 생각하고 있었다. 그것은 예컨대 박영희의 소설 「사냥개」에 대한 김기진의 평가를 보아도 알 수 있다.

> 우선 건실한 작이라고 말하여 둔다. 그러나 나는 작자에게 말한다. 이 두 개의 用意(주인공의 아이러니컬한 희비극과 사냥개의 해방−인용자)를 가지고 이 작품을 썼다 할진대 그 두 개의 용의 중의 후자인 사냥개에 관한 설명과 묘사와 암시는 극히 빈약하다고, 독자는 비상히 주의하여 이 작품을 읽지 아니하고서는 그 寓意를 발견할 수가 절대로 불가능하다. 그리고 주인공 정호의 심리를 묘사함에 있어서 너무도 치기가 있다. 그리고 그것이 표면적 치기에 불과하다 할지나, 그러나 그것은 작품과 중대한 관계가 있다. 정호의 환상을 그리는 것은 곧 그의 심리를 묘사함인데 그 그리는 법이 서툴렀다. 이 점이 이 작품에 있어서 한 결점이다.[117]

---

117) 김기진, 「신춘문단총관」, 『개벽』, 1925.5.

박영희는 작품의 공리적 의도를 작품에 투입하는 것만으로도 작품의 가치가 결정된다고 생각했고, 소설 「사냥개」는 그러한 인식의 산물이다. 부르주아 문학과 단절한 그의 경우 문학의 가치는 작가가 공리적 의도를 가지고 창작했다는 사실 자체에 있으므로 그것이 작품에서 확인만 되면 충분하다. 하지만 김기진은 여전히 생의 본연한 문학을 요구했으며, 따라서 박영희의 작품이 문학의 특수성을 의도적으로 무시한다는 사실에 분개했다. 그러므로 이 글은 단순히 박영희의 작품을 비판하는 수준에서 그치는 것이 아니라 부르주아 문학에 대해 반대와 거부만을 능사로 알았던 당시 프로문학의 편향된 사고를 비판하는 것이다. 앞서 말했듯이 김기진이 자본주의 사회를 비판한 것도 그 사회가 생의 본연한 문학을 불가능하게 만든다는 사실에 근거한다. 하지만 아무리 생의 본연한 문학이 성립하기 힘든 사회라고 할지라도 애초부터 문학을 포기할 이유는 없는 것이다. 마찬가지로 소설에서 요구되는 형식적 요건들이 비록 부르주아의 유산이라 할지라도 프로소설은 그 요건을 계승함으로써 생의 본연한 문학을 향한 지향을 포기해서는 안 된다. 불가피한 상황이 아니라면 프로파간다 효과를 위해서 생의 본연한 문학을 향한 지향을 부러 희생할 수는 없는 일이다. 김기진은 부르주아 문학의 성과 일체를 부정하는 곳에서는 프로문학도 성립할 수 없다고 보았다.

하지만 김기진의 이처럼 미온적 태도는 과연 부르주아 문학과 프로문학이 어느 지점에서 갈라지는지를 판가름하기 힘들게 한다. 그 문제에 답하지 않은 상태에서는 부르주아 문학과의 연속성을 강조하는 김기진의 입장에 다른 프로문인들의 불만이 쌓이는 것은 당연한 일이다. 그럼에도 불구하고 문학작품의 형식적 완결성을 강조하는 김기진의 평가기준은 박영희의 다른 작품에서도 그대로 이어졌으며 그것이 내용형식 논쟁으로 이어진 것이다.

작자(박영희―인용자)는 먼저 한 개의 제재를 붙들고서 다음으로 어떤 목적지를 정해놓고, 그리고서는 그 목적지에서 그 제재로 붙잡은 사건을 반드시 처분하고 말겠다는 계획을 갖고, 그리고서 붓을 들어 되든 안 되든 그 목적한 포인트로 끌고 와버린다. (…중략…) 묘사의 공과는 실감을 줌에 있다. 그럼에도 여기에 그 묘사가 없다. 모든 것이 작가의 예정한 포인트까지 끌리어오기에 온갖 소설적 요건을 무시한 불행한 결과가 있을 뿐이다. 회월형은 이것들을 선전문학으로 썼을 것이다. 그러나 선전문학도 문학으로서의 요건 — 소설로서의 요건을 구비하지 않으면 안 될 것이다.[118]

문제의 발단이 되었던 김기진의 글이다. 김기진에 따르면 박영희의 소설은 "목적지를 정해놓고" "되든 안 되든 그 목적한 포인트로 끌고" 오는 전형적인 프로파간다 문학의 형식을 따르고 있다. 이와 같은 형식에서는 목적지에 도달하는 것 자체가 중요하며, 도달하기까지의 과정은 목적지 도착에 얼마나 유효했느냐에 따라 평가된다. 다시 말해서 "온갖 소설적 요건"은 목적과의 관련성 속에서만 유효성을 인정받게 된다. 이때 문제는 목적지가 소설적 요건에 의해서 간접화되느냐, 아니면 작가에 의해서 직접적으로 진술되느냐에 따라 달라진다. 전자는 작가가 제시한 의도에 대한 판단을 독자에게 맡기는 것이라면 후자는 작가가 직접 의도를 진술하고 독자를 설득하는 것이다. 후자의 경우에는 성급하게 독자의 동의를 구하려는 목적에 독자의 자발적 판단을 기대하지 않는다. 따라서 작가의 말로써 "너무도 쉽사리 간단간단하게 처리"하게 되며, 그 결과 "소설이 아니요 계급의식, 계급투쟁의 개념에 대한 추상적 설명에 시종"하게 된다. 그렇다면 굳이 소설이라는 장르가 필요할 이유가 없다. 만약 소설이라는 장르가 여전히 유효하다면 소설이라는 장르 형식을 이용해서 프로파간다 의도를 반영해야 할 것이다. 오로지 작가의 의도를 관철시키는 것이 유일한 목적이라면 차라리 '추상적 설명'에 적합한 서술형식을 선택해야 한다. 김기진으로서는 문학의 특수

---

118) 김기진, 「문예월평」, 『조선지광』, 1926.12.

성을 고려하지 않는 문학운동을 인정하기 어려웠다.

박영희의 생각은 달랐다. 그는 "묘사의 시대, 해석의 시대는 부르주아 사회와 한가지로 지나갔다"라면서 묘사와 실감 등의 소설적 요건을 단순히 지난 시대의 유물로 취급한다. 부르주아 소설에서나 요구되는 조건들은 프로파간다 소설에는 필수불가결한 것이 아니라 선택할 수 있는 기법에 불과할 뿐이다. 박영희의 진술은 부르주아 소설에 대한 반대가 곧바로 소설 일반에 대한 거부로 이어질 가능성을 보여준다. 이는 프롤레타리아 문학형식에 대한 자각이 없는 상황에서 쉽게 빠질 수 있는 함정이다. 그렇다고 해서 프로파간다 효과를 위해서라면 부르주아 소설 형식쯤은 희생될 수 있다는 박영희의 생각이 대안적 소설 형식의 실험으로 이어진 것도 아니다. 소설 형식의 실험은 소설 형식에 대한 믿음을 기반으로 가능한 발상이기 때문이다. 박영희의 주장을 좀 더 들어보자.

> 군은 그 노동자가 그러한 행동을 감행할 때까지에 심적 고민과 과정을 묘사로서 요구할 것이다. 그러나 이미 그것도 사회 전체가 훌륭하게 우리에게 묘사하여 주었으니 또 다시 길게 쓸 필요가 없는 것이다. (…중략…) 그러면 군은 말하기를 여하한 작품이고 작품인 이상 그 작품을 묘사없이 어떻게 살겠느냐고 할 것이다. 그러나 상론한 바에서 이미 지적하였거니와 이미 사회적으로 표현된 사실이 없어도 좋은 묘사는 아니하는 것이 좋으니 그 프로문예는 묘사로서 가치를 나타내는 것이 아니라 그 작품에 나타난 ×××(혁명적) 열정으로서 그 작품은 힘을 얻는 것이다. '힘'을 설명하는 데에는 묘사로 하는 것이 아니다. 역시 '힘'으로써 설명하는 것은 군도 잘 알 것이다.[119]

이 글에서는 민중시론에서 강조하는 '힘'이 다시 등장하고 있다. 작가의 열정이 독자에게 도달하면서 발휘되는 프로파간다의 '힘'이 작품 평가의 기준이라는 뜻이다. 박영희의 사고에서는 문학의 가치는 오직

---

119) 박영희, 「투쟁기에 있는 문예비평가의 태도」, 『조선지광』, 1927.1.

프로파간다 효과에 달려 있다. 군이 프로파간다 효과에 도움도 되지 않는 "묘사" 등에 집착할 필요가 없다. 그러나 묘사가 불필요해지는 다른 이유가 있다. 소설에서 묘사되는 것 이상으로 사회 전체가 더 자세히 묘사하여 보여주고 있다는 생각이다. 사회 전체가 훌륭하게 보여주고 있는 사실을 다시 소설에서 실감 있게 묘사한다는 것은 불필요한 시간 낭비에 지나지 않는다. 이처럼 현실 전체가 소설 속의 묘사를 대신할 수 있다는 발상은 소설과 현실의 상동성을 극단까지 밀고 간 사례이다. 소설은 이미 존재하는 현실을 다시 보여주는 행위에 지나지 않는다. 좋게 말해서 소설은 독자가 특정 현실에 관심을 기울이도록 동기를 부여하는 촉매에 지나지 않는다. 이런 상황에서는 현실을 돌아보도록 자극하는 데 도움이 된다고 판단되는 기법과 표현수단들만이 취사선택될 수 있다. 소설이 계기를 마련해주면 독자는 소설적 상황과 현실적 상황을 동일한 것으로 인식하고 소설에서 빠진 부분을 현실을 통해 보충하면서 독서할 수 있다는 생각이다. 그렇다면 소설을 읽는 행위는 신문기사를 읽는 행위와 다르지 않다. 실감도 묘사도 없는 간결한 신문기사 한 줄을 가지고도 독자는 그 기사 속의 사실을 상상적으로 보충하면서 이해할 수 있기 때문이다. 군이 구차한 묘사가 필요할 이유가 없다. 이는 현실적인 사실과 소설적 사실이 일치한다는 판단에서는 충분히 가능한 발상이다. 이런 입장에서는 현실의 실감에 비해 소설의 묘사는 한없이 빈약해 보인다. 어쩌면 묘사는 생략되면 생략될수록 소설에 더욱 유리할 수도 있다. 그러므로 박영희는 자기 소설에 묘사가 부족하다는 비판을 이해할 수 없었다. 오히려 무작정 묘사만을 강요하는 김기진이 계급의식을 몰각한 부르주아적 형식주의자로 보였던 것이다.

이에 대해서 김기진은 프로파간다 효과를 위해서라도 묘사는 더욱 필요하다는 주장으로 맞선다. 추상적 설명이 묘사보다 더 효과적이라는 주장의 근거는 없다. 오히려 묘사를 통했을 때 프로파간다의 임무를 더욱 효과적으로 수행할 수 있다는 것이다.

묘사의 정의는 작가가 자기의 기도를 사물의 연락과 사건과 사건의 관계와 정서와 행동의 연락을 통해서 표현하고자 하는 일 수단이다. (…중략…) 그러나 계급의식의 ××(선전)은 계급의식의 개념에 관한 추상적 설명만으로 되지 못한다.[120]

묘사는 사물의 연관관계를 감각적으로 드러냄으로써 플롯을 조직하는 소설의 기본단위이다. 모든 사물의 '연락'과 '관계'가 묘사를 통해서 명확해지는 것이다. 묘사는 소설의 인식적 기능을 보완한다. 그렇다면 묘사가 프로파간다에 불필요하다는 박영희의 주장은 성립되지 않는다. 오히려 묘사에 충실할수록 프로파간다 효과는 더욱 커질 것이다. 이는 문학의 특수성이 프로파간다 효과에 기여할 것이라는 김기진의 믿음의 표현이다.

김기진의 주장대로라면 프로파간다 효과를 이유로 모든 부르주아 문학의 유산이 폐기되어야 한다는 지금까지의 통념들은 재검토되어야 한다. 부르주아의 모든 문학적 유산과 절연하려고 했던 박영희 등의 극단적 입장에 제동이 걸리는 것이다.

무산계급의 정전(자본론 - 인용자)은 이와 같이 "인류지식의 집대성으로 된 것이다." 그리하여 "사회주의 교리는 소위 계급의 대표자, 지식계급에 의하여서 취급된 철학, 역사, 경제의 이론으로부터 생장한 것이요, 근세의 과학적 사회주의의 건설자인 마르크스와 엥겔스도 역시 그 사회적 지위에서 말한다면 부르주아적 인텔리겐차에 속하였다."이와 마찬가지로 프롤레타리아 문예는 난숙한 부르주아 문예 그 자체 내에서 필연적으로 발생된 것이니 자본주의 경제조직이, 생산과 지배관계가 당초부터 사회주의의 경제조직을 유치하는 종자를 그 자체 내에 수태하여 가지고 있었더라는 것과 동일한 현상이라는 것을 부인할 사람이 누구이냐.[121]

120) 김기진, 「무산문예작품과 무산문예비평」, 『조선문단』, 1927.2.
121) 김기진, 위의 글.

자본주의 내부에부터 사회주의가 "수태"되는 것처럼 프롤레타리아 문예는 부르주아 문예에서부터 성장하는 것이다. 이로써 김기진은 부르주아 문화유산의 계승을 주장하면서 절대적 단절론 때문에 발생하는 무정부주의적 혼란을 극복하려 했다. "소설로서 완전한 건물을 만들 시기는 아직은 프로문예에서는 시기가 상조"하다는 박영희의 지적에 맞서서 김기진은 프로문학이 "아직 충분히 발육할 시기에 도착하지 못한 까닭으로 그것이 정리되고 통일되지 못하였을" 뿐이라면서 그럴수록 부르주아 문학을 자양분으로 삼아 성장해야 한다는 입장이다.

이처럼 부르주아 문학유산의 계승을 지지하는 김기진은 계속해서 프로파간다를 위해서 문학적 요건이 희생되어야 한다는 입장의 허구성을 비판하게 된다. 프로파간다 만능에 대한 문제제기로서 그는 "온갖 문학적 소산은 객관적 견지에서 이것을 해부할 때에는 모두 다 그하나일지라도 선전적 아닌 것이 없"다는 주장에 도달하게 된다. 그는 프로파간다를 '정서의 전염'과 같은 문학의 기본적 기능에서 크게 벗어나지 않는다고 본 것이다. 프로문학이 "고뇌하고, 사색하고, 돌진하는 프롤레타리아의 심의의 온전한 투영"이라면 그 자체로 이미 선전일 터인데, 여기에 별도로 작가의 추상적 설명이 기계적으로 첨부될 필요가 없다는 것이다.

> 이데올로기를 작가가 의식적으로 작품 가운데 주입하려는 노골적인 기도가
> 독자의 눈에 나체로 되어서 나타날 때 주입된 이데올로기의 전달의 효과는
> 최대한도로 減殺된다.[122]

박영희의 전향선언 이후 김기진의 발언이다. 선전을 목적으로 작가가 노골적으로 작품의 표면에 나서서 설명하는 것은 오히려 선전 효과를 절감시킨다는 주장이다. 이것이야말로 내용형식논쟁에서 김기진이

---

122) 김기진, 「문예시평」, 『동아일보』, 1934.1.27~2.6.

주장했던 논지의 핵심이라 할 수 있다. 즉 묘사의 무시가 문제인 것이 아니라 작가가 직접 나서는 추상적 설명 자체가 문제이다. 그것이 문학을 통한 프로파간다 효과를 감살하기 때문이다. 하지만 추상적 설명이 아니라면 작가의 프로파간다 의도를 어떻게 관철시킬 수 있을 것인가. 김기진으로서도 문학 형식에서 프로파간다 효과를 기대하는 것 이외엔 특별한 대안이 없었다. 여전히 부르주아 문학과 프롤레타리아 문학의 동일성과 차별성이 문제의 핵심에 깔려 있는 것이다. 부르주아 문학 형식이 오히려 프로파간다 효과에 장애가 된다고 보는 박영희의 입장에서는 김기진의 입장에 쉽게 동의할 수 없었다. 부르주아 문학과의 차별성을 위해서라면 프로파간다 효과를 최우선 과제로 설정할 필요가 있었다. 선전을 위해서 문학성의 울타리를 벗어날 준비가 되어 있는 것이다. 그러므로 아직까지도 장르 형식 내부에서 프로파간다의 가능성을 기대하는 김기진이 보수적이고 부르주아적으로 보인 것이다. 장르의 특수성에 대한 연구가 선전 효과에 도움을 줄 것이라고 기대할 수는 없기 때문이다.

결국 카프 내의 논쟁이 시기상 적절치 못하다는 판단에 의해서 형식상 김기진의 자진철회로 논쟁은 일단락되었다. 하지만 논쟁을 거치면서 김기진의 신념은 더욱 확고해졌다. 작품의 전면에 드러난 작가의 추상적 설명이 결코 선전 효과를 담보하지 못한다. 그러한 신념은 드디어 조명희의 소설 「낙동강」을 만나면서 "감격"으로 표출된다. 박영희의 소설과는 확연히 다른 세계를 보았던 것이다.

　　이만큼 감격으로 가득 찬 소설이 ─ 문학이 있었던가. 이만큼 인상적으로 우리들의 눈앞에 모든 것을 보여준 눈물겨운 소설이 있었던가. (…중략…) 현재 생장하는 일 계단의 인생을 기록코저 한 것임에도 불구하고 작자의 놀라울 만한 수완은 작중의 개개 인물에 그에 상응한 성격과 풍모를 부여하여 안면에 방불게 하였다. 다시 읽어도 눈물겨운 일편의 시다. (…중략…) 첫째로 이 작품에서 우리가 취할 것은 ×××××××× 기름진 낙동강이 나날이 어떠하게 변하여 간다는 것을 간접으로 또는 간단하고도 충분히 요령있게 이해시키는 동시에 (…중략…) 둘째로 이 작품에서 취할 것은 작자의 과녁이 목적이 다수 독자의 감정의 조직에 있었으며 과연 작자는 이 목적을 충분히 성취한 곳에 있다.[123]

조명희의 소설 「낙동강」은 계급투쟁의 이념을 막연한 설교나 선언에 의지하지 않고 서사적 골격 위에 풍부한 서정성을 가미해 작품의 효과를 노린 작품으로 평가된다.[124] 따라서 이 작품은 박영희의 소설과 선명한 차이를 보이고 있다. 박영희의 작품이 '개념의 직접적 설명'으로 작가의 목적을 달성하고자 했다면, 조명희의 소설은 "간접으로 또는 간단하고도 충분히" 작가의 목적을 달성할 수 있었다. 김기진은 자신이 주장했던 '묘사'와 '실감'이 이 작품을 통해 실현되었다고 판단했다. 이 작품은 '묘사'를 충분히 만족시키고도 "다수 독자의 감정의 조직"에 성공한다는 살아 있는 증거물인 것이다. 작가의 직접적 개입으로 작품의 의도가 명시되는 것이 아니라 오직 "우리들의 눈앞에 모든 것을 보여" 줌으로써 작자의 의도는 다만 암시될 수 있을 뿐이다. '정서의 전염'과 '감정의 조직'이라는 것이 추상적 설명에서는 불가능한 이유를 실증적으로 입증할 수 있게 된 것이다. 그런 의미에서 김기진은 「낙동강」을 프로문학 출범 제2기의 작품으로 호명한 것이다. 박영희로 대표되는 제1기의 한계를 넘어섰기 때문이다. 이른바 자연생장기로 불리는 제1기에는 "감정의 폭발과 개인적 복수가 바로 무산계급의 투쟁정신이라고 믿었던" 것인데, 드디어 그 한계가 극복된 것이다.

하지만 이번에도 김기진의 판단은 비판의 대상이 된다. 김기진의 판단과는 달리 프로문학 제2기는 선명한 목적의식을 강조하는 시기였기

---

123) 김기진, 「시감2편」, 『조선지광』, 1927.8.
124) 역사문제연구소 문학사연구모임, 『카프문학운동연구』, 역사비평사, 1989, 192면.

때문이다. 따라서 「낙동강」에 대한 다른 논자들의 시선은 곱지 않았다. 예컨대 조중곤은 「낙동강」이 "자연생장기적 수법으로 표현에 성공"[125] 했을지는 몰라도 목적의식기인 제2기의 기준에는 미달이라는 평가를 내린다. 그렇다고 할지라도 박영희 소설을 극복한 작품의 출현이라는 김기진의 감격은 쉽게 가라앉지 않는다. 그 감격은 이 소설에 삽입된 시에서도 이어진다. 그는 그 민요조의 낙동강요를 두 번이나 반복해서 인용함으로써 프로시에서 받지 못한 감격을 표현하고 있다.[126] 그것은 이후 민요에 대한 김기진의 긍정적 검토를 예시하는 것이기도 하다.

(3) 프로파간다 시의 대중화

프로파간다 시는 그 특성상 필연적으로 대중성을 지향할 수밖에 없다.[127] 광범위한 대중에게 읽히지 않는 프로파간다란 무의미하기 때문이다. 따라서 프로파간다 시론에서 대중성이란 전혀 새로운 문제가 아니다. 그럼에도 불구하고 정작 대중성의 문제가 본격적인 논제로 제기되고 검토된 것은 프로파간다 문학이 성립된 지 몇 년이 지난 1927년 무렵이었다. 그것은 그 동안 프로파간다를 목적으로 제작된 작품들을 대중적 수용가능성의 측면에서 전면 재평가한다는 것을 의미한다. 그러므로 대중성 논의는 그 동안의 작품활동이 프로파간다 효과를 충분히 보지 못했다는 암묵적 동의를 기반으로 한다.

주목할 것은 대중적 수용가능성 문제가 비단 카프에 한정된 현안이

---

125) 조중곤, 「낙동강과 제2기의 작품」, 『조선지광』, 1927.10.
126) 하지만 이 민요조의 시가에 대해서도 조중곤은 혹평을 첨가하고 있다. "이것이 향토애착에 대한 센티멘탈한 시구가 아니고 무엇일까? 잊히지 않으니 어쩌겠다는 목적의 고조가 없는 이것을 ××(혁명)의 시가, ×××(투쟁적) 시가라고 누가 감히 말할 것인고. 그것이 민×××(족해방)의 도움이 될 시가는 완전히 아니다." 조중곤, 위의 글.
127) 프로파간다 예술은 예술의 정신적 능력을 수용능력에 맞춘다. 그것은 보편적 이해가능성, 즉 최대한 단순하고 이해가능한 작품을 추구한다. 김문환, 『사회미학』, 문예출판사, 1993, 38면 참조.

아니라는 점이다. 1927년 당시에는 카프뿐 아니라 국민문학파라는 민족주의 성향의 문인들 사이에서 대중적 수용가능성이 문제되었고, 카프와 동일하게 대중성이 높은 시형식으로 민요를 지목하여 눈길을 끌었다. 물론 카프측이 민요를 주목한 이유와 국민문학파의 그것 사이에는 상당한 차이가 있다. 그것은 양측의 이념적 차이에서 비롯된 것이다. 민요는 한쪽에서는 민족 정신이 담긴 전통적 형식으로서 다른 한쪽에서는 프로파간다에 유효한 민중적 형식으로서 갑작스런 주목을 받게 되었다. 이러한 시각차에도 불구하고 그들 양자가 대중성 획득의 방편으로 민요라는 시형식에 주목한 데에는 큰 차이가 없었다.

이무렵 민요의 부활에는 다른 이유도 있었다. 1920년대 초기부터 시단 일각에서 이미 민요가 거론된 적이 있다. 한국에 자유시를 처음 소개하였던 일군의 상징주의자들이 돌연 자유시의 한계를 들먹이기 시작했다.[128] 그리고 그들은 자유시의 한계를 극복할 시형식으로 민요를 주목했다. 이때 상징주의자들의 민요에 대한 관심이 발전하여 국민문학론으로 흡수된 것이다. 하지만 봉건적 시형의 억압적 정형성에서 탈피하고 한국에 자유시를 뿌리내리게 한 상징주의자들이 왜 갑자기 자유시의 반대편에 서게 되었는가. 그 점에 대해서는 다음 두 가지 원인으로 설명될 수 있다.

첫째, 한국 근대시형의 새로운 전통을 세우려는 상징주의자들의 선구자적 의식에서 비롯된 것이다. 사실 자유시에 대한 상징주의자들의 신념은 미약한 것이었다. 상징주의자들에게 자유시는 다만 일종의 실험

---

128) 1920년 당시 상해에 있었던 주요한은 「장강어구에서」(『창조』, 1920.7)라는 글에서 당시의 문단을 '연애문학'이라고 비판하고 "국민적 문학의 산출! 생명 있는 작품의 출현! 이것이 제일 먼저 요구되는 것"이라고 하여 당시의 자유시 풍조를 비판하였으며, 홍사용 또한 「육호잡기」(『백조』, 1922.5)에서 당시 문단을 "행방불명하고 사상이 불건강"하다면서 "무엇을 흉내낸다고 민족적 리듬까지 죽여 버린" 자유시를 비판한 바 있다. 하지만 그들이 주장하는 '국민적 문학'이니 '민족적 리듬'이니 하는 개념이 아직 민요로 구체화된 것은 아니었다.

적 근대시형의 하나에 불과하였다. 다만 자신의 시론에 걸맞는 시형이 자유시형이라는 데에 대해서 의문을 제기하지 않았던 것일 뿐이다. 그렇기 때문에 자유시에 대한 이론적 해명을 끊임없이 시도하였으나 그들 시론의 핵심적 계기였던 음악성을 포기하지 않음으로써 자유시의 음악적 자질에 대한 해명에 실패하였다.129) 결국에는 한국어의 특성상 시의 음악성이 외적으로 강제될 필요가 있다고 판단한 것이다.130) 이렇게 되면서 자유시에 대한 유보적 태도가 확산되었고, 그것이 우리 시형에는 자유시가 적합하지 않다는 결론에 이어 민요에 대한 관심을 야기했다. 자유시가 일개의 근대적 시형에 불과하다면 자유시 아닌 다른 시형으로 얼마든지 이론적 전환이 가능한 것이고, 그 전환은 단순히 하나의 시형에서 다른 시형으로의 평행이동에 불과할 뿐이다. 하지만 자유시에 대한 부정이 상징주의 시론 전반에 대한 반성을 의미하는 것은 아니다. 오히려 상징주의 시론에서 중요한 시적 특성으로 주목한 음악성을 강화하는 계기가 되었다. 민요시 형식은 그들의 시론을 더욱 안정된 기반 위에 세우게 한 것이다.

둘째, 민요시의 선택은 그들의 문학론에서 대사회적 윤리적 부채의식을 청산하는 기회를 제공하였다. 그 윤리적 부채의식을 상징주의자들은 민족주의적 사고를 채택함으로써 해소하려 한 것이다. 각종 시형식의 실험은 어차피 한국적 근대시형의 확립에 있다. 그리고 자유시가 그

---

129) 예컨대 김억은 자유시가 자신이 설정한 시 장르의 특성에 부합하지 못한다고 생각하였다. 시간이 지나면서 김억은 그때 인식을 다음과 같이 진술하고 있다. "지금의 자유시형에서는 아무러한 구속이 없고, 시인 그 자신의 내용율동만을 존중해보기 때문에 시가로서 당연히 없어서는 아니 될 입체적 긴장미가 없습니다. 그리하여 산문이라는 감은 O할 수 없는 것이 자유시로서의 장점인 동시에 그대로 망각해버릴 수 없는 커다란 약점"(김억, 「시형, 언어, 압운(3)」, 『매일신보』, 1930.8.2)이라는 것이다.

130) 김억은 이러한 생각을 1930년 「격조시형론소고」(『동아일보』, 1930.1.18~21)에서 구체적으로 피력하고 있다. 즉 "우리말은 불어와 마찬가지로 고저나 장단이 없는 언어이기 때문에 시의 율격은 음절수에 의해서만 결정될 수밖에 없고, 그 음절수의 제한은 언어를 규칙적이고 조화있게 배치하는 것으로 음률적 쾌감을 준다"는 것이다. 조동구, 「안서김억연구」, 연세대 박사논문, 1988에서 재인용.

후보로서 적합하지 않다면 자유시의 외래적 기원이 유독 강조될 수 있다. 상징주의자들은 이처럼 자유시가 외래 시형이라는 점에 착안하여 그 시형의 도입을 유보하고 그 대신으로 '민족적·국민적·조선적'[131] 시형에 눈길을 주기 시작한 것이다. 다분히 민족주의적 색채가 강한 수식어의 사용은 민요시뿐 아니라 전통적 시형식 전반에 대한 전문단적 관심의 확산 분위기를 반영한다. 상징주의자들의 관심은 비록 민요에서 그쳤지만, 당시 민족주의자들은 민요뿐 아니라 시조에까지 관심을 이어 갔다.[132] 비록 상징주의자들은 시조에 대해서는 미온적인 태도를 보였지만,[133] 최남선·이광수 등 계몽주의자들이 민요와 더불어 시조의 복원을 주장하고, 거기에 국문학자 및 시조시인임을 자처한 일군의 사람들이 시조의 복권을 적극 지지하면서 전통적 시형식을 중심으로 하는 국민문학파가 형성된다. 그로 인해 국민문학파가 일순간 문단의 절반을 차지하게 됨으로써 카프와의 대립구도가 성립되었다.

상징주의자들이 민요시형에 관심을 보이면서 문단에는 '민족문학/세계문학'의 구별이 중요하게 자리 잡게 된다.[134] 이러한 세계문학과

---

131) 이 용어는 차례로 홍사용·주요한·김억이 사용한 표현이다.

132) 국민문학파는 자유시를 비판하는 데는 한목소리를 냈지만 자유시를 대체할 만한 대안적 시형식을 제시하는 방식에서는 크게 세 부류로 나뉜다. 일반적으로 자유시 운동을 주도했던 사람들이 민요시를 선호한다면, 고전문학 연구자 혹은 시조 시인으로 분류되는 사람들은 시조를 강조했으며, 시인이 아닌 일반 문인들은 양쪽을 모두 인정하는 분위기였다. 세 부류에 속하는 문인의 명단은 다음과 같다.
　①민요를 주로 인정한 사람: 김억, 홍사용, 주요한, 양주동 등
　②시조를 주로 인정한 사람: 양건식, 이은상, 손진태, 이병기 등
　③민요와 시조를 모두 인정한 사람: 이광수, 최남선, 염상섭 등

133) 상징주의자들이 비록 자유시를 부정하긴 했지만 봉건적 정형성으로의 퇴행에는 동의할 수 없었다. 특히 김억은 자유시를 전면적으로 부정하는 주요한의 태도를 비판한 바 있다. (김억, 「'조선시형에 대하여'를 듣고」, 『동아일보』, 1928.10.18~23) 따라서 상징주의자들의 민요시 선택은 완전한 정형시와 완전한 자유시 사이에서 이루어진 타협안에 가깝다.

134) 예컨대 김억은 「조선심을 배경삼아」(『동아일보』, 1924.1.1)에서 자유시의 '토착화 실패'를 크게 강조하고 있다. 따라서 그는 이 글에서 당시 자유시를 기조로 형성된 시단을 향해 "남의 주위를 배경잡은 사상과 감정을 빌어다가 우리의 시작을 삼는 경향"이

구별되는 '국가 단위의 문학'에 대한 집착은 비록 '국민문학'이라는 용어로 표현되었지만 사실상 '국문학' 개념의 형성과 관련된다. '국민적·민족적·조선적' 문학이라는 다양한 수식어는 하나같이 '국문학'의 다른 표현이라 할 수 있다. 자유시를 수입하고 보급한다고 자부하였던 상징주의자들이 자유시에 대한 이론적 지원에 실패하였다고 해서 국민문학으로 돌아선 것은 아니다. 이미 살펴본 것처럼 그들의 시론은 충분히 개인주의적이고 엘리트적이었다. 그 내용으로 보아서 그들이 민중주의, 사회주의, 그리고 민족주의 등의 출현으로 인한 집단윤리의 요구에 동참하기가 쉽지 않았을 것이다.[135] 하지만 세계문학의 대열에 국민문학의 자격으로 참여하고 싶다는 욕망은 달랐다. 그것은 일종의 심미적 이데올로기로 위장하고 있기 때문에 개인주의적 유미주의자까지 빠질 수 있는 함정이었다. 국민문학은 그 특성상 계몽주의자와 민족주의자뿐 아니라 상징주의자까지 연대할 수 있는 거대한 이데올로기였던 것이다. 상징주의자들은 이를 계기로 민요시에 주목함으로써 자유시를 이론적으로 해명해야 한다는 부담에서 해방되었고, '민족적' 시형을 통해 조선의 근대시형을 재정립한다는 사명감도 갖게 되었다. 그렇기 때문에 자유시형에 대한 비판은 애초에 의도했던 것보다 크게 과장되었다. 또한

라고 비난한다. 그런 까닭에 "엄밀하게 말하면 우리에게는 아직도 완전한 시형과 표현 형식이 발견되지 못하여 어떤 이는 서양의 또 어떤 이는 일본의 그것을 그대로 채용하여 조선어의 성질과 조선사람의 사상과 감정을 가장 근대적 또는 현대적으로 표현할 수 있는 통일된 시형은 없다 하여도 과언이 아닐 것이니 이것으로 보면 우리의 새로운 시가는 아직도 피안에 있어서 목하의 것은 그 준비에 지나지 아니하는 감이 없지" 않다고 하여, 조선의 근대시형으로서 자유시가 부적합하다는 생각을 피력했다. 주요한도 같은 해 10월 「노래를 지으시려는 이에게」(『조선문단』, 1924.10)라는 글에서 자유시운동이 "외국문학 전제"에서 벗어나지 못하였다고 비판하고, "우리 민족이 가진 모든 것, 사상으로나 정서로나 전통으로나 창조적으로 나를 발견"할 수 있는 민족적 형식에 관심을 보이고, "민요를 발족점으로 삼거나 말거나 하여간에 조선말로 쓴 노래가 조선 사람의 가슴에 울"려야 한다고 주장했다. 이처럼 자유시 비판에는 '일국의 문학'에 대한 과도한 집착이 깔려 있다.

135) 상징주의에 대한 비판은 현철과 황석우의 논쟁을 통해 점화되었다.

민요시형에 대한 과도한 기대감이 표출된 것은 물론이다.136)

이처럼 민요시는 자유시(=세계시형)에 대한 비판적 분위기를 타고 등장한 국민시형이다. 이때 민요시에 대한 과대포장에 빠지지 않고 등장하는 내용이 바로 민요의 민중성137)이다. 민요가 민중적(=대중적) 형식이라는 주장은 민요의 형식을 통해서 개인주의적이고 엘리트적인 내용성이 상쇄될 수 있다는 주장으로 비약하게 된다. 그러므로 자유시형의 비대중성과 민요시형의 대중성이 크게 강조되었다. 다음 진술이 대표성을 띤다.

> 시에 있어서는 상징주의적 경향이 늘 승하여왔다. 소설이 사실주의적이기 쉬운 것과 같이 시는 상징주의적이기 쉬운 것이다. 그러나 상징주의는 필연을 따라 때때로 또 어떤 부분에 쓸 것이요 그리로 偏하는 것은 邪路이다. 대개 그것은 '불가해'적 시가 되고 비민중적 시가 되기 쉬운 까닭이다. 그러나 상징주의적 경향은 차차 벗어지고 민요를 기초로 하는 직설적 표현법이 점점 왕성하는 것은 기쁜 일이다. 직설 속에 律과 想의 미가 충일하는 것이 시의 上乘일 것이다. 나는 금후로 조선의 시의 중심은 민요를 기초로 한 비사실 비상징이요 직설적이면서도 가요적인 묘사법에 있으리라고 한다. 대개 이것은 우리 민족 고유의 발현 특징이기 때문이다.138)

상징주의 시는 난해하고 비민중적이라는 진술이 반드시 자유시 비판

---

136) 특히 양주동의 다음 발언은 민요시에 대한 과도한 신뢰를 대표한다. "내가 詩作에 대하여 현시인의 일부에게 주고 싶은 말은 시를 지을 때에 먼저 詩想다운 시상을 취할 일, 다음에 그 표현을 무엇보다도 평이하게 조율있게 하는 것이다. (…중략…) 오로지 만인보통의 민중본위의 정서를 기조로 하라고 말하고 싶다. 於是乎 앞에 말한 시의 민요화는 더욱 필요한 것인 줄을 느끼게 된다. (…중략…) 시의 질을 향상시키고 산문화적 경향에 거부하여 시의 독립성을 보지하는 일방, 시의 민요화로는 민중고 시와의 거리를 밀접케 할 수 있다."(양주동, 「시단의 전도」, 『조선일보』, 1927.1.1)
137) 프로문학이 대중성을 선호함에 반해 국민문학에서는 민중성이란 용어를 선호하였다. 그 뜻의 차이가 크지 않으므로 이 글에서는 민중성과 대중성을 같은 뜻으로 사용한다.
138) 이광수, 「조선문단의 현상과 장래」, 『동아일보』, 1925.1.1.

은 아닐 것이다. 하지만 이미 「민요소고」139)를 통해서 새로운 근대시형으로 민요시형을 제안했던 이광수의 입장에서 보면 상징주의 비판은 자유시 비판과 무관하지 않다. 그 비판의 내용으로 이 글에서 이광수가 주장하는 민중성은 민족성과 크게 구별되지 않는다. 국민문학파에 동조하는 사람들에게는 민중성이란 국민, 민족, 조선과 호환가능한 개념이다. 그러므로 대부분의 자유시 비판 관련 글에서 '자유시=비민중적=비민족적 시형'이라는 등식은 '민요시=민중적=민족적 시형'이라는 반대항과 짝을 이룬다. 일찍이 자유시의 비민중성, 비민족성이 이처럼 크게 강조된 적은 없었다.

하지만 자유시형이 비민중적이라는 비판과 반성이 있었다고 해서 내용에 있어서 민중성140)을 확보하자는 주장은 없었다. 자유시형의 비민중성은 오직 형식의 차원에서 한정된 문제였다. 그리고 민요시는 자유시의 형식적 대안이었던 것이다. 따라서 시의 형식을 민요시로 변경한다고 해서 상징주의 시론의 개인주의적 내용성이 해소되는 것은 아니다. 그 대신 자유시형의 반민중성을 부각시킴으로써 의외의 효과를 얻게 된다. 그것은 자동적으로 프로시에 대한 비판으로 이어질 가능성이 있다. 알다시피 프로시는 자유시형을 근대적 시형식으로 채택하고 있다. 그런데 자유시의 비민중성이 강조되면 프로시인들이 오히려 비민중적 형식을 사용한다는 역설에 빠지게 된다. 그 형식에서는 비민중적인

---

139) 이광수, 「민요소고」, 『조선문단』, 1924.12.
140) 상징주의자들에게 있어서 민중은 차라리 민족 부르주아에 가깝다. 주요한의 말을 들어보자. "문학이라는 것이 도대체 민중과 그렇게 친근치 못한 것이다. 그러므로 이 혐의는 문학 전체에 대하여 더해질지언정 시조 하나만에 들릴 것이 아니다. 더욱이 우리의 민중이라면 거의가 문맹이니 글 못 보는 이에게 아무런 문학이면 친근할 방도가 있을까 보지 않다."(주요한, 「시조부흥은 신시운동에까지 영향」, 『신민』, 1927.3) 김억도 현대의 조선심을 이해하는 시인의 시가는 "일반 사람은 모르나 어떤 큰 부분의 사람에게는 반드시 큰 공명을 줄 줄 압니다"(김억, 「조선심을 배경삼아」, 앞의 책)라고 하여 '일반 사람'과 '큰 사람'을 구분하고 자신의 조선심이 일반 사람이 아니라 큰 사람을 대상으로 한다는 뜻을 드러낸다.

자유시를, 그 내용에서는 민족과 무관한 계급갈등에 치중한다는 비난이 가능해진다. 자유시형을 포기하고 민요시형에 주목하였을 때 상징주의자들은 이처럼 상당히 유리한 위치에 놓이게 된 것이다.

하지만 프로문학 진영은 국민문학파의 자유시 비판의 저의를 충분히 읽지 못하였다. 그들에게는 자유시 비판보다는 민요와 시조 담론의 확산이 더욱 민감한 문제였다. 그것은 봉건적 시형식으로의 퇴행을 의미했다. 그렇기 때문에 민요는 뒤늦게 프로문학 진영의 관심을 받게 된 것이다. 처음에는 냉담했지만 프로시의 대중성 논쟁이 진행되면서 점차 대중성 확보에 있어서 민요의 장점이 주목받게 된 것이다. 민요는 민족적 형식이라기보다는 민중적·대중적 형식으로서 각광을 받게 되었다. 이처럼 민요가 대중성 확보의 차원에서 고려의 대상이 된 것이기 때문에 다른 한편으로 프로시의 자유시형은 그대로 유지될 수 있었다. 변심한 상징주의자들과는 달리 그들은 양자를 선택의 대상으로 삼지 않았다. 자유시형과 민요시형은 각각 다른 이유에서 프로시 형식으로 가치를 유지할 수 있었다. 하지만 시조처럼 오로지 '민족적 형식'으로서만 의미가 있는 시의 형식은 프로문학 진영에서 철저히 거절되었다.

이때 자유시 비판의 분위기를 경계하면서도,[141] 다른 한편으로는 민요의 대중적 호소력을 민감하게 간취해낸 사람이 김기진이다. 물론 김기진이 파악한 민요의 대중성은 현실적 대중성이지 국민문학파의 입장과 같이 전통적 대중성이 아니다. 그의 입장은 민요가 현실적으로 대중적 호소력을 갖고 있는 시 형식이기 때문에 프로파간다 효과를 위해서라도 적극 도입할 필요가 있다는 생각이다. 하지만 그는 민요가 민족적 형식이라는 사실에는 특별한 가치를 두지 않았다. 대중적 호소력이 필

---

141) 김기진은 「문예시사감」(『동아일보』, 1928.10.27~31)에서 상징주의자들의 자유시 비판의 근거가 자유시의 비음악성에 있다고 보고, "현대의 자유시가 시적 목적(오성에의 호소)에 치중하는 것인 이상 음악적 특질로부터 멀어지는 것은 당연한 일"이라며 지나친 음악성 강조를 경계하였다.

요한 곳에 민요가 적합할 수도 있다는 것, 따라서 민요를 채택한다고 자유시가 침해받을 이유는 없다. 자유시의 비대중성이 자유시 폐기의 이유는 되지 않았다. 자유시는 근대적 시형식으로 그대로 유지한 채로 대중성을 고려하여 부분적으로 민요를 도입할 수 있다는 것이다. 김기진은 프로파간다 시문학의 문제를 민요 형식을 통해서 해소하고 싶었던 것이다. 그것은 내용형식논쟁에서 보았듯이 대중적 선전 효과는 오히려 문학적 요건의 강화를 통해서 가능하다는 주장의 연장이다. 민요 형식의 대중성을 내세우지만 사실 그 형식을 통해 프로시의 비문학성을 극복하자는 뜻이 있었다.

이처럼 김기진이 민요에 관심을 두게 된 배경에는 국민문학파의 민요시론 외에도 카프 출범 제2기의 변화가 작용하였다. 국민문학파의 성장과 더불어 1927년을 전후하여 카프 내부에서는 각종 논쟁이 치열하게 진행되었다. 내용형식논쟁, 아나키스트 논쟁 등을 통해서 이론적 성숙의 기회가 온 것이다. 하지만 논쟁을 통해 이론적으로 숙성한다 할지라도 그에 합당한 작품은 제대로 생산되지 못하였다. 그에 대한 우려에서 1928년에는 이론투쟁에서 작품생산을 위한 실천투쟁으로 전환하자는 목소리까지 나올 정도였다.[142)]

이렇게 하여 작품활동을 중심으로 하는 논의가 활성화되었다. 이때 프로파간다 효과를 위한 작품활동의 조건으로 대중성이 제기된 것이다. 김동환은 "쉽게 쓰자"는 소박한 의견으로 대중화 논쟁의 선편을 잡았

---

142) 예컨대 윤기정은 「이론투쟁과 실천과정」(『중외일보』, 1928.1.10~12)에서 이론만 성하고 "실천적 행위가 없이는 문예의 기능을 전혀 발휘할 수 없"다면서 과거 일년간의 이론투쟁으로 제2기 작품제작의 기준과 규정은 마련되었으나 그에 상응하는 작품은 하나도 없는 상황을 개탄했다. 따라서 "1928년 신년부터 제2기 작품, 방향전환기적 작품을 제작하여 현단계에 적합한 작품행동을 의식적으로 감행하자"고 제안하였다. 그 뒤를 이어 한설야도 「문예운동의 실천적 근거」(『조선지광』, 1928.2)에서 "'이론이 없는 실천(운동)은 없다'라는 공식을 그대로 반복직역하는 이"가 많다면서 "그 이론은 이미 선행실천에서 온 것임"을 강조하여 "당면의 실천적 임무를 떠난 이론을 배격"하자는 주장을 제시하였다. 그만큼 반이론정서가 팽배한 것이다.

다.143) 그는 「조춘잡감」144)에서 이렇게 말했다. "모든 운동이 광범한 대
중각층의 운동으로 변형하고 있다"고 전제하고, 프롤레타리아 문학도
"프롤레타리아 자신이 다 각각 알아들을 말"로 씌어져야 한다는 주장을
제기하였다. 그 방법으로는 소설 속의 사건이 "새끼를 꼬며 읽어도 전
후맥락을 휑 알아지게 그렇게 쉬운 말로 쓰기로 하자"는 것이다. 이러
한 의견은 문맹층이 두터운 농민계급에게까지 읽힐 수 있는 문학작품
을 고려하고 있다는 점에서 민족 부르주아를 대상으로 하는 국민문학
파의 대중화와는 차원을 달리한다. 이렇게 되자 대중화 논의가 김동환
의 뒤로 꼬리를 물고 이어지게 된다. 장준석은 김동환의 맹목적 제안을
비판하면서 「왜 우리는 쉽게 쓰지 않으면 안 되는가」145)를 통해 구체적
으로 논의하기 시작한다. 요컨대 무산계급에게 예술을 "침투시키는 데
있어서 먼저 그것이 노동자 농민의 자기 자신의 예술이 되지 않으면
안" 되는데, "그들이 이해할 수 있는 예술, 또 그것이 노동자 농민에게
맞이하는 한에서만 그들의 예술"이 될 수 있기 때문이다. 하지만 장준
석은 그것이 "아직은 그렇게 과대한 문제가 아니"라고 하여 구체성을
회피하였다.

쉽게 쓰자는 원론적 주장에서 벗어나서 구체적 방안까지 제시한 사
람이 이북만이다. 그는 「사이비 변증론의 배격」146)을 통해서 조선의 무

---

143) 물론 그 전에 '쉽게 쓰자'는 주장이 없었던 것은 아니다. 예를 들어 박영희는 「문사
방문기」(『조선문단』, 1927.4)에서 "민중이 맹목적으로 향락을 구하는 것을 그대로 버
려두지 말고 우리는 우리의 계급의식을 부어주는 데, 즉 읽히는 데 가장 민중이 읽기
쉬운 방법으로 해야 할 것이다"라고 하였으며, 「문예평론」(『조선지광』, 1927.9)에서도
근래 시단에서는 "무산계급의 ××××(계급의식)을 고양하려 하기는 하나 그 형식에
있어서 매우 괴이한 감을 일으키는 것", 즉 그 시형에서 "특별히 학식을 다분으로 함
유한 학자나 문학사에 달통한 비평가가 아니면 도저히 이해하기 어려운 난해의 괴형"
이 있다고 지적하고 "제일 쉽게 표현될 형식"과 "내용과 일치될 평이한 형식"의 필요
성을 제기하였다. 하지만 박영희는 그 문제를 진척시키지도 않았고 다른 논자들의 관
심도 받지 못하였다.
144) 김동환, 「조춘잡감」, 『조선지광』, 1928.2.
145) 장준석, 「왜 우리는 쉽게 쓰지 않으면 안 되는가」, 『조선지광』, 1928.5.

산계급이 "정치신문이나 ×××문 같은 것을 읽을 능력이 없는 것과 같이 소설, 희곡, 시 등을 읽을 수 없"는 현황을 지적하고, 그러한 장애를 극복하기 위해서 우선 "아지의 유일, 최선의 방법은 언어와 구체적 표현—그것도 알기 쉽게 해야 한다—을 빌어서 할 수밖에 없"다고 주장한다. 그는 여기에서 그치지 않고 문맹층을 대상으로 하는 선전 활동의 방법을 제안하고 있다. 즉 "간단한 시를 읽는다든지 ×××××알기 쉬운 포스타를 그려 붙인다든지 간단한 연극을 한다든지"의 방법이 그것이다. 여기까지 논의들을 통해서 문맹과 비문맹을 구별하여 별도의 운동형식이 필요하다는 문제가 제기됨을 보게 된다. 이처럼 대중에 대한 차별적 시각[147]은 김기진 대중화론에서 중요한 기준점으로 활용된다. 하지만 이상의 논의는 이미 완성되어 있는 내용을 어떻게 포장할 것인가의 문제에만 한정되어 있었다. 그것은 형식에 대한 그들의 입장을 잘 말해준다. 형식은 포장에 불과하며 프로파간다 효과를 위해서라면 형식은 아무래도 상관없다는 생각이다. 하지만 앞서 보았듯이 김기진은 형식의 중요성을 강조하였으며, 그의 대중화론 또한 형식에 대한 집요한 관심에서 비롯된 것이다. 여기에 김기진 대중화론의 강점이 있다.

이미 살펴보았듯이 내용형식논쟁을 통해서 김기진은 문학적 조건을 갖춘다고 해서 프로파간다 효과가 부정되는 것은 아니라는 주장을 제시했다. 논쟁이 종결된 후에도 그의 신념은 확고했으며 문학적 조건과 문학적 형식의 고유한 메커니즘 분석에 게을리하지 않았다. 우리는 그것을 「감상을 그대로」[148]라는 글에서 확인할 수 있다. 이 글은 카프에

---

146) 이북만, 「사이비 변증론의 배격—특히 자칭 변증론자 한설야씨에게」, 『조선지광』, 1928.7.

147) 김기진 이전이라고 해서 대중을 차별화한 시각이 전혀 없었던 것은 아니다. 1928년 1월 『조선지광』이 마련한 설문 「현단계의 조선사람은 어떠한 예술을 요구하는가」에서 한설야는 '의식화되지 않은 민중'과 '의식층'을 구별하였으며, 윤기정은 '의식이 박약한 대중'과 '의식분자'를 구별한 바가 있다. 이에 대해서는 김영민, 『한국문학비평논쟁사』, 한길사, 1992, 178~182면 참조.

148) 김기진, 「감상을 그대로」, 『동아일보』, 1927.12.10~15.

서 '독자'의 중요성을 가장 먼저 주장한 글이기도 하다. 김기진은 이 글에서 작품의 형식이 독자를 사로잡는 요인에 대해서 설명한다. 그는 우선 문학이란 것은 독자에게 읽히기 위한 것인 동시에 독자에 의해 성육되고 발전된다는 점을 전제한다. 특히 무기로서의 문학을 내세워 효용을 강조하는 프로문학일수록 독자 문제를 중시해야 한다. 그리고 문예투쟁이 대중투쟁으로 전개되려면 대중을 사로잡는 문제가 해결되어야 한다. 하지만 지금까지 노동자 농민이 문학의 독자였던 적은 한 번도 없었다. 그러므로 문자와 서적에 친숙하면서도 아직 무산계급의식에 친숙치 않은 급진분자, 기타 청년학생, 실직군 등을 프로문학의 독자로 한정하고, 그 밖의 문맹층은 독서 대중의 범위에서조차 제외하였다.

그리고 나서 그는 독서 대중과 문학 형식의 관계를 다음과 같이 분석하고 있다. 우선 김기진은 '문학적 전통 형식'의 존재를 상정한다. 개별 문학작품은 문학적 전통형식을 통해서 비로소 존재할 수 있으며, 이때 그 전통형식은 이데올로기적 성격을 갖는다.[149] '문학적 전통형식'이 독자의 기호와 취미를 결정하며 작가 또한 그에 따라 작품을 제작하기 때문이다. 그러므로 대중성을 획득하기 위해서는 현재 조선의 문학적 전통형식의 성질을 분석하고 그것을 이용해야만 한다. 조선의 문학적 전통형식으로 김기진은 "우리의 고유한 언어의 리듬과 센티멘탈리즘과 간결한 묘사의 수법"[150] 등이라 결론짓는다. 중요한 것은 문학적 전통형식은 '민족의 심리적 효과의 축적'으로 이루어진 것이며, 그러한 전통형식이 아직도 독자를 사로잡고 있다는 의견이다. 그럼에도 불구하고 그동안의 무산문예는 그 전통을 오히려 파괴하여 독자를 사로잡지 못했다는 것이다.

---

149) 최유찬, 「1930년대 한국 리얼리즘론 연구」, 『한국근대문예비평사연구』(이선영 외 공저), 세계, 1989, 353면 참조.
150) 심리적 효과를 겨냥한 문학 형식으로 제시된 이 3가지 조건은 김기진의 대중화론에서 거듭 등장한다.

하지만 문학적 전통형식은 이중의 과제를 부여한다. 대중은 부르주아 예술형식의 이데올로기적 성질로 인하여 그 형식과 결부된 내용에까지 감염되어 있다. 그 내용에서부터 대중을 구출하기 위해서는 오히려 전통형식을 비판적으로 역이용할 필요가 있다. 사실 대부분의 문학적 전통형식은 '심리적 효과의 축적'을 동반한다. 따라서 이미 이러한 전통형식에 감염되어 있는 독자에게 정치투쟁이론만을 강요한다든지 낯선 형식을 강제할 수는 없다. 심리적 효과는 문예의 특수영역이다. 만일 '무기로서의 문학'이 문학의 특수영역을 무시한다면 심리적 효과가 축적된 전통형식을 잃는 것은 물론 거기에 매여 있는 독자까지 잃게 되는 결과를 낳는다. 물론 선전효과도 얻을 수 없다. 따라서 김기진은 문학작품 고유의 심리적 효과의 축적으로 형성된 전통적 문학형식과 거기에 전염된 독자가 만나는 지점에서 선전효과가 모색되어야 한다고 주장한다. 그동안 자연발생 단계의 프로문학이 하등 선전 효과를 얻지 못한 원인 또한 이처럼 문학의 특수영역을 무시한 데서 찾을 수 있다. 그로 인해서 현재 무산문예는 자기비판의 단계에 직면하였으며, 따라서 무산문예의 방향전환이 전선적 일익을 담당하려면 "일반독자에게선 심리적 효과를 가장 많이 수확할 수 있는 그러한 문학 형식을 고찰하여야 할 것"이라고 단정짓는다. 진정으로 선전효과를 얻고자 한다면 심리적 효과를 가장 많이 발휘하는 문학적 전통형식을 현재 대중의 기호와 취미로부터 찾아내야 한다는 것이 김기진의 궁극적 주장이다. 그러한 입장은 「문예시사감」[151]에도 이어져서 "시에 있어서 형식문제란 즉시 효과문제"라는 진술로 나타난다. 이로써 김기진 대중화론의 핵심에 형식의 효과 문제가 자리한다는 사실을 알 수 있다. 다만 그 형식이 구체적으로 무엇이냐는 문제만 남겨진 것이다.

김기진은 이미 계급의식이 없는 독서대중과 계급의식이 있는 독서대

---

151) 김기진, 「문예시사감」, 『동아일보』, 1928.10.27~31.

중의 차이를 강조한 바 있다. 따라서 전자와 후자에게 각각 적당한 문학의 형식을 별도로 제시하고자 한다. 계급의식의 유무를 기준으로 구별된 두 부류의 독서대중을 겨냥해 각각 두 계열의 논문들이 작성되는 것이다. 이른바 「감상을 그대로」 계열의 논문들이 형식과 독자 관계를 중심으로 선전효과가 있는 형식을 당대 독자의 기호에서부터 추출한 것이라면, 「변증적 사실주의」 계열의 논문들은 선전효과를 얻기 위한 작품 형식의 문제, 다시 말해서 부르주아 소설과 구별되는 프로소설의 새로운 형식을 이론적으로 제시한 것이다. 물론 김기진의 대중화론은 주로 계급의식이 없는 독서대중에 초점을 맞추고 있다. 그에 반해 계급의식이 뚜렷한 독서대중에 대해서는 구체적 창작방법이 시급한 문제였다. 따라서 「변증적 사실주의」 계열의 논문들은 일련의 창작방법 연구의 단초를 제공한다는 의미를 갖는다. 하지만 두 계열의 논문에는 하나같이 일관된 문제의식이 깔려 있다. 그것은 문학의 형식을 무시하고 노골적으로 드러나는 추상적 설명이 최선의 선전효과를 보장하지 못한다는 신념이다. 작가의 주관이 개입하여 그것이 작품의 추상성으로 이어지게 되면 선전효과는 오히려 감살된다는 생각이다. 문학의 조건을 만족시키지 못하면 오히려 선전효과도 얻지 못한다는 그의 확신이 두 계열의 논문을 통해 구체화된 것이다. 여기에서 핵심은 문학의 형식과 선전효과의 상관관계 문제이다. 두 계열의 논문들은 모두 그동안 프로파간다 문학의 결함이었던 것, 즉 작가 주관의 개입에 따른 추상적 개념 설명의 문제를 극복할 수 있는 방법을 제시하고 있다. 다만 한쪽에서는 독자와 형식의 관계를 중심으로, 다른 한쪽에서는 구체성을 얻는 객관적 리얼리즘의 방법 탐색을 통한다는 차이가 있을 뿐이다.

우선 「감상을 그대로」 계열부터 살펴보자. 여기에 속하는 논문으로는 「문예시대관 단편―통속소설소고」[152]와 「대중소설론」[153]으로서, 두 논

---

152) 김기진, 「문예시대관 단편―통속소설소고」, 『조선일보』, 1928.11.9~20.
153) 김기진, 「대중소설론」, 『동아일보』, 1929.4.14~20.

문은 대중의 기호에 맞는 소설 형식을 이론화하려는 시도의 산물이다.

> 그러므로 표현은 엄정히, 객관적으로 하는 것이 보다 효과적이다. (…중
> 략…) 모순을 폭로함에 있어서 이것을 노골로 하는 것보다는 암시만 풍부히
> 하는 것이 표현의 객관적 수법에 따라서 그와 한가지로 보다 더 효과를 가져
> 오리라 본다. 또 타 일면으로 말하면 대체로 노골적 폭로는 현하의 ×××의
> 소지자가 짓는 객관적 정세 아래에서는 거의 불가능한 일이라고 본다. 그런고
> 로 암시가 현재에 있어서 최대한의 가능범위이다.154)

「문예시대관 단편」에서 김기진은 작품의 추상성을 극복하는 방법으
로 객관적이고 구체적인 제시와 암시를 들고 있다. 이는 주관의 노골적
개입을 자제해야 한다는 평소 소신의 연장이다. 하지만 여기에 당시의
"객관적 정세"에 대한 분석이 전제되면서 문제가 발생하게 된다. 김기
진은 이 글을 발표하기 한 달 전 「문예시사감」을 통해서 현단계의 정세
분석을 제시한 바가 있다. 거기에서 그는 당시의 사회적 상황 3 가지를
열거하고 있다. "1. 검열의 강화, 2. 전위분자에게 내리는 적극적 진압
책, 3. 신문잡지 당국자의 타협주의와 이중 검열"155) 등이 그것이다. 이
어서 그는 이러한 정세 분석에 따라 "하는 수 없이 연약한 문장을 선
택"해야 한다는 심정을 제시하였다. 이러한 정세 분석이 「문예시대관
단편」에 자연스럽게 깔리면서 논지를 뒷받침하고 있다. 내용형식논쟁
에서 자신의 온건한 주장이 관철되지 못했다는 사실을 감안하여 이제
는 시대적 불가피성을 이유로 주장의 설득력을 높이려 한 것이다. 하지
만 객관적 정세가 열악하다는 김기진의 판단은 오히려 혁명이 임박한
전환기로 파악하는 동경 소장파의 정세분석과는 어긋난 것이다. 따라서
그의 주장의 설득력을 높이기 위해 제시한 정세 분석이 오히려 화를 자
초하게 되는 결과를 낳게 된 것이다. 아무튼 김기진은 앞서의 정세분석

---

154) 김기진, 「문예시대관 단편」, 앞의 책.
155) 김기진, 「문예시사감」, 앞의 책.

을 토대로 하여 당분간 노골적인 선전선동의 형식이 부적절하기 때문에 문학 형식의 효용가능성을 최대한 이용할 필요가 있다는 주장을 펼수 있었다. 열악한 정세를 돌파하면서 동시에 대중에게 접근할 방법을 피력한 것이 「감상을 그대로」 계열이라면, 그에 이어서 「변증적 사실주의」 계열을 통해서는 작품에 리얼리즘을 확립하는 방법이 제시되는데, 이로써 그의 소설 대중화론은 완성을 보게 된다.

두 계열의 논문은 시 장르에서 그대로 반복된다. 말하자면 「감상을 그대로」 계열은 시의 대중화론으로, 「변증적 사실주의」 계열은 단편서 사시론으로 이어지는 것이다. 전자는 시 형식과 독자의 관계를 분석하고 선전효과를 얻기 위해서는 형식의 이데올로기적 성격, 즉 문학의 전통형식을 이용해야 한다는 점이 강조된다. 후자는 당시 정세에서 선전 효과에 오히려 방해만 되는 요인인 작가의 주관을 억제하고 시의 추상화를 방지하기 위해서 필요한 조건을 중심으로 논의를 전개한다.

김기진이 시의 대중화 문제를 거론한 것은 「농민문예에 대한 초안」[156]이 처음이다. 이 글에서 그는 농민이 노동자보다도 지식이 부족한 까닭에 그들의 계급의식을 외부에서 일깨워줘야 한다면서 농민에게 필요한 문학의 내용과 형식을 6가지 항목으로 제시한다. 그 중 5번째 항목에서 그는 시에 있어서 "그 양식만은 재래의 민요조를 취하여 그들의 입에 친한 맛을 주고 쉽게 정들게 하여야 한다"고 주장하여 대중화를 위한 민요의 활용[157]을 제안하게 된다. 가볍게만 언급되었던 민요조의 형식이 「프로시가의 대중화」[158]와 「예술의 대중화에 대하여」[159]에 와서 적극적 분석의 대상이 된 것이다.

「프로시가의 대중화」에서 그는 프로시가의 목적이 대중을 소부르주

---

156) 김기진, 「농민문예에 대한 초안」, 『조선농민』, 1929.3.
157) 김기진은 이미 국민문학파의 민요론을 일축한 적이 있다. 김기진, 「문예시평 – 문단상 조선주의」, 『조선지광』, 1927.2 참조.
158) 김기진, 「프로시가의 대중화」, 『문예공론』, 1929.5.
159) 김기진, 「예술의 대중화에 대하여」, 『조선일보』, 1930.1.1~14.

아적이고 봉건적인 취미로부터 구출하고 진정한 의식으로 앙양하는 데 있다고 전제한다. 그러니 대중에게 섭취되지 못한다면 그 임무를 수행할 수 없는 것이다. 하지만 종래의 프로시가는 대중에게 섭취되지 못하였는데, 그 원인으로 크게 3가지를 제시한다. 첫째, 우리가 그들에게 가지고 가서 보여주지 못하였고, 둘째로 그들이 알아보기 쉬운 말로 쓰지 못하였으며, 셋째로 그들이 흥미를 느끼고 외우도록 그들의 입맛에 맞추지 못하였다는 것이다. 더군다나 여전히 재래의 가요에 그들의 의식이 맞춰되어 있다는 사실 또한 대중의 현재적 상황에 해당된다. 하지만 이 글은 이런 식의 현안을 분석하는 것으로 끝나고 있다. 아직 그 상황에 대처하기 위한 구체적 방법은 언급되지 않은 것이다. 여전히 문제제기 수준에 머물러 있음을 알 수 있다.

그 후속으로 제출한 「예술의 대중화에 대하여」에 이르러 대중화를 위한 구체적 방법과 시의 형식이 제시된다. 예컨대 그들이 요구하는 시가는 "잡지 구석에 발표된 자유시형으로 된 우리의 시"가 아니라 "일을 할 때에 혹 놀고 있을 때에 노래"로 불리는 것이다. 그러므로 프로시가의 "대중화의 방법으로 취할 길은 그 형식상에 있어서 쉬운 말로 노래 불러질 만큼—즉 가곡의 형식으로 창작하는 길이 첩경"이다. 이것은 문학의 전통형식에 포함된 이데올로기적 기능을 충분히 이용해야 한다는 종래의 주장을 구체화한 것이다. 부르주아 예술이 이데올로기적 기능을 하기 '때문에' 배격해야 한다는 카프 구성원 일반의 통념을 깨고 김기진은 바로 그렇기 '때문에' 그 형식을 더욱 더 이용할 필요가 있다는 생각으로 맞선다.160) 이처럼 대중화를 목표로 하는 시의 형식으로 가요, 가곡 등을 주목하면서 그 사례로서 공석정의 「아리랑」을 제시한

---

160) 김기진은 부르주아 예술에 대해서 내용과 형식을 분리해서 이해할 수 있다는 내용 형식 이원론의 입장을 보이고 있다. 이 생각은 부르주아 예술이 내용과 형식 모두 그 이데올로기에 침윤되어 있다고 보는 박영희 및 소장파들의 의견과 달라 보인다. 하지만 다른 한편으로 보면 김기진은 프로문학의 경우 내용과 형식의 통일성을 주장하면서 내용만을 분리해서 강조하는 당시 프로파간다 문학론에 반대하고 있다.

다. 하지만 추상적 진술이 직접적으로 노출되지 않은 이러한 시가가 선전선동을 제대로 감당할 수 있느냐는 문제가 남는다. 이에 대해 김기진은 「아리랑」이 대중적 투쟁현장에도 유효하며, "부족하나마" 계급의식을 눈뜨게 하는 데 효과가 있다고 주장한다. 이어서 그 이유를 다음과 같이 설명하고 있다.

> 한 개의 관념을 추상적으로 설명하고 혹은 정치적 의미의 구어를 나열함으로 시가의 효과를 가져오는 것이 아니라 구체적 생활과 그 생활 내용에서 생기는 감정 그 물건을 극히 감동적으로 묘사함으로써만 시가의 효과는 얻을 수 있는 것이므로 항상 시가 그 물건의 효과는 정치적으로는 그다지 크게 드러나지 못한다는 것이다. 즉 시가는 전혀 감정의 전달과 선동의 임무를 마칠 수 있는 물건이요, 정치적 의견의 전개의 임무를 마칠 수 있는 물건이 아닌 까닭이다.161)

추상적 개념의 직접적인 노출이 선전효과를 얻을 수 없다는 것은 김기진이 지속적으로 주장하는 문학론의 핵심이다. 그러므로 공석정의 「아리랑」에서와 같이 '관념의 추상적 설명'이나 '정치적 구호의 나열'이 제거된 상태에서 선전효과를 높이는 길을 찾아야 한다. 그렇기 때문에 주관을 억제하고 "구체적 생활과 그 생활내용에서 생기는 감정"을 중시해야 한다. 이처럼 김기진은 내용의 구체성과 형식의 대중성을 통해 내용의 추상성과 몰형식에 치중하는 프로파간다 문학론의 한계를 넘어서고자 한다. '주관의 개입'에 의한 형식 파괴와 노골적인 '작품의 추상성'이 대중성 획득에 실패하게 만들고 따라서 선전효과조차 얻을 수 없다는 주장의 연장인 것이다. 계급의식이 없는 독서대중을 위해서는 이데올로기로서의 '형식'을 활용할 필요가 있으며, 따라서 부르주아 이데올로기에 감염된 형식일지라도 유산으로 계승할 이유는 충분하다는 것이

---

161) 김기진, 「예술의 대중화에 대하여」, 앞의 책.

다. 결국 김기진의 대중화론은 형식의 구체성이 선전효과의 지름길이라는 것, 그리고 부르주아 문학형식 계승의 필요성이라는 평소의 지론이 구체화된 사례로 볼 수 있다.

한편 김기진이 대중성 있는 문학형식으로 민요를 주장하면서 카프에서도 비슷한 시점에 민요를 주목하는 사례가 늘고 있다. 먼저 박완식은 「프롤레타리아 시가의 대중화 문제 소고」[162]라는 글에서 프로시의 대중성을 위해서는 과거 사회의 시가 형태 중 민중의 노래에 속하는 민요를 계승해야 한다는 주장을 편다. 이때 그는 민요가 과거 봉건사회의 피압박층의 노래라는 사실을 전면에 내세운다. 형식을 통한 선전효과의 측면에서 접근하는 김기진에 비한다면, 민요의 계급성에 집중한다는 점이 다르다. 하지만 이처럼 과거 한때 민중의 노래였다는 이유로 민요에 주목한다는 것은 민족의 노래라는 점에서 민요에 주목하는 국민문학파의 접근법을 닮았다. 다만 민요의 민중성을 계급과 민족 어느 시각으로 보느냐의 차이만 있을 뿐이다. 하지만 김기진에게는 민요가 과거에 민중의 노래였다는 사실은 중요하지 않다. 오히려 현재 그것이 대중 속에 살아 있는 노래라는 점이 중요하다. 그것이 대중성의 근거이기 때문이다. 이 점도 박완식과 차이를 보이는 점이다. 더군다나 박완식은 "프로문학의 내용을 부르문학의 형식으로 구성, 표현하지 못한다"[163]는 권환의 주장과 마찬가지로 부르주아 문학 유산의 계승불가론에 기대고 있다. 이것도 부르주아 이데올로기에 물든 형식일지라도 대중화론을 위해 역이용할 수 있다는 김기진의 주장과 갈라지는 부분이다. 그 외에도 김동환의 민요시론[164] 역시 민요의 과거적 속성을 과장하고 그 계급적 성

---

162) 박완식, 「프롤레타리아 시가의 대중화 문제 소고」, 『동아일보』, 1930.1.7~10.
163) 권환, 「무산예술운동의 별고와 장래의 전개책」, 『중외일보』, 1930.1.10~31.
164) 김동환, 「조선민요의 특질과 기장래」, 『조선지광』, 1929.1. 김동환의 민요시론은 1927년경에 시작되는 것(박경수, 「1920년대 민요시론과 그 시사적 성격」, 한국정신문화원석사논문, 1981, 44면)으로 카프의 대중화론과는 무관하다고 할 수 있다. 그의 글은 자유시에 대한 비판, 시조 거부를 포함한다는 점에서 국민문학파의 민요시론에 포

격을 강조한다는 점에서 프로파간다 시론의 특성에서 멀지 않다. 더구나 민요에 주목하면서 자유시 비판을 끌어들인다는 점은 국민문학파의 논지와 다르지 않다.

하지만 민요를 대중화의 방편으로 활용하려는 입장에 대해서 동경의 신진세력들의 반응은 부정적이었다. 특히 권환은 「시평과 시론」[165]에서 민요를 "봉건사회의 영락 퇴폐한 자의 입에서 나온 것"이라는 상반된 시각을 제시하고 있다. 그렇기 때문에 일반적인 부르주아 문학과 마찬가지로 "그 안에 포재된 내용과 마찬가지로 그 형식—곡조도 애수적이고 퇴폐적이어서 읽고 듣는 자로 하여금 신경의 무의식적으로 마비 위축케 한다"는 판단이다. 이러한 비판은 부르주아의 문학적 전통형식을 철저히 거부하려는 프로문학 강경파의 입장을 대변하는 것이다.

3) 프로시론의 확립

(1) 단편서사시시론과 형상론

1930년을 전후해서 프로시론은 새로운 단계로 접어들게 된다. 김기진의 변증적 사실주의를 필두로 해서 프로문학론에 유물변증법적 세계관이 창작의 새로운 기준으로 자리잡게 되고 그에 따라 창작의 방법론에 대한 논의가 개화된 것이다. 유물변증법이 도입됨과 동시에 프로문학론은 인식론적 측면이 강화되고, 그 인식론이 형상론의 도움을 받고, 또한 부르주아 리얼리즘의 태도를 받아들이면서 본격적인 문학이론으로서의 면모를 갖춰나가게 된다. 이처럼 인식론과 형상론의 강화는 이 시기 프로문학론의 단계를 잘 설명해준다. 프로시론 또한 문학론의 범위 안에

___

함된다. 하지만 민요의 내용성에 대한 계급적 분석에서는 프로시론과 유사하다. 따라서 프로시론과 국민문학파의 관점이 공존하는 사례로 볼 수 있다.
165) 권환, 「시평과 시론」, 『대조』, 1930.6.

서 그 이론을 구체화할 수 있는 단계에 돌입한다. 종래의 프로파간다 시론이 오직 감정을 격앙시키는 작품만을 기대하였다면 이 시기에는 현실에 대한 인식을 제공하면서도 동시에 감정을 전달하는 작품을 요구하게 된 것이다. 문학의 특수성을 전혀 고려하지 않았으며, 오히려 문학의 영역 바깥을 맴돌면서 프로파간다 효과를 구하던 프로파간다 시론의 단계를 극복하게 된다. 이처럼 프로시론의 비약을 가능케 한 작품을 임화가 제공하게 된 것이다. 하지만 그 가치를 발견하고 그에 대해 적극적인 평가를 시도한 김기진의 업적 또한 무시할 수 없다. 임화의 시를 거론함으로써 그는 프로파간다 시론을 드디어 문학이론의 수준으로 격상시키는 데 중요한 버팀대의 기능을 수행했기 때문이다.

앞서 말했듯이 김기진은 민요를 통해서는 대중화론을 전개하는 한편으로 임화의 시를 통해서는 본격적인 프로시의 이론적 가능성을 타진하게 된다. 이는 독서대중의 수준과 계급의식의 유무를 기준으로 대중적인 프로시와 본격적인 프로시를 구별하자는 그의 논지의 연장이다. 모두 다 프로파간다 시의 구체성 결여, 형식 무시를 극복하려는 김기진의 노력의 산물인 것은 말할 것도 없다. 그리고 본격적인 프로시의 모색은 「변증적 사실주의」 계열에 속하는 「단편서사시의 길로」를 통해서 구체화된다. 주목할 점은 실제비평을 통해서 거꾸로 이론을 도출해내는 그의 연구태도이다. 「변증적 사실주의」가 소설작품의 분석을 통해서 소설 창작방법을 추출한 것이라면, 「단편서사시의 길로」는 시작품의 분석을 통해서 시에 관한 창작방법을 도출하는 귀납적 연구의 산물이다. 이처럼 작품분석으로부터 창작방법을 귀납적으로 유출하는 그의 작업방식은 추상적인 이론에 기초하는 비생산적인 논쟁에 의해 희생되었던 기억을 더듬어 그것을 회피하기 위한 그의 학자적 결단[166]에서 비롯된

---

166) 김기진은 다음과 같이 선언한 바가 있다. "우리들의 이론은 우리들이 항상 목도하는 구체적 사실에서 출발할 것이요, 공식적인 일반적 명제로부터 끄집어내고 그리하여 그것을 엿 늘이듯이 늘여놓을 것이 아니다."(김기진, 「농민문예에 대한 초안」, 『조선농

것이다. 따라서 프로문학 대중화론에서 프로문학 형식론에 이르기까지 제출된 그의 논문은 모두 실제비평에서 시작된 귀납적 연구의 산물이다. 이처럼 이론의 추상적 선재성에 대한 그의 혐오는 곧바로 작품의 추상성에 대한 혐오를 반영한다. 내용형식논쟁 이래로 그는 항상 작품과 이론의 추상성에서 벗어날 방법을 모색해왔다. 본격적 프로시론에 대한 관심 또한 추상성 극복이라는 그의 과제의 연장에 놓여 있다. 이미 그는 추상성에 대한 일차적 비판을 대중화론을 통해 선보인 바가 있다. 그의 판단에 따르면 작품의 추상성은 작가의 주관이 지나치게 개입한다는 데서 비롯된다. 그때 독자는 문학의 형식과 대면하는 것이 아니라 작가의 주관적 목소리와 직접 대면하게 된다. 이처럼 의도의 노골적 노출은 작품의 추상성을 자초하게 되고 이때 문학적 효과를 통과하지 않는 프로파간다는 그 효과가 미미하다. 그럼에도 불구하고 추상성에 함몰된 작가는 문학형식을 통한 효과를 집요하게 거부한다. 이런 기묘한 사실이 김기진으로 하여금 추상성과 문학형식의 관계를 집요하게 탐색하게 만든 계기를 마련하였다.

김기진의 프로문학 형식론은 프로파간다 시기 문학의 추상성을 본격적으로 극복하겠다는 의지를 가지고 기획한 시리즈물이다. 「변증적 사실주의」에서 제기한 소설 속의 추상성 극복의 방안은 소설형식을 통한 객관성의 확보로 요약된다. 프로문학도 문학으로서의 조건을 갖추어야 하며, 그러기 위해서는 부르주아 리얼리즘의 태도를 비판적으로 계승하면서도 그 한계를 변증법적 관점으로 보완해야 한다. 여기에서는 부르주아 형식을 비판적으로 계승해야 한다는 그의 문학론과 함께 추상적 진술은 객관적, 구체적 묘사로 대체되어야 한다는 형식론이 결합되어 있다.

「변증적 사실주의」에서 그는 부르주아 문학의 양식을 크게 낭만주의

민』, 1929.3) 이론보다 작품을 중시하는 그의 입장을 여기에서 확인할 수 있다.

와 자연주의로 나눈다. 그 중에서 자연주의를 계승의 대상으로 꼽고, 오히려 문학의 형식적 요건을 무시하고 문학 특유의 정서적 효과를 과소평가했던 프로파간다 단계의 문학론이 낭만주의에 머물러 있다고 지적한다. 그에 따르면 낭만주의는 "주관적, 공상적, 관념적, 추상적, 보수적" 특성을 보이는데, 이는 몰락하는 부르주아 계급의 양식임을 입증한다. 따라서 낭만주의에 침윤되어 있는 프로파간다 문학의 단계는 적어도 자연주의의 단계로 격상되어야 한다. 부르주아 문학의 양식인 자연주의를 계승했을 때 과거 프로파간다 문학의 주관적, 추상적 특성이 객관적, 구체적 묘사로 대체될 수 있기 때문이다. 이처럼 부르주아 리얼리즘에서 계승해야 할 것은 "현실을 객관적, 현실적, 실재적, 구체적으로 관찰하려" 하는 태도이다. 이처럼 자연주의 형식을 통해서 자연주의적 태도를 견지한다면 프로파간다 문학의 한계는 쉽게 극복될 수 있다는 발상이다.

하지만 부르주아 문학형식의 계승은 맹목적 추종이 아니다. 그것은 다만 프롤레타리아 문학이 그 형식을 개발하기 위한 과도기적 절차에 해당된다. 그 과도기적 형식으로서의 부르주아 리얼리즘(=자연주의)에 해당되는 작품을 분석한 결과 그는 프롤레타리아 문학에 합당한 새로운 형식으로 변증적 사실주의를 도출하게 된다.[167] 그 결과 부르주아 리얼리즘과 변증적 사실주의는 객관성에 대한 입장에서부터 차이가 발생한다.

(7) 프로작가는 객관적 태도라야 한데서 초계급적 냉정한 태도를 가하다 함은 아니다. 초계급적 태도가 아니라 프롤레타리아 전위의 태도이어야 한다. 무슨 까닭이냐 하면, 초계급적 태도란 있을 수 없고 현재에 있어 프롤레타리

---

167) 그는 변증적 사실주의의 특성은 다음 6가지 기준으로 분석한다. ① 사물을 보는 객관적 태도, ② 사건처리방법, ③ 사물을 보는 전체적 태도, ④ 중점묘사대상, ⑤ 제재선택방법, ⑥ 객관적 묘사수법, ⑦ 객관적 태도의 의의, ⑧ 유보사항. 이상에서 알 수 있듯 '객관적 형식'에 대한 집착이 뚜렷하다.

아 전위만이 현실을 객관적으로 정확하게 그 전체 중에서, 그 발전상에서, 전체와의 불가분의 관계에 있어서 파악하는 유일한 계급인 까닭이다.

부르주아 리얼리즘의 일종인 자연주의가 초계급적 객관성을 견지한다면 변증적 사실주의는 계급적 객관성을 주장한다. 계급적 주관성이 아니다. 계급적 관점을 견지하면서도 주관성에 빠지지 않는 까닭은 프롤레타리아 계급만이 현실을 객관적으로 볼 수 있는 보편적 계급이기 때문이다. 이를 통해서 김기진은 주관성을 비판하고 객관성을 옹호하는 자신의 논지를 보완한다. 상승하는 보편적 계급의 시각이 가장 객관적이라는 주장을 통해서 그는 그 동안 반복해서 강조하였던 주관성 비판의 근거를 마련한 것이다. 이처럼 가장 객관적인 태도를 '프롤레타리아 전위의 시각'에서 찾아냄으로써 당시 리얼리즘론의 대전제를 정립하게 된다. 프롤레타리아 전위의 시각에서 현실을 바라본다면 객관성 획득은 물론 현실을 전체적으로 조감할 수 있게 된다. 부르주아 리얼리즘이 현실을 부분적으로만 보고 피상적인 현실만을 포착한다면 변증적 사실주의는 현실을 전체적으로 보기 때문에 본질적인 부분까지도 간파할 수 있다는 것이다. 결국 김기진의 「변증적 사실주의」는 부르주아 리얼리즘으로부터 현실에 대한 객관적 태도를 계승하면서도, 그 객관성의 정신을 프롤레타리아 전위의 시각으로 보완함으로써 현실을 전체성 속에서 바라볼 수 있는 방법으로 제출된 것이다.

그리고 「변증적 사실주의」에서 비롯된 리얼리즘의 구도를 본격적 시론에 적용한 것이 「단편서사시의 길로」[168]이다. 이 글은 임화의 시 「우리 오빠와 화로」(1929.2)에서 받은 감동에서 비롯된 것으로, 그 감동의 원인을 분석하여 프로시가 지향해야 할 시양식의 모델을 추출하고 그것을 단편서사시로 규정한 논문이다. 김기진 자신이 받은 감동의 원인은 다음과 같이 분석된다.

---

168) 김기진, 「단편서사시의 길로」, 『조선문예』 창간호, 1929.5.

그러면 나를 감동케 한 것은 묻지 않아도 4, 5, 6에서 열거한 이 시의 감정의 주요 부분이었던 것이 명백하다. 사랑하는 오빠, 튼튼한 일꾼을 잃어버리고서 조금도 슬퍼하지 아니하고 조금도 외로움을 느끼지 않고 건강히 잘 싸워 나가면서 고난 속에서 오빠의 새 솜옷을 장만하는 근로하는 여성—미래 사회를 가져오고야 말 여성—진실로 조선의 ××××(무산계급)이 가져야 하면서도 보기 드문 여성의 절규에 가까운 감정과 감격에 넘치는 사건이 나로 하여금 눈물을 보게 하였다. 이것은 슬픈 눈물이 아니다. 이것은 뼈 없는 눈물이 아니었다.

인용문에서 김기진이 강조한 이 시의 장점은 크게 두 가지이다. 한 여성의 절규에 가까운 '감정', 그리고 감격에 넘치는 '사건'이 그것이다. 그 중에서도 김기진은 '슬픈 눈물'로 표현되는 센티멘탈한[169] '감동' 즉 '정서의 호소'를 더욱 강조한다. 작가의 주관적 개입으로 추상적 구절만을 열거하는 데 치중하고 결국에는 감정적 호소력조차 압살하던 과거 프로파간다 시문학에 대한 김기진의 비판을 생각한다면, 이 시에서 그가 '정서의 호소'라는 측면을 강조하는 이유를 곧 이해할 수 있다. 과거의 프로파간다 시는 "막연한 감정—단순한 심리상 충동의 노래"가 그 특징이었다면, 그에 반해 이 작품은 "현실적, 구체적 묘사"와 "이것에 의한 감정의 전달", 그리고 "독자의 정서의 호소"를 획득하여 종래의 프로파간다의 문제점을 한꺼번에 해결하고 있는 셈이다.

그렇다면 이 글의 목적을 짐작할 수 있다. 이 글은 '정서의 호소'를

---

169) 김기진은 이 글의 서두를 다음과 같이 시작한다. "봄비가 밤 사이에 땅바닥을 흥건하게 축이고 지나가고 아침 햇살이 널리 다정하게 푸른 하늘로부터 흘러내리는 까닭으로 센티멘트의 활동이 둔할 수 없었던 탓인지는 모르나 오래간만에 책을 들고서 눈물을 흘려보았다." 그리고 이러한 감상적인 수식어를 통해 볼 때 이 글은 센티멘탈한 감상에 따른 감동을 분석한 것으로 보인다. 하지만 그것은 김기진의 시평가에 있어 중요한 기준점이기도 하다. 실상 김기진이 극찬한 「낙동강」의 민요라든가 공석정의 「아리랑」, 그리고 임화의 「우리 오빠와 화로」 등은 그 센티멘탈한 감상성으로 비판받은 경력이 있는 작품들이기 때문이다. 그럼에도 불구하고 김기진은 대중화론 당시 대중의 기호가 센티멘탈에 있다고 판단하고 그 센티멘탈을 시의 고유한 속성으로까지 생각하고 있다.

얻어내기 위해서 작가가 어떤 장치를 사용하였는지를 분석적으로 제시하게 된다. 「우리 오빠와 화로」의 형식적 장점은 "우리 오빠를 부르는 누이동생의 감정이 조금도 공상적, 과장적이 아니"라는 데에 있다. 그 이유는 그 감정이 사건에 토대했기 때문인데, 더군다나 그 사건은 "현실적이요 실재적"이다. 결국 사건의 현실성이 감정의 현실성을 담보한다는 주장이다. 그러므로 김기진의 단편서사시는 사건의 도입을 주장하는 데서 그치지 않는다. 왜냐하면 그가 요구하는 사건은 단순한 사건이 아니라 "통일된 정서를 전파하는" 사건, 즉 "감격으로 가득찬" 사건이기 때문이다. 다시 말해서 사건은 시의 형식적 조건을 위반하지 않고 오히려 그 조건인 감정에 종속되어야 한다.[170]

그러므로 단편서사시라는 양식 규정에는 "종래의 문학상 일형식이었던 그리고 최근에 이르러서 서정시의 발달과 한 가지로 거의 폐기되다시피 된 장편서사시"와의 차이가 중요한 것이다. 그 차이란 다름 아닌 '정서의 호소'를 동반한다는 데 있다. 이처럼 정서가 중심이기 때문에 사건은 다만 작가의 정서가 객관적, 구체적이기 위한 안전장치에 불과하다. 따라서 정서를 전달하기 위한 장치로서의 사건은 시의 소재인 이상 "시로서의 맛"을 거슬러서는 안 된다. 시의 특수성은 "설명의 인상적, 암시적 비약에, 즉 행과 행간의 정서의 비약에 대부분 있는 까닭이다." 이처럼 김기진의 단편서사시는 종래의 서정시에서 중시하는 '정서의 호소'를 목적으로 하면서, 그 정서가 현실적 구체적이기 위한 안전장치로 구체적 사건의 도입을 요구하는 것이다. 물론 그 사건은 시의 특수성에 따라 압축과 비약을 통과해야만 한다. 이전의 프로파간다 시의 한계였던 추상성을 극복하고 구체적 정서를 전달하기 위한 장치에

---

170) 김기진은 장르별 형식의 중요성을 다음과 같이 말한 바 있다. "형식이란 표면의 구체적 존재를 결정하는 것이다. 바꾸어 말하면 '시'라는 형식이 '산문'이라는 형식과 구별되지 아니하였다 할 것 같으면, '시'라는 표면적 존재는 가능할 수 없다는 것이다(김기진, 「변증적 사실주의」, 앞의 책).

한해서 사건의 도입이 허용된다. 김기진이 이처럼 사건 도입의 유보 조건을 강조한 것은 시적 형식의 특수성을 훼손하지 않으려는 뜻을 반영한다.

하지만 「변증적 사실주의」의 모든 내용이 「단편서사시의 길로」에서 반복되는 것은 아니다. 추상성에 반하는 구체성의 획득이 형식의 측면에서부터 강조되었다는 점을 제외하고는 「변증적 사실주의」에서 강조한 '프롤레타리아 전위의 관점'과 '전체성'이 분석의 도구로 활용되지 않았다. 그것들이 부르주아 리얼리즘과 프롤레타리아 리얼리즘을 구별해주는 요소인데도 분석과정에서 생략되었다는 것은 임화의 시가 부르주아 리얼리즘(=자연주의)의 단계에 해당된다는 판단을 가능케 한다. 임화의 시는 주관성을 극복했다는 점에서는 현실에 대한 자연주의적 태도를 보여준 것이다. 하지만 그것이 프로시로서 어떤 장점이 있는지는 분석되지 않았다. 그는 임화의 시가 정서와 사건을 결합함으로써 프로파간다 시의 한계를 극복했다는 사실에 만족한 것이다. 김기진에는 과거 프로파간다의 주관적이고 낭만주의적인 단계에서 객관적이고 자연주의적인 단계로 이행하게 했다는 것, 따라서 프로파간다 효과를 시적 효과로 대체했다는 점에 그 작품의 의의가 있었던 것이다. 그리고 그 정도의 분석으로도 문학적 형식의 중요성을 강조하고, 부르주아 리얼리즘을 계승하고 발전시켜야 할 필요성을 인식하게 하는 데 충분했다.

김기진의 뒤를 이어서 이제는 카프 내에서 형식에 대한 관심이 계속된다. 안막의 「프로예술의 형식문제-'프롤레타리아 리얼리즘'의 길로」[171]가 그 사례이다. 이 글은 특유의 리얼리즘론과 더불어 '형상론'이 등장한다는 장점이 있다. 특히 프로문학론이 문학이론의 궤도로 진입하는 데 있어서 중요한 전환점은 그의 형상론에서 이루어진다. 왜냐하면 형상은 문학적 사유를 해명하는 데 기본적 개념의 하나이기 때문이다.

---

171) 안막, 「프로예술의 형식문제-'프롤레타리아 리얼리즘'의 길로」, 『조선지광』, 1930.3.

그리고 그것이 리얼리즘론과 결합하였을 때 문학론으로 발전하게 된다. 다음의 그의 형상론의 일부이다.

　정치가가 정치학의 대상으로 줍는 사실을 예술가는 예술의 내용으로 거기다 산 형상을 부여한다. 말이 거듭되는 듯하나 예술의 독자성에 그 특징이 있는 것이다. 형상에 의하여 사색하고 논리적이 아닌 산 형상을 빌리어 표현하는 독특한 방법 속에 예술의 본질이 있는 것이다. 예술의 내용이 무엇인가를 알았다. 그러면 형식이란 무엇인가? 나는 먼저 "과학자는 그 내용을 이론적 추리를 가지고 표현하려 하는 대신에 예술가는 형상을 가지고 그를 표현한다"라고 말했다. 예술가가 형상을 빌리어 표현하려는 수단—이것이 예술의 형식인 것이다. 구체적으로 그것은 운율, 하모니, 균질, 콤포지션 등과 언어, 음향, 색채, 동작 등의 표현의 제요소의 종합인 것이다.

　안막은 형상이 '예술적 사색'인 동시에 '예술적 표현'이기도 하다는 점을 강조한다. 이론적 추리나 논리가 아니라 "산 형상"으로 사색하고 표현한다는 점에서 예술적 사유는 과학적 사유와 구분된다는 것이다. 이 글은 그러므로 그 동안의 프로파간다 문학론이 예술적 사유 대신에 이론적 추리나 논리를 앞세우는 과학적 사유를 강제했다는 사실에 대한 반성의 의미도 갖는다.[172] 프로파간다 문학론은 예술적 사유의 본질이자 표현의 특수성인 형상을 무시했다는 것이다. 따라서 그의 견해는 "다만 정치를 기계적으로 예술 가운데 도입시키자는 소위 '정치' 주의"를 단호히 배격하자는 의견으로 발전하게 된다.[173] 당연하게도 그것은 과거 프로파간다 문학의 추상성에 대한 비판으로 이어지게 된다. 이때

---

172) 안막은 「맑스주의 예술비평의 기준」(『중외일보』, 1930.4.19~5.30)에서도 계속해서 형상을 중심적인 사안으로 취급한다. 그는 "맑스주의 비평은 모든 형상화되지 못한 또는 불충분하게밖에 못된 노출된 사상, 노출된 프로파간다의 예술작품에로의 침입을 언제나 경계하여야 할 것"이라는 루나차르스키의 주장을 인용하면서 프로파간다 예술의 추상성을 비판하고 있다.
173) 안막, 「조선 프로예술가의 당면한 긴급한 임무」, 『중외일보』, 1930.8.16~21.

추상성의 원인으로 과거 프로파간다 문학이 '로맨티시즘'에 기울었다는 사실이 거론된다. "과거의 조선 프롤레타리아 예술가가 거의 소부르주아 인텔리겐차이었던 만큼 그리하여 필연적으로 그들이 현실을 성급히 주관적으로 해결"하려고 했기 때문에 "××(혁명)적 로맨티시즘"의 경향을 보였다는 것이다. 그는 혁명적 로맨티시즘이 전세계 프롤레타리아 문학이 초창기에 일시적으로 통과해야 필연적 과정임을 인정한다. 물론 부르주아의 "퇴폐적 로맨티시즘"과는 구별된다 할지라도 "현실을 현실에서 유리시키고 현실의 제문제를 주관적으로 해결하려" 한다는 것은 "언제나 필연적으로 관념적이요 공상적이요 추상적이요 주관적"인 로맨티시즘의 한계에 갇히게 된다.

따라서 안막은 과거 프로파간다 문학의 한계를 극복하기 위해 김기진의 견해처럼 부르주아 리얼리즘의 계승을, 그것도 "개조로서가 아니라 변혁"을 주장한다. 변혁이 필요한 이유로 그는 "모든 이즘이든지 그것은 피상적 묘사수법에 그친 것이 아니고 세계관에서 선별되고 결정"된다는 점을 들고 있다. 따라서 새로운 세계관에 따른 프롤레타리아 리얼리즘이 부르주아 리얼리즘과 차이를 보이는 것은 당연하다. 그 차이를 그는 이렇게 말한다.

> 프롤레타리아 리얼리즘이란 이러한 프롤레타리아트의 세계관이 변증법적 유물론에 입각하여 사회 현상을 유물적으로 발전성에 있어 전체성에서 파악하고 그것을 프롤레타리아트의 결국의 ××(승리)라는 계급적 입장에서 형상을 빌리어 묘출하는 예술적 태도인 것이다. 프롤레타리아의 세계관이 역사적 객관성에 의하여 필연적으로 변증법적 유물론인 것과 같이 진정한 프롤레타리아 예술은 필연적으로 프롤레타리아 리얼리즘의 예술이 아니어서는 안 된다.

이처럼 프롤레타리아 리얼리즘은 창작방법에 적극적으로 세계관을 도입한다는 점에서 부르주아 리얼리즘과 다르다. 유물변증법이라는 세계관을 통해서 "발전성에 있어 전체성에서 파악"할 수 있다는 것이다.

이때의 전체성은 발전성과 결부되어 있는 역사적 전체성으로서, 부분과 전체의 관계를 중시하는 김기진의 전체성과 구별된다. 객관성을 획득하는 방식에서도 차이를 보인다. 김기진은 '프롤레타리아 전위의 관점'을 객관성의 조건으로 본다면, 안막은 '프롤레타리아 결국의 승리의 관점'을 내세워 역사성이 더 크게 부각된다. 이처럼 안막의 프롤레타리아 리얼리즘은 김기진의 변증적 사실주의를 계승하면서도 전체성 및 객관성 획득의 방법에서 차이를 보인다. 이로써 '프롤레타리아 결국의 승리의 관점'이 도입되었다는 것은 프로문학에 '미래에 대한 낙관적 관점'이 드디어 이론적 지원을 받게 되었다는 뜻이기도 하다.

안막에 따르면 문학 형식의 객관성은 세계관의 선명성에 의해 확보되는 것으로, 그것을 그는 레닌의 당파성[174]과 연결하고 있다. 리얼리즘과 형상화를 통해 문학의 형식이 준비되었다면, 그 문학의 내용을 결정하는 것은 이념이다. 그것은 동시에 "X(당)이 걸은 슬로건의 사상, 그 슬로건에 결부된 감정"이기도 하다. 왜냐하면 프롤레타리아 문학은 "X(당)을 떠나서는 존재할 수 없는 X(당)의 예술"이기 때문이다. 그리고 이렇게 당의 문학이 강조되면 "X(당)에 ……[속]치 않은 예술가와 X(당)을 떠난 사이비 프롤레타리아 예술을 매장 또는 극복"해야 하는 과제가 부상하게 된다. 문제는 안막이 매장하게 되는 문학에 임화의 「우리 오빠와 화로」도 해당된다는 데에 있다. 그것은 안막이 비판하는 부르주아의 퇴폐적 로맨티시즘, 즉 센티멘탈리즘에 해당되기 때문이다. 그러므로 그와 같은 시를 격찬한 김기진이 매장의 대상에서 빠질 이유는 없다. 당의 문학이 강조됨으로써 부르주아 문학에 대한 비판적 극복은 물론 '사이비' 프롤레타리아 문학가에 대한 매장이 시작된다.

물론 안막조차 과거 프로파간다 문학의 내용이 지나치게 이념에만

---

174) 안막의 이 글은 레닌의 「당조직과 당문학」 원문의 일부를 소개한 최초의 글이기도 하다. 그렇기 때문에라도 그가 레닌의 당파성을 정확히 이해했다고 보기는 어렵다. 그의 이해는 다만 당에 속한 문학이라는 것 이상을 넘어서지 못하였다.

한정되었다는 점을 비판한다. 예술의 내용에는 "이데올로기적 방면, 다시 말하면 사상적 관념적 방면과 같이 심리적 방면, 정서적 감상적 방면"이 동시에 존재하기 때문이다. 이때 내용에서의 심리적 방면은 문학형식의 특수성으로 부상한 형상론, 리얼리즘론과 더불어 예술적 조건의 다른 이름이다. 하지만 안막은 정서나 심리에도 계급의 구분이 있다면서 부르주아의 정서나 심리를 배격한다. 요컨대 안막의 이론은 예술적 사유로는 유물변증법을, 예술내용으로는 심리와 이념을, 그리고 예술형식으로는 형상화를 내세우는 예술론의 체계를 갖추고 있다. 이것을 일러 안막은 프롤레타리아 리얼리즘이라 했는데, 이는 카프의 볼세비키화[175]와 시기적으로 일치하면서 볼세비키화의 이론적 근거로 이용된다.

이때 볼세비키화는 카프내 조직개편과 연관되어 있다.[176] 계급의식이 선명치 못한 모든 반동분자를 축출하고 새로운 신진세력을 중심으로 조직을 개편하고 그 이후 당재건사업에 정진할 수 있는 기반을 마련하자는 것이다. 따라서 대표적인 반동분자로 지목된 김기진에 대한 비판[177]과 과거의 프로파간다 문학에 대한 비판이 동시에 진행된다. 앞서 사이비 프롤레타리아 문학의 색출을 주장한 안막의 논조는 결국 볼세비키의 반동분자 식별 과제를 반영한 것이다. 이를 통해서 '볼세비키 대중화'라는 새로운 운동목표가 설정되었다. 그것은 다시 말해서 '당의 대중화'로 요약될 수 있는바, 대중에 대한 당의 영향력을 확보할 것, 즉 당파성의 문제와 무관하지 않다.

---

175) 안막에 따르면 볼세비키화는 임화의 미확인 논문 「조선 프로예술운동 당면의 중심적 임무」(『중외일보』, 1930.6.28~?)에서 비롯되었다고 한다. 안막, 「조선 프롤레타리아 예술운동 약사」, 『사상월보』, 1932.1 참조.

176) 김영민, 앞의 책, 205면.

177) 최유찬은, 김기진의 대중화론이 파시즘의 대두와 공황이라는 현실 앞에서 사회주의 운동의 '합법성'을 기도한 신간회운동을 정신적 배경으로 하였다면, 임화를 중심으로 하는 동경의 볼세비키들은 반제연합전선(신간회)을 해소하고 프롤레타리아 헤게모니를 확보하도록 지시한 코민테른 12월 테제에 입각했기 때문에 김기진의 시도가 우익적 편향으로 몰리어 실패할 수밖에 없다고 분석하고 있다. 최유찬, 앞의 책, 344면 참조.

이때 '볼세비키 대중화'를 제출한 사람도 안막이다. 그는 「조선 프롤레타리아의 당면한 긴급한 임무」[178]라는 글에서 김기진의 대중화를 '사회민주주의 예술'의 대중화라고 비판하고, 그와 대별되는 볼세비키 대중화는 '공산주의 예술'의 대중화라고 규정짓는다. 따라서 사이비, 반동분자에 대한 비판이 필요하다는 것이다. 안막에 따르면 김기진의 대중화는 이데올로기의 선명성 측면과 대중화의 대상 선정에 문제가 있다. 결국 김기진의 이념적 지향성은 공산주의가 아니라 사회민주주의라고 폭로하고, 따라서 김기진식의 막연한 대상이 아니라 '프롤레타리아 전위', 즉 대공장 노동자와 빈농을 대중화의 대상으로 한정한다. 안막의 뒤를 이어 권환은 「조선 예술운동의 당면한 구체적 과정」[179]에서 김기진의 대중화론이 형식의 대중화에서 그치지 않고 내용의 대중화, 즉 "이데올로기의 軟化(경화)"까지 주장하는 데 오류가 있다고 비판한다. 권환의 비판에는 임화의 시를 격찬하는 김기진의 태도가 본질적으로 로맨티스트라는 점, 그리고 대중화론을 제기하면서 제출한 김기진의 정세 분석이 현실추수적이라는 인식이 깔려 있다.

한편 볼세비키화를 비판하는 글은 신유인에 의해 제출된다. 신유인은 「문학창작의 고정화에 항하여」[180]에서 볼세비키화를 문제삼고 있는데, 사실상 그것은 유물변증법에 입각한 창작방법을 지지하는 역설적 포즈에 불과하다. 표면적으로는 볼세비키화에 대한 비판적 성격을 유지하면서 본질적으로는 큰 차이를 발견할 수 없다. "보다 높은 철학적 수준과 보다 커다란 예술적 힘"의 결합이라는 과제를 제출하지만, 이는 예술적 형상화와 현실에 대한 변증법적 파악을 결합한다는 볼세비키화 당시의 리얼리즘론의 목표와 다르지 않다. 다만 신유인의 비판에서 특기할 사실은 도식성 개념에 있다. 유물변증법적 세계관을 창작방법으로

---

178) 안막, 「조선 프로예술가의 당면한 긴급한 임무」, 『중외일보』, 1930.8.16~22.
179) 권환, 「조선 예술운동의 당면한 구체적 과정」, 『중외일보』, 1930.9.2~16.
180) 신유인, 「문학창작의 고정화에 항하여」, 『조선중앙일보』, 1931.12.1~8.

취하면 작가에게 강조되는 것은 세계관의 선명성이다. 그런데 그 세계관이 현실을 바라보는 작가의 도식(shema)으로 정착되면 도식이 거꾸로 현실을 재단할 우려가 있으니, 도식을 경계해야 한다는 지적이다. 그에 따르면 볼세비키화 이후 "현실에 대한 도식적 가식적 분석"이 성행하고, 구체적 현실보다는 "형이상학적으로 해석된" 도식에 짜맞추어진 현실이 작품에 등장할 수 있다는 것이다. 이런 사태를 어떻게 해결할 것인가. 이에 대한 신유인의 대답은 무척 궁색하다. "현상을 산 현실에서 본다는 것, 그리고 현실을 모든 그 복잡성 다양성에서 광범히 유물론에 입각한 예술을 건설"할 것을 제기하는 수준이다. 그의 해결방안이야말로 다시 유물변증법적 세계관을 견고하게 하는 것에 불과하지만, 현실의 다양성에 대한 강조는 기억할 만하다.

실제로 볼세비키화 이후 등장한 권환의 시에 대한 신유인의 비판도 그 도식주의에 근거한다. 그는 시라는 것이 '정서적 전염의 수단'이라고 전제하고, 자신이 주장하는 유물변증법적 창작방법은 "언제나 똑같은 단조로운 유형을 쓰고 나오는 추상화된 정치적 슬로건의 히스테릭한 규환"에 불과한 권환의 시와 구별된다고 주장한다. 예술이란 현실의 본질을 추상화하는 것을 목적으로 하는 사회과학이 아니라 '산 생활'을 제시하는 것인데, 권환의 시에 나타난 "노출의 심각한 내용은 선전과 선동의 팜플렛은 되어도 예술적 창작"은 아니라는 것이다. 따라서 예술로서의 '산 생활'과 시로서의 '정서'가 부족한 권환의 시는 노동자 농민을 질식시킬 뿐이라고 비판한다. 하지만 이 정도의 비판은 이미 김기진의 단편서사시론에서 시도되고 그 대안까지 제시된 바 있고, 또한 안막의 프롤레타리아 리얼리즘에서도 산 형상론과 리얼리즘론, 그리고 심리적 방면에 대한 강조를 통해 극복된 바 있다. 하지만 신유인은 권환의 시를 "문학이 아닌 길"로 비판하면서, 동시에 임화의 시를 "프로문학이 아닌 길"로 제시하여 양쪽 편향을 극복의 과제로 명시했다는 점에 의의가 있다.

이처럼 유물변증법적 세계관에 토대한 각종 리얼리즘론은 프롤레타리아 문학에도 새로운 형식이 필요하다는 인식을 공유한 결과이다. 결국 부르주아 리얼리즘을 비판적으로 계승하면서도 그 객관성의 한계를 유물변증법적 세계관으로 보완하자는 의견이 지배적이었다. 그에 따라 종래 부르주아적이라고 해서 무심하게 대했던 문학의 특수성질들이 주목받게 되었다. 이렇게 해서 프로파간다 문학은 추상적 로맨티시즘의 연장으로 비판받게 되고, 그 추상성은 프롤레타리아 문학의 신형식 창조에 있어 가장 큰 장해물로 지목받게 된다. 이 과정에서 프로파간다 문학의 단계는 확실히 극복된 것처럼 보인다.

하지만 이러한 긍정적 성과에도 불구하고 당시의 리얼리즘에는 예상치 못한 한계가 있다. 무엇보다도 프로파간다 문학의 한계를 인식의 한계로 보았다는 점이다. 그들은 작가의 현실인식이 구체화되면 문학에서도 구체성이 확보되리라고 생각했다. 그러므로 "한 권의 유물사관을 읽고서 프로소설을 쓰려고 하는 그러한 망상"[181]이 여전히 남아 있는 문제라 할 수 있다.

(2) 프로시의 감상성 비판

앞서 보았듯이 유물변증법에 입각한 각종 리얼리즘론은 그 전단계로 낭만주의를 설정하고 그에 대한 비판을 단행하였다. 낭만주의에 대한 비판은 부르주아 낭만주의에 대한 비판과 프로문학에도 존재하던 낭만주의적 경향, 즉 과거 프로파간다 만능의 시작품에 동시에 해당되는 비판이다. 임화 역시도 과거 프로파간다 시작품을 "개념적인 절규의 낭만주의"[182]라고 비판한 바 있다.

과거의 프로파간다 시작품에 대한 비판은 신고송에서 구체화된다.

---

181) 신유인, 위의 글.
182) 임화, 「시인이여! 일보 전진하자!」, 『조선지광』, 1930.6.

그는 「시단만평」[183]에서 부르주아 낭만주의에 토대한 전대의 시인이 "이상주의적 주관과 현실주의적 객관의 이율배반"에서 진로를 잃었고, 따라서 "수술대에 앉아서도 '메쓰'의 날카로운 날에 무한한 감상성을 일으킨" 것이라고 비판한다. 그 비판은 프로문학 내부에까지 이어져서 이찬의 시작품 「청춘의 개가」[184]를 예로 들면서 그 시는 "개념의 추상적 주관적"인 낭만주의라고 지적한다. 따라서 부르주아 낭만주의도 아니고 프로문학 내부의 낭만주의도 아닌 새로운 방향으로 프롤레타리아 리얼리즘을 내세운다.[185] 그것을 그는 "광적 과대의 관념을 벗어나 구체적 현실적으로 묘사"하는 것이라고 소박하게 정의한다. 이는 부르주아 리얼리즘과의 차이도 없어서, 개념적 절규에서 벗어나면 모두 여기에 속할 수 있게 되어 있다. 따라서 「우리 오빠와 화로」와 같은 작품에 대해서 그는 김기진과 유사한 평가를 내리게 된다.

> 이 시가 얼마나 우리에게 적절한 시이냐. 장성하는 ××××계급의 시로서 읽는 자로 하여금 눈물나게 한다. 전대의 시인이 가졌던 감상성으로부터 완전히 탈퇴하여 계급××(해방) 의식이 충일하다. 주관적 요소와 객관적 요소가 편중한 곳이 없이 ××되었으며 급박과 압력이 있다. 그 제재에 있어 현실적 구체적 사실이며 그 수법에 있어서 '레아리스틱'함이 여실하다.

"주관적 요소와 객관적 요소의 편중한 곳이 없"다는 판단이나, "그 제재에 있어 현실적 구체적 사실"이라는 지적, 그리고 "그 수법에 있어서 '레아리스틱'"하다는 평가 모두 '사건과 감정'이 조화를 이루었다는 김기진의 통찰을 반복하고 있다. 그것은 신고송과 김기진이 같은 문제

---

183) 신고송, 「시단만평」, 『조선일보』, 1930.1.5~12.
184) 시의 일부를 인용하면 다음과 같다. "우울과 주저의 목을 잡아 비틀어 던지고 / 출발의 고동을 높이 들어 여명의 횃불을 뒤흔들며 / 요람의 포구에 기혼의 닻을 내리어 / 대륙으로 대해로 새것을 구하는 / 세기의 선구자—우리는 청춘이로다"
185) 신고송의 프롤레타리아 리얼리즘은 안막보다 앞서서 사용되었지만, 소박한 이해에 지나지 않는다.

의식에 사로잡혀 있다는 것을 입증한다. 둘은 과거 프로파간다 시의 추상성 문제를 극복하는 것이 새로운 리얼리즘론의 핵심이라 본 것이다. 그리고 그것은 낭만주의와 리얼리즘의 대립을 날카롭게 하는 데서 시작된다. 이처럼 리얼리즘이 강조되면서부터 시에서 낭만주의는 가장 큰 비판의 대상으로 떠오르게 된 것이다.

하지만 모든 리얼리즘이 허용되는 것은 아니다. 우선 부르주아 리얼리즘과 프롤레타리아 리얼리즘부터가 다르다. 같은 객관성이라도 보편적 계급의 관점에서만 진정한 객관성이 확보되기 때문이다. 김기진과 신고송은 임화의 시에서 드디어 추상성이 극복되고 객관성에 도달했다는 데만 의미를 두었다. 그 객관성이 어떤 객관성인지는 크게 문제삼지 않았다. 오직 프로시의 가장 큰 병폐였던 낭만주의적 추상성이 극복되었다는 데 열광한 것이다. 하지만 결국 그들은 계급적 관점의 불선명으로 비판받게 된다. 그것이 어떤 객관성인지 살피지 않았기 때문이다.

임화의 작품에 부르주아적 잔재가 숨어 있다는 지적은 권환이 제기한 것이다. 그는 「무산예술의 별고와 장래의 전개책」[186]에서 "암만 세련된 기교나 조금이라도 반동적 경향이 있는 것은 절대로 그들을 읽히지 말"자고 주장하며, '내용에 대한 엄선주의'를 제창하였다. 그에게는 오직 "노동자 농민으로 하여금 주먹을 부텨쥐고 이를 갈며 전투의 불꽃 속으로 들어가게 하"는 시가 당장 필요하다. 그렇다면 임화의 시 「우리 오빠와 화로」는 어떤 시인가? 그것은 첫째 소부르주아를 독자로 삼았다는 점에서 대중화의 원칙에 어긋나고, 둘째 기껏해야 "소부르문사(김기진—인용자)로 하여금 헐가의 감상적 동정의 눈물을 짜내게" 할 뿐 프로파간다 효과는 없는 작품이다. 이처럼 권환의 관점은 무척 퇴행적이다. 그의 관심은 여전히 프로파간다 효과에 고착되어 있고, 삐라와 문학작품의 차이를 무시하고 있기 때문이다.

---

186) 권환, 「무산예술의 별고와 장래의 전개책」, 『중외일보』, 1930.1.10~31.

임화의 시를 둘러싼 권환의 평가는 「시평과 시론」[187]에 와서는 약간 달라진다. 여기에서 그는 과거 프로파간다 시에 대한 반성을 첨가하면서, 김기진의 평가를 제한적으로 인정하는 태도를 보여준다.

우리의 과거의 시들은 너무도 구체성 없는 추상적 시뿐이었다. 말하자면 막연한 ××, 막연한 구호, 막연한 명일의 동경이었다. 이것을 일본의 동지들의 말을 빌리면, '지나치게 일반감정만을 노래했던 것'이라 하였고 또 어떤 동지들은 '일과 결합치 않고 머리로 지은 시'라고, 또 어떤 동지는 '막연한 감정 — 단순한 심리상 충동'이라고 하였지만 모두 이어동의의 말이다. 그래서 작년의 어떤 동지는 '서사시의 길'하고 부르짖는 것도 아마 이 때문인 듯하다. 또 그러한 결점이 가장 적고 서사적 내용을 많이 가진 임화의 시를 높게 평가한 것인 듯하다.

권환의 태도 변경은 과거 프로파간다 시에 대한 카프 내부의 비판들이 누적된 결과이다. 따라서 그는 임화의 시를 단호하게 일축해버린 자신의 태도를 다시 돌아보고 있다. 하지만 그것은 임화 시의 형식적 장치에 대한 관심일 뿐 내용에 대해서는 여전히 비판적이다. 임화 시의 내용은 '낭만적 동정주의'와 '감상주의'에 불과하다. 하지만 그러한 경향이 "가끔 최근까지도 다른 동지들의 시 가운데에 발견"된다는 것이 문제이다. 따라서 프로시가 감상주의를 넘어서, 과거 프로파간다 시로 회귀하지 않으면서, '프롤레타리아 리얼리즘'의 대열에 들어설 것을 당부한다.

하지만 임화 시의 형식적 장치에 대해서는 재검토를 시도한다. 그는 그것을 ① 서사(형식), ② 감정(내용), ③ 문체(대중화) 세 방면으로 나누어 살펴보고 있다. 먼저 그는 '서사화된 사실'과 '서사화되지 않은 사실'을 구분한다. 임화의 시는 '사실'을 서사화했지만 꼭 서사화되어야만 구체성을 획득하는 것은 아니라면서 감정을 일으키는 '사실'이 이미 구체적

---

187) 권환, 「시평과 시론」, 『대조』, 1930.6.

이라면 굳이 서사화하지 않아도 충분하다는 의견을 제시한다. 서사화보다는 사실체험을 강조한 것이다. 둘째, 이미 서사화되어서 구체성을 획득하였다고 하더라도 그 감정이 "센티멘탈한 헐가의 동정심"을 일으켜서는 안 된다는 주장이다. 프로파간다의 효과를 거둘 수 없기 때문이다. 셋째, 형식이 서사적이고 내용이 아무리 강렬해도 표현방식이 평이하지 못하면 대중에게 읽힐 수조차 없다. 요컨대 이 글에서 권환은 서사형식의 이용이나 혹은 서사적 사실의 체험에는 관심을 보이지만, 내용에 있어서 감상주의는 용납할 수 없다는 종전의 주장을 반복하고 있다.

앞서 보았듯 임화의 시에 대한 안막의 평가 또한 긍정적이지 못하다. 안막은 이미 자신의 리얼리즘론에서 내용을 크게 두 가지 방면으로 나눈 바 있다. 그것은 이데올로기적 방면과 심리적 내용인데, 과거의 프로파간다 문학은 이데올로기적 방면에만 치중하여 심리적 방면을 무시했다고 지적한다. "우리들의 작품이 천편일률적 공식적이라는 것은 심리적 방면에 그 원인을 보지 않으면 안된다"[188]는 주장이다. 그렇다면 임화의 시는 이데올로기적 방면과 심리적 방면이 조화를 이룬 것인가. 그렇지도 않은 것이 심리적 방면에도 부르주아적 심리와 프롤레타리아의 심리가 있는데 임화의 시는 전자에 속하는 심리를 드러내고 있다.

> 동지 임화의 시와 같은 또한 그것을 모방한 군소시인들의 허다한 시와 같은 —'문학청년'들의 소부르주아지들에게 귀염받는 그리하여 많은 예술비평가들 사이에 더구나 그것이 공공연하게도 맑스주의 비평이란 이름 아래에서 많은 '눈물'을 가지고 평가된 그러한 시의 '센티멘탈리즘'과 '로맨티시즘'은 다만 소부르주아 인텔리겐차의 수동적인 비관적인 또한 성급한 주관적인 피시코이데올로기의 유산 이외에 아무것도 아닌 것이다.

프로문학이 새로운 형식을 창안하는 데 있어서 이데올로기뿐 아니라

---

188) 안막, 「프로예술의 형식문제」, 앞의 책.

정서적 방면에서조차 부르주아적 잔재를 청산해야 한다면 임화의 시도 예외는 아니다. 다분히 김기진을 의식한 이 글은 김기진의 시비평 기준의 하나인 센티멘탈리즘을 적절하게 지적한 것이다. 임화의 시가 이데올로기적 방면 외에 심리적 방면의 중요성을 일깨웠지만 그것은 다시 감상성 문제에 갇히게 된다.

이처럼 권환, 안막 등의 소장파들의 비판이 이어지면서 임화는 「시인이여! 일보 전진하자!」[189]를 통해 자기반성을 시도하게 된다. 그는 강고한 지도부를 확립하고 소부르 개량주의와 구별되는 프롤레타리아 문학의 독자성을 확립해야 할 현 시점에 무엇보다 중요한 일이 시의 대중화라고 지적한다. 하지만 자신의 시는 대중화의 대전제를 무시하고 "소시민층, 주로 학생 지식자청년들의 가슴(?)을 흔들었는지 모르나" 노동자 농민에게는 낯선 손님에 불과했다고 반성한다. 그 원인은 "자기의 예술을 직접 프롤레타리아의 성장과 결합하지 못한 데 있는 것"으로 그 결과 "진실한 생활상이 없는 곳에서 동지만을 부르는 그 자신 훌륭한 일개의 낭만적 개념을 형성하고 만 것"이라고 한다. 물론 그 낭만주의는 개념적 절규의 낭만주의는 아니지만 감상주의에 해당된다. 이러한 비판에 이어 그는 대안을 제시하고 있다. 노동자 농민의 생활체험과 그 속에서 생활감정을 얻어내겠다는 것이다. 이러한 반성 때문에 자신의 작품으로 인해서 시작품이 사실주의에 근접할 수 있었다는 자체평가가 부각되지 못하고 있다. 그것은 비록 리얼리즘이기는 하지만 아직 소부르주아적 심리가 남아 있어 프롤레타리아 리얼리즘으로 보기는 어렵다는 세간의 평가를 의식하고 있기 때문이다.

신유인은 어떤가. 앞서 보았듯이 그는 "문학이 아닌" 권환의 시와 "프로문학이 아닌" 임화의 시를 동시에 비판했던 사람이다. 그는 「문학창작의 고정화에 항하여」에서 "시가 다른 어떠한 문학보다도 정서적이

---

189) 임화, 「시인이여! 일보 전진하자!」, 『조선지광』, 1930.6.

아니면 안 된다"는 생각으로 권환의 시를 비판하면서, 임화에 대해서는 그가 비록 "천재적 시인"이긴 하지만 시인이라는 고아한 문학적 호칭이 얼마나 프롤레타리아 문학의 건설을 방해하는가를 반성해볼 필요가 있다고 말했다. 그 이유는 이러하다.

> 왜 그런고 하니 그것은 사회의 모든 현상을 보편적 근로대중의 ××(전위)의 관점으로서가 아니고 귀족적 '시인'의 눈으로 그것을 보는 것을 기뻐하고 …… ××(투쟁)의 전야로서가 아니고 센티멘탈한 '애수의 家'에 칩거시키는 데 보다 더 흥미를 갖고, 그리고 프로문학의 길을 유물변증법적 철학으로 침투된 리얼리즘의 길에로가 아니고 현실의 주관화된 로맨티시즘의 길로 소위 '예술로의 복귀'의 길로의 델리케이트한 만보를 이야기하고 있는 것이기 때문이다. 따라서 그것은 프로문학에 대하여서는 치명적인 것이다.

임화의 시가 문학이긴 해도 프로문학이 아닌 까닭은, 그 관점에 있다. 관점의 선택은 작품에 반영된 현실의 객관성을 판가름하는 기준점이다. 그런데 임화의 시가 "귀족적 '시인'의 눈"을 관점으로 삼았다는 것은 그 자체만으로도 '프롤레타리아 문학'을 부정하는 것이다. 하지만 신유인조차도 "우리나라의 어느 부르주아 시인보다도 우월한 예술적 기능"을 가진 프로시인 임화가 어째서 부르주아의 관점을 취할 수밖에 없었는지 해명할 수 없었다. 현실을 보는 관점이 부르주아적이고 그 심리내용이 센티멘탈리즘에 가깝다는 지적을 반복하는 데서 그치고 있다.

이상의 비판은 임화의 시에 나타난 현상에 대한 사후적 평가에 지나지 않는다. 하지만 이정구는 달랐다. 그는 임화의 시에 대한 비판을 더욱 진척시키기 위해 감상성의 원인을 분석하는 적극성을 보이게 된다. 이번에는 임화의 반박이 이어지면서 둘 사이에 논쟁이 벌어지게 되는데, 그것이 '감상주의 논쟁'이다.

논쟁은 이정구의 글에서 시작된다. 그는 「시에 대한 감상」[190]이라는 글에서 임화의 작품 둘을 선정하고 그 작품에 나타난 감상성의 원인을 분석하고 있다. 단적으로 말해서 「우리 오빠와 화로」, 「우산받은 요코하마의 부두」가 감상적인 원인은 사물의 우연적인 배열에 있다는 지적이다. 이정구의 비평적 기준은 유물변증법적 시각인데, 따라서 그는 문학작품이 사물의 '필연적 연관관계'를 드러내는 방식에 집중한다. 그러한 비평적 기준에서 보았을 때 임화의 시에는 우연적인 요인이 두드러진다는 것이다. 예컨대 「우리 오빠와 화로」의 경우 화젓가락과 화로가 '우연히' 삼형제와 대조되고, 「우산받은 요코하마의 부두」에서도 '우연히' 비내리는 밤이었다는 사실이 센티멘탈리즘을 부추겼다는 것이다. 그 결과 「우리 오빠와 화로」에서는 "오빠가 X(투)사이었다는 것, 두 형제가 후일을 약속하였다는 것 기타 모−든 것보다도 오빠를 빼앗긴 설움이 더 강조"되었고, 「우산 받은 요코하마의 부두」에서는 "××(추방)당하는 이국 청년의 격동, 애인과의 결의는 있을망정 비 내리는 밤, 요코하마의 부두, 우산 받은 애인의 눈물, 그러나 애인의 '센트멘트'를 책망하는 듯, 격려하는 듯 하면서 오히려 그것을 존경하는 청년의 태도"만이 부각되었다는 것이다. 그리고 이 모든 현상의 뒤에는 '우연성'이 있었고, 그것이 센티멘탈 조장의 원인이라는 것이다.

우연적 요소가 감상성을 조장했다는 이정구의 비판에 대해 임화는 이례적으로 반론을 제시하고 있다. 1930년 6월 「시인이여! 일보 전진하자!」에서의 자기반성으로 이미 정리된 문제를, 그것도 3년이나 지난 문제를 이정구가 다시 들추어내고 있기 때문이다. 하지만 임화로서는 이번에 지난 시기에 하지 못했던 자기변론의 기회가 주어진 것이기도 하다. 임화의 반박은 「33년을 통하여 본 현대조선의 시문학」[191]에서 이루

---

190) 이정구, 「시에 대한 감상」, 『조선일보』, 1933.9.19~23. 이 글은 총 5회에 걸쳐서 발표된 서간문 형식의 비평문이다. 1회와 2회는 '감상주의' 문제를, 3회와 4회는 '로맨티시즘' 문제를, 5회에서는 '혁명적 낭만주의' 문제를 각각 비평의 대상으로 삼고 있다. 그리하여 내용의 변화에 따라 글의 부제도 달라졌다. 1회와 2회의 부제는 '벗아! 감상주의를 버려라'이고 3회에서 5회까지는 '벗아! 로맨티시즘을 버려라'를 부제로 선택하고 있다.

어진다. 그는 우선 '비오는 것', '화젓가락' 등이 감상성을 조장했다는 지적이 기계주의적이라고 지적한다. 그렇다면 "프롤레타리아 시인은 자연도 기물도 노래할 수 없다"는 것인데, 그것은 프로시는 예술인 것을 그만두라는 주장과 같다는 것이다. 이어서 그 자연과 기물의 등장이 우연적이라는 지적에 대해 다음과 같이 반박한다.

> 즉 비오는 것, 화젓가락 그 외의 일물만물이 각개의 상태에서 필연성과 상호관계에 대한 의식이 없이 관찰한다면 모든 것은 우연일 것이다. 그러나 일계기가 되어 따라서 우연성이란 '맑스'의 말과 같이 '의식되지 않은 필연성'인 것이다. 물론 필자의 시에 있어서도 이런 것이 계기적 연관을 떠나서 파악되었다면 즉 우화적으로 노래되었다면 그것은 우연에의 귀의가 될 것이다. 그러나 있는 것, 있을 수 있는 것을 노래하고 표현의 계기를 만드는 것이 우연의 귀의는 안되는 것이다.

임화의 판단에서 보면, 시인이 모든 기물의 '필연성과 상호관계'를 의식하지 않고 관찰했다면 '우연성'으로 등장하겠지만, 시인이 그것을 일계기가 되는 것으로, 다시 말해서 필연적 연관관계를 의식하고 창작했다면 우연으로 볼 수 없다. 그렇다면 시인이 작품 창작 이전에 이미 파악하고 있는 필연적 연관관계를 이정구는 제대로 보지 못한 것이다. 다시 말해서 필연을 우연으로 잘못 판단하였다. 이정구는 '있을 수 있는 계기'를 인식하지 못하고 단지 '있는 자연과 기물'만이 감상성의 원인이라고 보고, 기계적으로 '자연'과 '기물'을 배제하자는 소재주의에 빠져 있다. 그러므로 자연과 기물이 있어서 감상성이 조장된 것이 아니라, 이미 여러 논자가 지적했듯 "감정이 개인적 한계로 국계된 것"이나 "가족적, 신변적인 것" 등이 감상성 과장의 요인이다. 하지만 비록 자신의 시가 감상성의 약점을 지니고는 있지만 순전한 부르주아 감상주의

---

191) 임화, 「33년을 통해 본 현대조선의 시문학」, 『조선중앙일보』, 1934.1.1~12.

와 구별된다는 것이 임화의 관점이다. 또한 임화의 지적대로 「우산받은 요코하마의 부두」의 배경인 '낮'을 '밤'으로 오독했다는 점도 이정구의 비판의 신뢰성을 떨어뜨리는 요인이다.

자연과 기물의 존재여부로 감상성을 판정한다는 임화의 과장된 지적은 다시 이정구의 반발을 사게 된다. 오해를 바로잡으려는 생각으로 이정구는 「시에 나타난 우연성의 해석」[192]에서 감상성의 원인에 대한 구체적 분석에 착수한다.

> 다시 임화의 시 「우리 오빠와 화로」에 있어서의 '화로와 두 개의 화젓가락'이 그때 임화가 그 시를 쓸 때 그리고 오빠가 잡혀갈 때도 존재하고 있었다는 것인 듯하지 않은 우연이다. '두 개의 화젓가락'은 물론 있을 수 있는 물건이다. 임화가 말한 대로 그것은 오래할 수 있는 물건이며 또 프롤레타리아 시인은 자연도 기물도 노래할 수 없다면 프로시는 우선 예술인 것을 그만 두어야 한다.

이정구는 자신이 자연이나 기물의 존재 여부로 감상성을 판정하지 않았다는 점을 강조한다. 그리고 다시 문제의 초점은 우연성에 있다. 즉 '화젓가락'은 물론 그때 거기에 '있을 수 있는 것'이기는 하지만 원래 거기에 '있는 것' 같지는 않다는 것이다. 설사 현실적으로 '있는 것'이라 하더라도 그것이 작품 전체 체계에 들어와서 '있어야만 하는 것'은 아니라는 것이다. 임화의 작품에서 '모든 구체적 사실'이 본질적인 것으로 이루어져 있다면 '화젓가락'만은 본질적인 것이 아니며, 따라서 우연에 속한다는 주장이다. 결국 "오빠를 빼앗긴 두 형제의 쓸쓸한 생활 속에 '두 개의 화젓가락'이 남아 있기 때문에 두 형제는 '자기의 신세'와 '두 개의 화젓가락'과를 대조하면서 더욱 쓸쓸함을 느꼈다." 이렇게 되면 비본질적이고 우연에 불과한 '화젓가락'의 존재로 인해서 정작 본질

---

192) 이정구, 「시에 나타난 우연성의 해석」, 『형상』, 1934.3.

적인 것, 구체적 사실들이 센티멘탈리즘에 눌려버렸다는 것이다.

「우산받은 요코하마의 부두」에서도 마찬가지이다. 이 작품에서는 동지애인의 이별에 비해서 "하필 그날 사나이가 추방당하는 그날 비가 내렸다"는 우연적 사실이 삽입되어 센티멘탈리즘이 증폭되었다는 주장이다. 남자가 쫓겨난다는 사실만으로도 비참한데 거기에다 뜻하지 않은 비까지 내려서 이 장면을 더욱 비참하게 만들었다. 따라서 '구체적 인상'보다는 '센티멘탈리즘'만이 독자에게 남게 된다. 만일 이 두 가지가 충돌할 가능성이 있다면 자신은 '구체적 인상'을 살리기 위해서라도 감상성의 원인이 될 만한 것들을 삽입하지 않았을 것이라고 말한다.

「우리 오빠와 화로」에서는 화젓가락이 군이 존재하지 않아도 오빠를 빼앗길 것이고 또 그것으로도 충분히 쓸쓸하고, 「우산받은 요코하마의 부두」에서도 비가 내리든 안내리든 상관없이 추방은 연기되지 않을 것인데, 군이 비를 삽입하지 않더라도 충분히 비참하다는 인상, 그것도 본질적이고 구체적인 인상에는 변함이 없을 것이다. 다시 말해서 '화젓가락'이나 '비'가 없어도 작가의 의도는 충분히 전달될 터인데, 오히려 그것이 삽입됨으로써 작품의 중심이 센티멘탈리즘으로 쏠리게 된다는 것이다. 그것들이 존재하게 됨으로써 독자의 관심이 작가의 의도에서 벗어나 센티멘탈에 빠진다는 것이다. 이처럼 작품에는 필연적인 것, 전달에 필요한 최소한의 내용만을 확보하자는 것이 이정구의 주장이다. 필연적인 것, 본질적인 것으로 독자의 관심을 유도해야 하기 때문이다.

이정구의 판단에 따르면, 임화 시의 감상성의 원인은 '부르주아적 관점'에 있는 것이 아니다. 그것은 시의 형식적 결함에서 기인한다. 감상성의 원인이 되는 것은 '화젓가락'과 '비'의 존재인데, 그것은 사실상 작품의 본질적 인상에는 포함되지 않는 부수적 요소에 불과하다. 하지만 그것들이 작품의 전체적 인상을 압도하면서 본질적 인상보다는 센티멘탈한 인상이 독자를 사로잡게 된다. 이처럼 자연과 기물의 존재 자체가 문제가 아니라 그것이 작품에서 본질적 인상을 압도할 정도로 부각된다는 점이 문제이다. 이는 임화의 시가 구체성을 확보하는 데까지는 좋았지만, 결국은 감상성 비판에 직면하게 되었는데, 그 원인을 설득력 있게 해명한다는 점에서 의의가 있다. 따라서 비본질적인 감상성이 작품의 본질을 짓눌렀다는 이정구의 분석에 대해 임화는 다시 반박하지 않았다.

여기까지 보면, 임화의 시는 프로파간다 시의 추상성을 극복하고 구체성은 획득하지만 결국 감상성에 빠지고 말았다는 것이 정설을 이룬다. 그 후에는 '구체성의 성취'와 '감상성의 배제'를 둘러싼 논의가 끊이지 않았다. 특히 시에서는 감상성에 빠지지 않는 묘책들이 논의되기 시작한다. 예컨대 시적 화자의 측면에서 이루어진 논의들이 있다. 이미 임화의 시에 대한 비판에서 확인되었듯이 노동자와 농민의 '심리'를 파악하고 '전위의 눈'으로 현실을 바라볼 것이 강조되었다. 시에서 그것은 '서정적 화자'를 부각시키는 계기가 되었다. 임화를 비롯해, 백철, 권환 등이 그 문제에 관여하게 된다. 우선, 임화의 자기반성을 다시 살펴보자.

> 비가 와도 5월의 태양만 부르고 누이동생과 연인을 까닭없이 ×××을 만들어서 자기중심의 욕망에 포화되어 나자빠졌다. 네거리에서 순이를 부르고 꽃구경 다니며 동지를 생각했다. 이러한 프롤레타리아가 사실로 있을 수가 있는가? 이 조선의 급전하는 현실 속에.193)

자기 시의 '누이'와 '연인'이 현실적으로 있을 수 없는 프롤레타리아라는 점이 자기비판의 요지이다. 하지만 이 시에서 누이와 연인은 등장인물이 아니라 시적 화자라는 점에 주목할 필요가 있다. 오빠에게 편지를 쓰는 '누이'와 사랑하는 사람을 떠나보내는 '연인'은 시적 화자의 자격으로 임화 시에 등장한다. 임화는 자신의 시의 문제가 우선 시적 화자의 선정에 있다고 판단한다. 이후로 임화의 시를 중심으로 시적 화자

---

193) 임화, 「시인이여! 일보 전진하자!」, 앞의 책.

의 문제가 확산된다.

시적 화자 문제는 의외로 정노풍의 글에서 시작된다. 정노풍은 「삼월 시단개평」194)에서 임화의 시 「양말 속의 편지」를 언급하면서 그것을 김동환의 서사시 「국경의 밤」과 서사성의 측면에서 비교하고 있다. 그 결과 김동환의 시는 입체적인데 임화의 시는 평면적이라는 평가를 내린다. 하지만 평면적이라는 지적이 구체적으로 무엇을 의미하는지는 분명치 않아 비판이라고까지는 생각할 수 없는 가벼운 지적이다. 그런데 여기에 임화가 「노풍시평에 항의함」195)으로 반응을 보인 것이다. 임화는 평면적이라는 정노풍의 지적에 대해서는 별다른 관심을 보이지 않는다. 다만 자신의 시는 프롤레타리아 전위의 생활을 서사적 사건을 통해 그려낸 것임을 강조하고, 정노풍의 지적은 전위들의 파업시의 절박한 상황을 모르고 하는 소리라고 반박한다. 이 글에서 임화는 「우리 오빠와 화로」 이후 자기반성을 거쳐 '시적 화자'를 전위로 채택하는 시를 창작했다는 사실을 강조하고 있다. 자신의 시에 대한 세간의 비판을 받아들이고 있다는 점을 알리고 있는 것이다.

임화의 시를 비판했던 권환도 시적 화자의 문제를 언급한다. 그는 이미 「조선 예술운동의 당면한 구체적 과정」(1930.9.2~16)에서 소설과 희곡에 한정하여 볼세비키화에 합당한 제재의 요건을 제시한 적이 있다. 그러면서 그 제재의 문제를 시에 연장하기 위해 '주인공'이라는 말을 도입하게 된다.

> 시에 제재 운운은 좀 우습지만 노래의 주인공(예하면 노동자가 혹은 부르가 부르는 노래)과 노래의 대상적 주인공(예하면 부르주아지의 생활을 혹은 프롤레타리아의 생활을 노래하는 시)은 즉 창작의 주인공과 같이, 또 시의 서사의 내용은 창작의 소재와 같이 말할 수 있다.196)

194) 정노풍, 「삼월시단개평」, 『대조』, 1930.4.
195) 임화, 「노풍시평에 항의함」, 『조선일보』, 1930.5.15~19.
196) 권환, 「조선 예술운동의 당면한 구체적 과정」, 앞의 책.

앞서 보았듯이 권환은 임화 시의 감상성을 비판하면서도 그 서사성 도입에는 관심을 보였다. 따라서 시의 구체성 획득의 방법으로 권환은 소설적 방법의 도입을 염두에 두고 있다. 시적 화자 대신 '주인공'이라는 소설적 용어를 선택한 이유도 그러하다. 하지만 서사를 도입할 경우 시에는 '노래의 대상적 주인공' 외에도 '노래의 주인공'(=시적 화자)이 필요하다고 본다. 임화의 시에서 문제되었던 것이 바로 '노래의 주인공'이었던 점을 상기할 수 있다. 그러므로 프로시에서는 '노래의 대상적 주인공'보다는 '노래의 주인공'이 문제인 것이다. 이 또한 시적 화자를 통해 감상성을 극복할 수 있다는 생각의 연장이다.

추상성의 극복, 구체성의 확보, 하지만 감상성의 배제라는 도식은 백철에서 색다른 방법으로 반복된다. 「창작방법 문제와 계급적 분석과 시의 창작문제」[197]라는 글에서 백철은 신유인의 '산 인간' 개념을 다시 끌어들여 프로시의 문제를 지적한다. 그의 비판은 프로시의 '협소한 제재'에 초점을 맞춘다. 제재의 범위가 협소해서 '고정화'가 반복된다면서, 그러한 제재중심의 기계론적 사고에서 벗어나 성공한 일본 프로문학의 예를 들고 있다. 그는 제재의 무한 확장을 통해서 프로시의 '도식성'을 극복할 수 있다는 입장이다. 그의 주장은 이렇다. "일반대중의 온갖 일상생활에서, 그리고 심지어 '천체의 운행과 자연의 변천과 태양의 미'에까지라도 그 중에서 '사회의 발전과정의 본질적 계기'를 인식하며 파악"할 수 있어야 한다. 제재를 한정하기보다 "그 제재가 현실의 복잡성과 다양성이라는 의미에서 광범하게 자유롭게" 취급될 수 있는 여건이 중요하다. 또한 대중의 일상생활에서도 적극적으로 취재할 수 있어야 한다.

다만 조건이 주어진다. 그러한 제재를 취급함에 있어서 "복잡한 사물 및 그의 온갖 관계가 유물변증법적으로 파악"될 수 있는 "적확한 계급

---

197) 백철, 「창작방법 문제와 계급적 분석과 시의 창작문제」, 『조선일보』, 1932.3.6~20.

적 분석"이 전제되어야 한다. 이때 적확한 계급적 분석이란 작품에 취급된 사물이나 인간이 "결코 추상적 사물 또는 일반적 인간성이라는 의미에서 취급되지 아니하고 일정한 계급적 조건에 제약된 일정한 사회에서 구체적으로 생활하고 있는 인간"으로 취급되어야 한다는 뜻이다. 따라서 정당한 계급적 분석이 가능하기 위해서는 "일정한 대중생활이 그 작품 중에 살아 있지 아니하면 아니 된다"면서, 이상의 관점으로 『카프시인집』을 분석한다. 요컨대 백철의 주장은 '구체성' 확보에 초점이 맞춰져 있는데, 구체성에 대한 백철의 관점은 이렇다.

> 우리들의 의미하는 구체적이라는 것은 온갖 현상 전부를 맹목적으로 누적해간다는 것이 아니고 일정한 현상을 그의 기초적 또는 근본적 본류까지 도달하여 그의 특수성을 가장 적확하게 구상화시켜가는 것을 의미하는 것이다.

백철의 관점에서 구체성은 모든 개별성의 집합이 아니라 본질과 현상의 통일, 즉 특수성인 것이다. 특수성으로서의 구체성이라는 개념이 『카프시인집』 평가의 기준인 것이다. 그 중에서도 김창술의 「오월의 훈풍」, 「가신 뒤」, 그리고 임화의 「우산받은 요코하마의 부두」를 대상으로 백철은 구체성 실패의 원인을 분석해간다.

우선 「오월의 훈풍」은 "극히 막연한 것, 극히 추상적인 것밖에는 흡취할 것이 없다"라면서 세 가지 관점에서 이 작품을 비판한다. 첫째, 이 작품에는 "일정한 현실적 프롤레타리아 계급이 생산노동과정을 통하여 구체적으로 묘사되어 있지 못하고 다만 일반 영역의 프롤레타리아적 명칭"만이 나열되어 있다. 그 명칭이 "실제적 현실적 노동자의 생활과는 직접 관련이 없는 죽은 문자"이기 때문에, 노동자 계급의 현실적 생활, 산 생활을 보여주지 않는다. 단지 "공상적 음향을 가진 일반적 추상적 규환"만이 존재할 뿐이다. 둘째, "사회의 계급적 규정을 포함한 산 인간이 묘사되어 있지 아니하고 다만 일반 프롤레타리아 계급의 공통된 인간성"만이 제시되어 있다. 셋째, 작품에 취급된 '시간'과 '자연'이 현실적으로 존재하는 시공간이 아니라 단지 '겨울'이라거나 '봄'이라는 단어로 계급적 행동의 진전을 표시하지만 그것은 인간행동과 아무런 관련성도 없는 표현이다. 결국 "만일 이 작품에 표현되어 있는 정도의 것이면 예술이 아니고 이론"이 더 적합하다고 결론짓는다.

하지만 김창술의 「가신 뒤」와 임화의 「우산받은 요코하마의 부두」는 인간의 특수생활인 '연애'를 취급하였다면서, 백철은 그것이 제재의 고정화를 넘어서려는 시도라고 본다.[198] 하지만 그 구체성이 문제이다. 그들의 연애는 특수한 연애가 아니라 '연애일반'의 지식을 기계적으로 적용한 데 불과하다. 김창술은 남편을 잃은 여인의 슬픔을 동지애로 치환했으며, 임화조차도 동지애 탓에 이성애가 희생당하는 모습을 보여준다. 이는 현실적으로는 불가능한 일을 기계적으로 작품에 강제한 것으로, 인간의 특수생활면을 무시한 사례이다. 연애라는 제재를 통해 프로시의 추상성을 극복하려 했지만 '추상적 연애'의 한계를 극복하지 못하고 결국 구체성 획득에 실패했다는 것이다.

백철의 비판은 그 동안 프로시가 대중의 일상생활과 격리되어 기계적 슬로건만으로 제작되었음을 상기시킨다. 따라서 백철은 생활면의 특수성과 정당한 중심 세력의 유기적 결합을 구체성의 조건으로 제시한다. 다만 이 글은 인물, 사건, 배경이라는 소설적 구분법에 입각하여 소설적 창작방법을 시 분석에 적용한 사례이다. 이후에도 시의 '인물' 문제[199]는 백철의 시 비평에서 중요한 요소로 자리잡는다. 프로시의 구체성이 '구체성'에 대한 새로운 이해를 통해 가능하다는 사실을 선구적으로 일깨워준 사례이다. 구체성의 부재라는 점에서는 프로파간다 시와

---

198) 권환은 독자에 영합하려는 흥미로운 요소로서, 대중을 비속화시킨다는 점에서 연애 라는 제재를 부정하여 백철과 대조적이다(권환, 「조선 예술운동의 당면한 구체적 과 정」, 앞의 책 참조).
199) 사회주의 리얼리즘 도입 이후 백철은 '인물묘사론'에 치중하게 된다.

임화의 시가 마찬가지인 셈이다. 구체성이 '특수성'의 문제라는 백철의 지적은 이후 '전형'의 문제를 사고하는 데 선구적인 자리를 차지한다.

(3) 프로시의 낭만성

창작방법으로서 유물변증법과 리얼리즘의 결합은 부르주아 리얼리즘과 구별되는 프롤레타리아 리얼리즘을 정립하는 데 기여한 바가 많다. 리얼리즘은 프롤레타리아 문학이 부르주아 문학으로부터 계승해야 할 방법이지만, 유물변증법적 시각은 부르주아적 관점의 청산을 돕는다. 이처럼 리얼리즘과 유물변증법의 결합은 부르주아 문학에 대한 이중적 태도를 잘 보여준다. 그것은 부르주아 문학의 계승과 부정을 동시에 포함한다는 뜻에서 헤겔의 지양(Aufhebung) 개념과 어울린다. 하지만 유물변증법적 리얼리즘은 다른 한편으로 프로파간다 문학에 대해서도 지양의 태도를 유지한다. 이때 프로파간다 문학에서 부정될 것은 '낭만성'이다. 그리고 임화의 시는 그러한 프로파간다 시의 종언을 알리는 신호탄이었다. 하지만 임화의 시에서도 다시 '낭만성'이 문제로 떠오르게 된다.

그러므로 유물변증법적 리얼리즘은 두 개의 낭만성을 극복하고자 한다. 하나는 과거 프로파간다 시에 나타난 리얼리즘 '이전'의 낭만성, 다른 하나는 임화의 시에 나타난 리얼리즘 '이후'의 낭만성이 그것이다. 그 둘은 어떻게 같고 다른가? 그리고 그것은 시에서 쉽게 청산해도 되는 것인가? 이에 대해 임화는 다음과 같이 말하고 있다.

> 그러나 이것은 대단히 힘드는 어려운 씨름이다. (…중략…) 소위 과거의 프롤레타리아 시 가운데 있던 낭만주의와 감상주의를 비판한다는 30년대의 운동이 우선 그 고액의 월사금을 지불했다고 생각한다. 그것은 프로시로부터 부르주아적인 요소인 낭만주의를 비판한다고 우리들의 시로부터 시적인 것, 즉 감정적 정서적인 것을 축출해버리고 말았다. 그리하여 말라빠진 목편과 같은 이른바 '뼉다귀' 시가 횡행한 것이다.[200]

여기에서 리얼리즘과 시 장르의 불편한 동거가 문제로 나타난 것이다. 프로시에 리얼리즘이 도입되면서 프로파간다 시의 추상적 낭만성은 극복되었지만 다시 감상적 낭만성이 문제로 등장한 것이다. 그렇다면 무엇이 문제인가? 리얼리즘이 도입되었음에도 불구하고 계속되는 시의 낭만성의 정체는 무엇인가? 그것은 과연 청산해야 할 부르주아적 유산인가? 아니면 어쩔 수 없는 시 장르의 고유한 성향인가? 그래서 "이것은 대단히 힘드는 어려운 씨름"인 것이다. 그 동안 임화의 시에서 '감상성'을 제거하기 위한 여러 가지 묘안이 제시되었는데, 혹시 그것은 시 장르 자체를 무시하는 조처는 아닌가? 임화는 자신의 시에 감상주의의 문제가 있다는 사실은 인정하고 있지만, 그것은 동시에 감정과 정서의 문제이기도 하다고 느낀다. 감상성의 제거를 이유로 감정과 정서까지 소거된다면 그 결과는 다시 "말라빠진 목편과 같은 이른바 '뼉다귀' 시"로 귀착할 수 있다. 그것은 권환의 시에서 현실로 나타난다.

그렇다면 프로문학에서 '감정'을 어떻게 취급해야 하는가. 그 문제는 한효의 「문학상의 제문제」[201]에서 다뤄진다. 소설에서의 감정을 그는 이렇게 분석한다.

> 위대한 '감정'이 없이는 예술은 존재할 수 없다. '감정'은 예술가 자신의 생명인 동시에 독자를 앙분시키고 감화시키는 유일한 무기이다. 거세자의 문학! 공평무사한 독자며 작자 자신까지도 앙분시키지 못하는 그런 냉담한 문학은 필요가 없다. 그러나 우리는 이때까지 잘못이 '감정'과 '센티멘탈리즘'의 구별을 확실히 할 필요를 망각하기 쉬웠다. 그러므로 우리들의 작품은 비상히 독자 대중의 애독을 받지 못할 위기에 빠지게 될 가능성을 가지고 있었다.

한효의 관점에서 감정은 문학의 핵심적 자질에 해당된다. 하지만 그 동안에는 감상성 비판에만 치중하면서 감정까지도 감상성에 넣어 처분

---

200) 임화, 「33년을 통하여 본 현대조선의 시문학」, 앞의 책.
201) 한효, 「문학상의 제문제」, 『조선중앙일보』, 1935.6.2~12.

하려 했다. 하지만 감상성과 감정은 분명히 다른 문제이니 감상성은 버려도 감정은 유지되어야 한다. 감정만이 독자를 감화시킬 수 있기 때문이다. 감정이란 "얼마나 독자를 감격시키고 앙분시키고 때로는 뜨거운 눈물까지 흘리게 하는 최대한도의 가능성을 허락하는 것인가". 그의 경우 감정은 감격, 앙분, 눈물 등을 두루 환기하는 것이다. 특히 "실제 생활과 결부된 현실적 인간적 감정"이 빠진 프로문학은 "냉담한 문학"에 지나지 않는다. 여기서 우리는 앞서 김기진이 사건과 감정의 결부를 임화 시의 강점으로 추켜세운 사실을 상기할 수 있다. 한효가 말하는, 현실과 결부된 인간적 감정은 그 연장선상에 있는 것이다. 하지만 그의 감정론은 소설에 한정되어 아쉽다.

그는 계속해서 부정적 낭만주의와 긍정적 낭만주의를 구별한다. 그것은 부르주아와 프롤레타리아에 각각 할당되는 것으로, 전자는 '센티멘탈리즘'으로 발전하며 후자는 "현실에 대한 일체의 반항심"에 연결된다. 그가 감상성과 감정의 구별을 제안하였으므로, 이는 센티멘탈리즘에 가까운 감정과 '반항심'에 가까운 감정을 구별하는 것이다. 일종의 혁명적 낭만주의에 가까운 제안이라 할 수 있다. 하지만 이것은 임화 시의 감상성을 '프롤레타리아의 시각'으로 극복하고자 했던 앞선 비판들을 감정의 측면에서 반복하는 것이다. 요컨대 부르주아의 감정(=감상성)을 프롤레타리아의 감정으로 극복하자는 발상이다. 하지만 시의 리얼리즘 논의에서 서사보다는 감정의 중요성을 환기한 점은 인정받아야 한다.

이때 프롤레타리아의 감정을 '전형적 감정'으로 발전시킨 사람이 권환이다. 그는 「현실과 세계관 및 창작방법과의 관계」[202]에서 '시가의 리얼리즘'을 소제목으로 삼고 시의 특수성이 감정과 정서의 표현에 있다고 주장한다. 문제는 감정에 전형성이 있다는 생각이다.

---

202) 권환, 「현실과 세계관 및 창작방법과의 관계」, 『조선일보』, 1934.6.24~29.

예하면 어떤 나라의 농민의 노래를 부를 때엔 먼저 그 나라 농민의 전형적 생활이 어떤 것인가를 현실적으로 똑똑히 보아야 할 것이다. 즉 그들은 천층 만층의 여러 가지 생활을 하고 있는 그들이지마는 가장 전형적 생활이 무엇인가(안락, 유족한 그것인가 혹은 빈곤, 참담한 그것인가)를 현실적으로 똑똑히 보아야 할 것이고 또 그 전형적 농민(유족한 혹은 빈곤한)도 사실은 만열, 비애 등 천종백종의 감정, 정서를 가지고 있지마는 가장 전형적 그것이 무엇인가(만열인가, 비애인가, 광희인가, 분노인가)를 현실적으로 똑똑히 알아서 '유물변증법주의' 이론가들처럼 철학적 선입관으로 만들지 말고 거짓없이 노래할 것이다.

그는 전형적 감정과 정서가 전형적 생활에서 자연스럽게 파생된다고 생각한다. 다만 그 감정은 이론에서 연역된 감정이 아니라 생활에서 파생된 감정이다. 그리고 그 감정은 일반적 감정이 아니라 전형적 생활에서 파생되었기 때문에 전형적 감정일 뿐이다. 하지만 그것이 아무리 생활에서 파생된 감정일지라도 감정의 전형성 여부를 최종적으로 판정하는 단계는 유물변증법에 있을 것이다. 이론의 검열을 통과하는 과정에서 감정이 이론에 의해 재단될 것은 불 보듯 뻔한 일이다. 그럼에도 불구하고 생활에서 파생된 감정으로 시의 리얼리즘을 확립하고, 그것이 또한 전형적 생활에서 파생된다면 부르주아 리얼리즘을 극복할 수 있을 것이라는 소박한 발상이 엿보인다.

이처럼 임화, 한효, 권환 등으로 이어지는 일련의 감정론은 임화 시의 감상성을 극복하기 위한 묘책의 하나라고 볼 수 있다. 임화 시의 리얼리즘적 성과에 비해 그 한계로 지적된 부르주아적 감상성을 제거하되, 시 장르의 특성을 살릴 수 있는 방법에 관련되어 있기 때문이다. 하지만 계급적 감정과 같은 도식화된 감정[203]을 포기할 수 없는 그들이

203) 도식화된 감정은 대개 낙관적 감정이다. 미래에 대한 낙관적 비전이 도식화된 감정의 원인이다. 그것은 혁명적 낭만주의 이후 늘 빽다귀시로 귀착하는 이유이기도 하다. 낙관적 역사관이 현실적 감정을 재단하면서, 존재하는 감정이 아니라 당위적 감정이 돼버린다.

제일 강조하는 것은 감정을 현실에 밀착시키는 방법이다. 도식화된 감정과 현실적 감정을 통일시키는 것이 그들의 과제였던 것이다. 이때 도식적 감정의 계급성과 현실적 감정의 구체성을 결합하면 임화 시의 리얼리즘을 계승하면서 시의 장르적 특성을 살리는 길이기도 하다.

그것은 시 분야에서 혁명적 낭만주의로 이어진다. 그리고 그것은 사회주의 리얼리즘의 시적 수용에 해당된다. 사실상 사회주의 리얼리즘이라는 거대한 폭풍에서 시는 폭풍의 눈에 해당되었다. 그만큼 소외되어 있었다는 뜻이다. 시를 제외한다면 사회주의 리얼리즘은 프로문학에 대단한 변화를 몰고 왔다. 사회주의 리얼리즘의 도입과 함께 유물변증법을 세계관이자 창작방법으로 생각했던 단계에서 벗어나게 된다. 세계관은 유물변증법이더라도 창작방법은 유물변증법과 달라야 한다. 그때 사회주의 리얼리즘이 새로운 창작방법으로 등장하게 된 것이다. 따라서 사회주의 리얼리즘은 당시 유물변증법에서 문학을 해방하려는 이론으로 오해받기에 충분했다. 심지어 그것은 유물변증법 일반에 대한 비판으로 이용되기도 했다. 그래서 사회주의 리얼리즘 논쟁 이후 전향자가 속출하기도 했다. 더구나 정세가 불리한 상황에서 도입되었기 때문에 사회주의 리얼리즘에 대한 오해는 더욱 확산되었다.

애초에 사회주의 리얼리즘은 무엇보다도 도식과 현실의 차이를 확인해줬다. 현실을 반영하는 문학과 현실을 도식화하는 문학을 구별해준 것이다. 그동안 유물변증법이 창작방법에 그대로 도입되면서 현실을 도식화하는 주원인이 되었다.204) 도식에 적합한 현실만을 현실로 인정할 것이기 때문이다. 따라서 도식으로 현실을 왜곡하지 말아야 한다는 지적은 정당하다. 하지만 유물변증법적 세계관은 부르주아 리얼리즘에서

---

204) 유물변증법은 현실을 분별하기 위한 정당한 의도에서 제기된 것임에도 불구하고 현실을 왜곡하는 것으로 변질되었다. 그 도식의 문제는 현실을 바라보는 시각과 관련되어 '프롤레타리아 전위의 시각'이니 '프롤레타리아 종국의 승리의 관점'이니 하는 시각론으로 구체화되었다. 도식이 현실인식의 틀이라면 도식화된 시각은 현실인식의 방향성을 가리킨다.

프롤레타리아 리얼리즘을 구별해주는 기준점이 되기도 했다. 따라서 도식이 현실을 왜곡할지도 모른다는 판단으로 현실을 바라보는 모든 도식을 제거한다면 그것은 다시 부르주아적 리얼리즘, 특히 자연주의로 회귀하는 것일지도 모른다. 현실을 반영해야 할 문학에서 현실을 분별해주는 최소한의 도식의 제거는 맹목적인 창작의 자유를 부추길 것이다. 그렇다면 유물변증법을 무조건 비판하기보다는 부르주아 문학과 구별하게 하는 최소한의 도식을 구성하고, 현실을 재단하는 도식이 아니라 현실의 다양성을 반영하는 도식이 강조되었다. 또한 유물변증법적 세계관이 창작방법에 지나치게 개입하지 않게끔 창작의 다변화를 꾀하기도 했다. 여전히 도식을 포기할 수 없었던 것이다.

시에서의 낭만성 문제는 이런 상황에서 불거졌다. 낭만성 문제는 사실상 이원조의 「시에 나타난 로맨티시즘에 대하여」[205)]에서 시작된다. 문제의 발단은 1933년 벽두 『동아일보』 주최 좌담회[206)]에서 김억이 했던 발언이다. 김억은 모윤숙의 시를 가리켜 '우렁찬 시'라고 평했는데, 이원조는 그 '우렁찬'이라는 말이 잘못 사용되었다고 주장한다. 사실 이원조가 생각하는 '우렁찬 시'는 시의 내용에서 "현실적 제재로서 스케일이 넓다든지", 시의 표현에서는 "대담한 조율"을 통해 "사회적 진폭의 강도"를 가진 시를 뜻했다. 따라서 내용도 없는 공허한 수사를 이원조는 부정한 것이다. 물론 이원조의 정의에 따르자면 모윤숙의 시는 우렁차지 않다. 그것은 다만 표현양식에서 오는 '감각적 인상'일 뿐이지 우렁참이 아니다. 모윤숙의 시는 기껏해야 "작자 개인의 단순한 감정적 추이라든지 감상적인 태도의 감미를 음미하는 데카당적 서정시"에 지나지 않는다. 그리고 내용과 표현 양측에서 진정으로 우렁찬 시는 프로시의 출현으로 가능해졌다. 프로시는 필연적으로 우렁참을 생명으로 한다. 따라서 "우렁차다는 것이 가지는 근본 의미"가 중요하지 "감각적

---

205) 이원조, 「시에 나타난 로맨티시즘에 대하여」, 『조선일보』, 1933.1.31~2.1.
206) 「1932년의 조선문단은 어떠한 사조가 지배하였는가」, 『동아일보』, 1933.1.1.

현상"이 중요하진 않다.

이원조의 비판은 모윤숙의 시에 한정되지 않는다. 프로시에서도 모윤숙의 시와 같이 내용 없이 표현양식에서만 우렁찬 시들이 많다고 지적한다. 그것이 바로 '시에 나타난 로맨티시즘'이다. 하지만 표현양식에서만 우렁찬 프로시의 로맨티시즘의 문제는 필연적으로 현실을 왜곡한다는 데 있다. 실재의 왜곡은 그가 알기에 낭만주의의 일반적 특성인 까닭이다.

> 마땅히 안 가져서는 안 될 숫자적 엄밀성까지도 문학에서는 무시된 것이 많으니 일, 이, 반 등이 어느 실재의 少를 대표하는 공통어가 되고 백, 천, 만 등이 어느 실재의 多를 대표하는 공통어로서 이것조차도 때로는 작자의 주관적 임의로서 왜곡된 것이 얼마라도 있으니 이러한 실증은 봉건시대 문학의 현실 유희적 로맨티시즘의 특색인 것이다.

이원조는 숫자적 엄밀성을 예로 들면서 주관적 임의에 의한 실재 왜곡 현상을 지적한다. 그의 판단에 따르자면 구체성과 엄밀성보다는 추상성과 임의성이 낭만주의의 특성이다. 물론 그것은 문학의 일반적 특성이라고도 할 수 있겠지만 이원조는 그렇게 생각하지 않는다. 그것은 '우렁찬' 프로시, 즉 '낭만주의적 프로시'에 한정되기 때문이다. 다시 말해서 그것은 언어의 추상적 사용의 문제이다. 그 실례로 그는 유완희의 시 「마을과 백성」[207]을 제시한다. 이원조가 보기에 이 작품은 '비현실적'이다. 우선 농촌의 과거가 평화롭지 못했음에도 불구하고 그때를 평화로웠던 시절로 설정한 점이 비현실적이다. 또한 그러한 평화가 깨어지는 계기를 단순히 "곪아 터진 세기"라는 한 마디 말로 처리하여 그 전환의 계기를 독자에서 설득력 있게 제시하지 못하였다. 언어의 추상

---

207) 정확한 제목은 「마을과 백성들」(『삼천리』, 1932.12)로서, 어느 농촌 마을의 평화롭던 과거와 그 평화가 깨어진 현재를 대비하여, 산업화 과정에서 농촌이 처한 비참한 상황을 노래하고 있다.

적 사용이 드러난 대목이다. 따라서 "피가 젖어 흐르는 듯한 구체적 살아 있는 현실이 표현되지 않고 단순히 언어의 무제한한 대조반복으로서 자기도취에 그친 것"이 문제이다. 이러한 비현실적 표현의 원인은 무엇인가? 이원조는 그 원인을 "작가가 비의식적인지는 모르나 현실과 유리한 때문"이라고 하여 작가의 현실 인식에 문제가 있음을 지적한다. 이러한 사정은 유완희에서 그치지 않는다. 이계원의 「굶어죽은 시인의 초상화」에서는 "칠색의 구름같은 비웃음", 조벽암의 「어둠아 가거라」에서는 "광명을 가져올 폭탄"과 같은 표현이 구체성을 잃어버린 언어 사용의 사례이다. 이것들이 바로 '우렁찬' 프로시의 사례들이다.

이 작품들은 내용보다는 표현양식에서만 우렁참을 특징으로 한다. 따라서 "'유황불', '용광로'가 천만 개 나와도 그것은 다다이즘이나 미래파의 시의 아류"에 불과할 뿐이다. 이처럼 표현방식에서만 우렁찬 언어를 사용하는 시들은 시인이 "현실 그것의 구체적 파악, 미래에 대한 확신이 없이 그저 막연한 무엇의 동경에 도취"했음을 입증한다. 그렇다면 진정으로 우렁찬 시란 무엇인가? 그것은 "살아 움직이는 이 현실의 구체적 파악에서 일정한 목표를 가진 격정의 표현"을 의미한다. 이때 시인에게는 "먼저 유물변증법적 인식이 문제"인 것으로, 시인의 인식이 확립된다면 "다같은 '용광로', '유황불' 등의 어록이라도 그 구사되는 방법과 배열되는 위치가 지금 것과는 달라질 것"이라고 그는 확신한다. 이는 세계관의 정립을 통해서 창작상의 문제를 해결할 수 있다는 입장이다. 그렇다면 이원조는 세계관과 창작방법을 직접적으로 연결하는 유물변증법적 창작방법에서 한 걸음도 나가지 못한 것이다.

하지만 이 글의 장점은 추상적 우렁참의 원인이 '시적 언어'의 문제라는 지적에 있다. 습관적으로 선택되는 언어에 프로시의 문제가 있다고 지적하고, 현실 인식에 근거한 신중한 언어 선정을 권고하고 있기 때문이다. 관습적 상징 언어의 잦은 사용에서 낭만주의적인 우렁찬 시가 양산된다고 지적하면서, 습관적 도취를 유발하는 낡은 상징어의 사용에 처음으로 제동을 걸고 있다. 프로시의 낭만성을 언어에서부터 분석한 점은 높이 살 만하다.

또한 프로시의 낭만성에 대한 비판에서 이정구를 빼놓을 수 없다. 앞서 살펴본 것처럼 이원조는 임화 시의 감상성을 지적하면서, 그 원인을 비본질적인 것이 본질적인 것을 압도할 정도로 부각되는 우연성에서 비롯된다고 분석하였다. 여기에서 알 수 있듯이 이정구 비평의 관심사는 현상과 본질, 그리고 우연과 필연의 관계에 있다. 특히 세 논자에 대한 비판을 통해서 이정구는 자신의 입장을 드러내고 있다.[208] 당연한 일이지만 그의 글에서는 본질적인 것과 필연적인 것이 크게 강조된다.

이정구의 비평을 좀 더 구체적으로 살펴보자. 먼저 김기림의 시 「새날이 밝는다」에 대한 김동명의 평(「신춘시단의 일별」)을 둘러싼 논쟁을 보자. 김동명은 김기림 시에서 나타난 '현대적 감각'을 지적하면서, 그 징후로서 '비로-드', '전차', '스케트' 등의 시적 언어를 거론하고 있다. 하지만 이정구는 그러한 표현들이 김기림의 현대적 감각을 입증한다고 보지 않는다. 그런 표현들은 "표면에 뜬 현상"에 지나지 않으며, 오히려 본질을 은폐하고 현실을 미화하는 데 일조한다는 것이다. 이정구의 판단에 따르면 문학은 현상에 관계하는 것이 아니다. 오히려 현실의 본질을 파악하는 인식방법의 하나이다. 현실의 본질을 파악하기 위해서 과학이 '개념'을 사용하지만, 문학은 '형상'을 사용한다는 차이가 있을 뿐이다. 어쩌면 "개개의 구체적 사실에서 진실한 진리를 얻어내는" 문학이 오히려 과학보다 현실을 더욱 정확하고 예리하게 드러낼 수도 있다.

---

208) 김동명·임화·조벽암 등이 그들로서 비평의 목록을 열거하면 다음과 같다.
 ① 김동명, 「신춘시단의 일별」, 『동아일보』, 1933.2.5~9; 이정구, 「시에 대한 정당한 이해-김동명씨에 박함」, 『조선일보』, 1933.2.22.
 ② 이정구, 「시에 대한 감상」, 『조선일보』, 1933.9.19~23; 임화, 「33년을 통해 본 현대조선의 시문학」, 『조선중앙일보』, 1934.1.1~12; 이정구, 「시에 나타난 우연성의 해석」, 『형상』, 1934.3.
 ③ 조벽암, 「현대시평론-탄식하는 시신」, 『조선일보』, 1933.10.7~11; 이정구, 「시평을 위한 각서」, 『조선일보』, 1933.12.2~9.

이처럼 문학적 사유에서도 본질 인식이 중요하다면, 유물변증법은 여전히 유효한 인식방법에 속한다. 그리고 언어적 표현보다 현실 인식을 더 중시한다는 점에서 그는 이원조의 입장에 근접하고 있다. 하지만 구체적 사실에서 본질을 인식한다는 문학적 능력에 대한 자세한 논의는 제시되지 않았다.

구체적 사실에 입각한 비평은 조벽암의 「현대시평론」에 대한 비판에서 등장한다. 조벽암은 "일반이 너무도 예술—줄잡아 시에 대하여 흡수력이 빈핍"하게 된 원인 4가지를 제시하고, 그 중에서 해결 가능한 문제로서 '시작품의 향상'을 든다. 이때 그가 생각하는 향상의 방향은 증오나 저주와 같은 우울증의 시가 아니라 "광명의 세계로 이끌고 갈 새 동경과 희망"의 시, 다시 말해서 "무게 있는 시, 힘 있는 시"라고 밝힌다. 이에 대해서 이정구는 조벽암의 주장에 "계급적인 규정"이 없어서 어느 계급을 위한 무게인지 불분명하며, 따라서 "막연하게 무게 있는 시"만을 주장한다고 지적한다. 이어서 조벽암의 시를 통해서 조벽암 자신의 주장을 검증하고 있다. 조벽암은 자신의 시 「어둠아 가거라」에서 힘과 무게를 나타내기 위해 무척 노력한 흔적이 보이는데, 그것은 "철갑, 돌격, 폭격, 탄환, 돌부처, 어둠"과 같은 시적 언어를 통해 이루어졌다. 하지만 그런 언어들을 열거하면서도 "도대체 밤, 어둠을 왜 깨뜨려야 하는가, 우리와 어둠과는 무슨 관계가 있는가", 다시 말해서 "아무런 인간 생활 내지 지상생활과의 관계"를 조벽암은 표현하지 못하였다고 비판한다. 이정구의 판단에 따르면 "어떠한 사물이든지 그것을 우리들 생활과 결부시키는 과정에서만 가치를 찾아낼 수 있는 것"이기 때문이다. 이때 이정구는 생활과 사물의 결부를 강조한다. 그리고 그것을 그는 필연성이라 주장한다. 그렇다면 조벽암의 시에 필연성이 누락되었다는 뜻이다. 그는 인간은 필연성의 한계 안에서만 자유롭다는 헤겔의 말을 인용하면서, 조벽암은 "필연성(역사성)의 한계 이외에서 자유를 구하고, 필연성의 한계 이외에서 힘과 무게 있는 시를 찾아내려고" 한다고 비판한다. 이 모든 결과는 조벽암이 "다이나믹한 물질적 세계를 명확히 이해"하지 못했기 때문에 발생한 것이다. 이정구는 만약 시인의 인식이 철저해진다면 자연스럽게 그의 시 또한 힘 있고 무게 있는 시가 되리라 판단한 것이다. 요컨대 힘과 무게는 단순히 힘 있고 무게 있는 언어를 통해 가능하지 않으며, 그에 앞서 현실의 본질을 인식하고 그것을 생활과 사물의 필연적 연관관계를 통해 표현할 때 얻어진다는 것이다.

이정구는 앞서 임화의 시를 비판하면서 본질 중심의 필연적 연관관계의 부재를 '감상성'의 원인으로 지목한 바 있다. 「시에 대한 감상」이 그것인데, 여기에서는 이 글에서 '낭만성'과 관련된 대목을 살펴보도록 하자. 이정구에 따르면 시인이 이데올로기를 표현하는 데에는 두 가지 낭만주의가 있다. 하나는 부르주아 계급의 절망과 비애를 기초로 하는 '눈물과 한숨과 절망'의 낭만주의이고, 다른 하나는 철망 같은 신조 밑에서 생활하는 사람만이 가질 수 있는 '신망에 찬 힘'과 '억센 의지'의 낭만주의이다.[209] 물론 후자는 프롤레타리아의 낭만주의이다. 하지만 후자에도 지양해야 할 태도가 있는데, 그것은 바로 "주관적인 것, 현실도피적인 것, 초현실적 동경, 공상, 이상화" 등이다. 이러한 현상은 프롤레타리아 리얼리즘으로 발전하는 과정에서 발생하는 과도기적 현상이지만, 이미 그 사명을 다했다고 말한다. 하지만 모든 낭만주의를 무조건 배격하자는 뜻은 아니다. 오히려 "우리의 '로맨티시즘'에서 해로운 모든 특색을 배제하면서도 이용" 가능한 측면은 계승해야 한다. 이어서 그는 "지금 '라프'에서는 새로운 '로맨티시즘'이 제기되고 있다"면서, 그것을 "미래를 명확히 지시할 수 있는 '로맨티시즘', 영웅적 ××(혁명)

---

209) 부르주아 낭만주의와 프로파간다 이후의 낭만주의는 반복적으로 등장하는 구분법이다. 한효는 그것을 부정적 로맨티시즘과 긍정적 로맨티시즘으로 규정했는데, 전자는 소극적 로맨티시즘으로서 "현실을 분석하여 인간을 현실과 타협시키려고 하며", 후자는 적극적 로맨티시즘으로서 "생활에 대한 인간의 의사를 강하게 하는 동시에" "현실에 대한 일체의 억압에 항하여 반항심을 환기하려는 것"이다. 한효, 「문학상의 제문제」, 앞의 책.

을 투쟁을 수행할 수 있는 사람을 이상화할 수 있는 '로맨티시즘'"이라고 소개한다. 그것은 다름 아니라 혁명적 낭만주의를 가리킨다. 따라서 로맨티시즘에서도 "흥분할 수 있는 '리듬', 이상화할 수 있는 산 사람의 이상화, 분명치 못한 방향에 대한 명확한 지시를 주는" 요소들은 계승되어야 한다. 이는 소설에서 사회주의 리얼리즘이 시에서는 혁명적 낭만주의로 나타남을 보여준다.

임화의 경우도 이와 유사하다. 그는 「33년을 통해 본 현대조선의 시문학」에서 낭만적 경향을 '개념과 추상의 아세아적 낭만주의' 항목에 넣어 비판적으로 검토한다. 그리고 낭만적 경향을 보이는 시인으로 김해강, 조벽암, 이흡 등을 거론하면서, 그들을 "추상인 개념으로써 노래하는 한 계열"로 파악한다. 하지만 그들은 "석일의 근대시가 가지고 있던 낭만주의 가운데 가장 진보적인 후예"이며 순수한 부르주아 낭만주의와 구별된다. 그럼에도 불구하고 "그들은 현실적 제 과정에 대하여 과학적인 인식을 하고 있지 못하고", "미래에 대한 확신이나 승리 등을 노래하는 데도 그것이 확적히 사람의 가슴을 뚜드리지 않고 공소와 같이 들리는 것은 그들의 시를 생활의 정서를 통하여 노래하지 않고 상상의 음철로 전하려는 때문"이다. 하지만 '인식'과 '생활의 정서'가 부족한 그들이 "추상의 공소로부터 떠나 현실 적확한 파악에 의하여 우수한 시문학의 생산자가 될 충분한 소질과 가능성을 가지고 있"다라면서 긍정적 평가를 유도한다. 임화의 평가에서 주목할 부분은 프로시가 노동자 계급의 투쟁 현장에서 씌어진 것이 아니라 인텔리의 손으로 지어졌기 때문에 필연적으로 부르주아적 잔재인 낭만적 경향이 남을 수밖에 없다는 것, 따라서 조선의 정신적 환경에 충만해 있는 낭만주의와 결별하려는 노력이 프로시 운동의 한 측면사이기도 했다는 진술이다. 자신의 작품을 포함하여 프로시에 나타난 낭만성이 시인의 계급적 한계에서 비롯된 것이라면, 그 한계를 인식론으로 극복할 수 있다는 주장이 이어질 수 있다.

하지만 임화는 자기반성의 압박감에서 벗어나 「낭만적 정신의 현실적 구조」210)에 이르러 낭만주의에 대한 입장을 구체적으로 피력하게 된다. 이 글에서 그는 사회주의 리얼리즘의 도입으로 도식주의가 집중적으로 비판받게 되자, 감상성 비판과 객관성 옹호의 분위기 때문에 그동안 접어두었던 주관성 문제를 다시 거론할 수 있었다. 물론 이때의 주관성이란 현실을 바라보는 시각을 뜻하는 것으로, '프롤레타리아 종국의 승리의 관점'이나 '프롤레타리아 전위의 관점' 등 앞서 논의된 사항과 크게 다르지는 않다. 하지만 여기서 색다른 사고가 있으니, "사실적=서사적인 것과 낭만적=서정적"의 구별을 도입하여 서정시와 낭만적인 것의 밀접성을 강조한다는 점이다. 이때 낭만적인 것이란 작가의 주관에 관계하는 것으로, 그는 이 주관을 "현실 가운데서 어떠한 대상을 선택하느냐"는 인식의 기능과 "그 대상을 어떻게 형상화하느냐"하는 형상화 기능에 반드시 필요한 것으로 파악한다. 종래의 형상론이 형식의 측면에만 한정되었다면 그의 형상론은 사유의 측면에 연결하여 주목할 가치가 있다. 이처럼 그는 인식과 함께 형상적 사유를 가능케 하는 것으로 주관을 설정한다. 다만 인식방법을 곧바로 형상화방법으로, 다시 말해서 세계관을 창작방법으로 혼동했던 유물변증법적 창작방법과 구별하기 위하여 양자를 구별하면서도 관련짓는 이중적 태도를 취한다. 하지만 문학에 인식이 관여할 수 있는 길은 유지하면서, 임화의 주관은 현실인식과 형상사유를 동시에 포함한다. 그렇다면 리얼리즘이란 순전한 객관성이 아니며, "자연이나 현실 생활을 있는 그대로 재현하는 것이 아니라, 인간이 이해하는 범위에서 최대한의 실감을 주게 하는 방법"에 지나지 않는다. 이때 "현실적인 몽상, 현실을 위한 의지"를 기초로 하는 낭만적 정신은 "역사주의적 입장에서 인류사회를 광대한 미래로 인도하는 정신"으로, 그것은 유물변증법에서 강조하는 '역사적

---

210) 임화, 「낭만적 정신의 현실적 구조」, 『조선일보』, 1934.4.19~25.

전체성'에 입각한 것이다. 결국에는 "현실을 그 발전에 있어서 본질적인 제관계를 파악하는 것"이 낭만적 정신이기도 하다면, 이는 유물변증법적 리얼리즘의 주장에 근접하게 된다. 그가 말하는 낭만적 정신은 유물변증법적 시각인 것인데, 다만 그 시각을 인식적 방법과 형상사유로 나누었을 뿐이다. 리얼리즘과 낭만주의의 공존의 길이 확실하게 열린 것이다. 이러한 낭만주의론은 이정구의 혁명적 낭만주의와 크게 다르지는 않다. 그것은 현실 속에서 미래를 보는 시각을 견지하게 하여, 미래의 이상이 현실을 구속하는 이론이다. 하지만 그것은 현실 속에서 미래를 향한 긍정적 감정만을 찾아내어 그것만을 과장할 가능성을 피할 수 없다.

임화는 "진실한 낭만주의의 전형적인 일례"로 안용만의 「강동의 품」을 격찬하고[211] 자신이 기대하는 낭만주의가 시에서 실현되었음을 확인한다. 이 시는 한 노동자의 계급적 각성과정을 그 삶의 총체성 속에서 보여준다는 점에서 단순히 노동자의 본질에 대한 개념적 인식을 진술한다거나 노동자들의 비참한 생활상을 나열하는 데 그치지 않아 프로시의 여러 결함을 뛰어넘고 있다.[212] 임화는 이 시에 대해서 "자연, 인간, 감정 모두가 골수에까지 밴 생활의 냄새로 용해되고 시화되어 있다"고 극찬한다. 감상주의 비판에서 버려졌던 감정과 정서를 다시 도입하면서도, 낭만주의 비판에서 강조한 추상성을 극복하고, 미래에 대한 낙관적 정신을 겸비하고 있어 제 조건을 만족시킨다고 생각한 것이다.

이처럼 객관성이 강조되는 상황에서도 그것을 감정과 정서라는 시의

---

211) 임화, 「담천하의 시단 1년」, 『신동아』, 1936.12. 이 글은 카프 해체 이후 프로시의 내성화를 반성하는 의미에서 씌어진 것이다. 안용만의 시에 대해서는 감상성에 빠지지도 않고, 그렇다고 감정을 기계화하지도 않은 작품, 따라서 감상주의와 낭만주의의 결점을 모두 극복한 시로 평가된다. 임화가 생각하는 진실한 낭만주의가 감상주의와 낭만주의의 상호견제를 통해 이루어짐을 알 수 있다.
212) 오성호, 「1920~30년대 한국시의 리얼리즘적 성격 연구」, 연세대 박사논문, 1992, 110면.

특수성질을 통해 설명하려는 움직임은 끊이지 않았다. 그 중에서도 하나가 윤곤강이다. 그는 「현대시 평론」[213]에서 부르주아 시들과는 달리 프로시가 예술성과 진실성을 동시에 획득할 수 있음에도 불구하고 아직 빈곤을 면치 못하고 있는 까닭은 '시로써의 특수성의 결여'에 있다고 진단한다. 그는 시의 특수성을 '감정과 정서의 표현'으로 보기 때문에, 이에 비춰볼 때 그 동안의 프로시는 "시 가운데에 '슬로건'을 직접 써넣은 것이 '참말의 시다!'고 외치는 소박한 시론이 낳은 '사생아'"일 뿐이라고 단정한다.

> 시가 아닌 '설명'이라든가 '이론'이라면 모르거니와 '인간의 정서의 흐름과 움직임'을 표현하는 것이 시인 이상 이것은 시가 아니요 비시인 것이다. 읽고 난 뒤에 마음 속에 남는 것이라고는 빼빼마른 문자의 형상뿐이요 활동사진관에서 듣는 듯한 음향 같은 복잡한 소란성뿐이 남는다.

프로시에서 주관은 추상적 이론과 구체적 형상화의 가능성을 동시에 내포하고 있지만, 앞서 다른 사람들은 인식의 강화를 통해서 추상성을 극복하고 구체성을 확보할 수 있다고 믿었다. 하지만 윤곤강은 시 장르의 특수성질에 기대함으로써 추상성 극복의 가능성을 보려 한다. 그에 따르면 시의 특수성은 "정서의 요동의 박자를 통하여 감염시키는 ××(혁명)적 무기"에 있다. 그러므로 프로시의 빈곤을 타개하려면 "다만 구호에 발린 '시문학의 당파성'이라든가 '주제의 적극성'이라든가 '유물변증법적 창작방법' 등을 외침으로써" 되는 것이 아니라고 강조한다. 인식의 강화를 통해 극복될 문제가 아니라는 뜻이다. 시는 설명이나 이론이 아니므로[214] "제약된 감정, 이론에 의하여 먼저 설정된 정서 대신에,

---

213) 윤곤강, 「현대시 평론」, 『조선일보』, 1933.9.26~30.
214) 윤곤강은 유독 설명이나 이론이라는 비시적 요소를 벗어나는 것이 프로시의 급선무라고 인식한다. 그의 말을 들어보자. "우리들의 시는 하루바삐 시인의 '생각'이라든가 '사상'이라든가 '정서'라든가를 마치 '통속강좌식'으로 설명하는 데서 손을 끊어야 될

일상의 노동의 樣姿와 그 노동의 과정이 현실에 呼起하는 정서와의 불가분의 표현"에 시가 놓여야 한다. 현실에 밀착하는 정서를 중시해야 한다는 주장은 여러 사람들이 지적한 내용이다. 다만 그의 주장에서 특기할 점은 이를 '도식적 감정'의 문제로 이어간다는 점이다. 앞서 권환이 주장했던 '전형적 감정'에 대한 비판일 수 있겠는데, 시의 특수성을 강조한다면서도 '먼저 설정된 정서'에서 출발할 수 있다. 그것이 일종의 '도식적 감정'이다. 물론 이러한 주장은 사회주의 리얼리즘의 도입으로 인한 도식 비판의 유행에 편승한 것이긴 하지만 도식적 감정이 현실적 감정의 탐색을 방해한다는 사실을 확인시켜준다. 또한 그는 시 장르의 특성을 살리기 위해서는 설명과 이론이 배제되어야 한다고 주장한다. 새삼스러운 것은 아니지만, 여기에 '시는 설명할 수 없다'는 낭만주의 일반의 입장이 반영되어 있다. 이에 비추어 그는 권환의 시 「간판」을 긍정적으로 평가한다. 그 작품은 사상이나 강령을 '설명'하지 않고 노동자의 '정서의 움직임'을 통해 표현했기 때문이다. 이때 윤곤강도 다른 사람들과 마찬가지로 시의 특수성이 결국에는 객관성, 구체성에 기여할 수 있다는 주장을 반복한다. 정서를 강조한다고 해서 그것이 "광범한 사실에 기초하여 계급적 일을 위한 풍부한 재료를 묘사하는 데서 일보 퇴각하라는 의미"는 아닌 것이다. 감정과 정서는 현실을 풍부하게 드러내는 역할을 하기 때문이다.

하지만 「시적 창조에 관한 시감」[215]에 이르면 그의 논조는 더욱 강해진다. '이론'의 강조가 프로시 빈곤의 주범이라는 생각에까지 이른다. 특히 이론에 의한 '재단비평'이 시의 빈곤을 구제할 수는 없다면서, "시인이 한 개의 감정을 진실히 노래하는 것"만이 빈곤 탈출의 첫걸음이라고 주장한다. 현실이라는 광맥 속에 들어가서 거기에서 얻은 시인 자신

것이다. 그리하는 데서만 우리들의 시는 전진의 제일보의 '스타트'를 끊게 될 것이다."
윤곤강, 「신춘시문학총평」, 『우리들』, 1934.2.
215) 윤곤강, 「시적 창조에 관한 시감」, 『문학창조』, 1934.6.

의 직접적 육체적 정감을 통해 "생생한 현실적 묘사"가 가능하다는 판단이다. 이러한 비판은 유물변증법을 창작방법에 그대로 강요하는 사태에 대한 의식적인 거부이기도 하다. 심지어 그는 "이론을 본 뒤로는 시를 쓸 수가 없"다고 고백한다. 현실적 감정보다는 도식적 감정이 표현될 수 있기 때문이다. 윤곤강은 이처럼 도식적 감정의 유입을 차단하고 현실 속에서 감정과 정서를 획득하고자 하는 객관적 태도를 시론에 도입하지만 그것은 다시 부르주아 시론과의 차별성 문제에 직면하게 된다. 사회주의 리얼리즘의 도입으로 종래의 프로문학론 일반에 대한 반성이 일고, 또한 전향론과 뒤섞이면서 프로시론은 이제 새로운 국면으로 진입하게 된다.

4) 프로시론과 모더니즘 시론

(1) 풍자시론

낭만주의에 대한 창조적 비판의 결과, 낭만주의적 태도를 유지하면서도 정서나 감정을 중시하고, 유물변증법적 시각을 강조하는 '혁명적 낭만주의'로 시의 방향을 잡는 것이 프로시 비평의 일반적인 경향을 이루었다. 시 이론에서는 이처럼 사회주의 리얼리즘의 한 계기였던 혁명적 낭만주의를 새로운 시론의 기점으로 삼았던 것이다. 그러나 그렇다고 해서 사회주의 리얼리즘 등장 이후 확산되었던 유물변증법적 창작방법에 대한 비판의 성과를 프로시 비평이 무시하려던 것은 아니다. 현실적 감정을 중시하고 시의 특수성으로 주관에 주목하게 된 것은 사회주의 리얼리즘의 등장 이후의 현상이기 때문이다. 혁명적 낭만주의의 등장은 시인의 주관에 다시 관심을 집중하는 계기가 되었지만, 다른 한편으로 과도한 주관의 개입을 경계하고 그 감정이 객관적 현실에 밀착할 것을 강조한 것은 낭만주의에 대한 비판에서 비롯되어 대조를 보인다.

이처럼 프로시론에서는 사회주의 리얼리즘이 새로운 상황을 조성할 무렵, 문단 한 쪽에서는 시에서 주관의 개입을 부정하는 모더니즘 시론이 부상하고 있었다. 1930년대 모더니즘 시론은 초기에 이미지즘 시의 형태로 등장하였고, 그것은 1920년대 중반에 잠깐 등장했던 미래파나 다다이즘의 형식파괴적인 아방가르드의 요소와는 무관한 것이다. 물론 아방가르드와 모더니즘 시론이 동시에 부정적 유토피아를 전제한다는 점에서는 유사하다고 할 수 있겠지만 말이다. 적어도 1930년대의 모더니즘에 한정한다면, 그것은 이미지즘에서부터 주지주의로 점차 변모되는 과정에서 문명이나 현실에 대한 비판적 거리를 설정하면서도 시의 자율성을 유지하려는 긴장된 관계에 있었다. 그 점은 1920년대 아방가르드와는 다르지만, 오히려 1930년대 프로시론의 문제의식에는 근접하고 있다.

프로시론에서 사회주의 리얼리즘의 도입이 문학의 다양성과 창작 개성의 중요성을 일깨우는 기능으로 작용하였음에도 불구하고 카프는 거기에서 비롯되는 우편향에 대한 전면적인 투쟁과 씨름해야 했다. 그러한 혼란기에 모더니즘의 확산은 사회주의 리얼리즘의 등장 이후 현실 반영에서 자율성으로의 전향을 부추기는 계기가 되었다. 따라서 모더니즘에 대한 프로문학측의 비판이 이어지는데, 그것은 초기에 이미지에 대한 비난으로 시작된다.

모더니즘 시를 감각파216)와 연결지어서 비판한 최초의 프로문인217)은 이원조이다. 그는 「시학도의 눈에 비친 근래 시단의 한 경향 — 특히 낭만파와 감각파에 대하여」218)에서 김기림과 정지용의 시풍을 '감각파'

---

216) 감각파는 일본의 신흥예술파인 신감각파를 염두에 둔 명칭인 듯하다. 신감각파는 1924년 『문예시대』라는 잡지를 창간하고 활약한 일군의 이미지스트들을 말한다. 이때 '감각'이란 이미지에 의해서 환기되는 오감을 의미한다.

217) 이미 백철이 김기림의 시를 현실성이 결여된 감각의 신기루라고 평가한 바가 있다. 그러나 다만 시평 수준에 지나지 않는다. 백철, 「신춘문예시평」, 『신동아』, 1933.3 참조

라고 칭하고, 특히 김기림 같은 시풍은 이미 개인적 현상이 아닌 사회적 근거에 의한 하나의 경향이라고 파악한다. 그는 그러한 경향의 계급적 근거를 '룸펜 문학'이라고 규정하고, 그 경향은 부르주아 문학의 필연적인 과정으로서 "소비적인 신경을 자극(!)하는 감각적 현상" 이외에 아무것도 아니라고 비판한다. 시작품에 있어서도 김기림의 시는 "무수한 감각적 현상의 나열"에 불과하고 그 시의 내용도 "표현을 하려 할 때 필연적으로 의식적 착각이 일어나며 또한 그 착각에서 일종의 말초 신경적 자극을 향락하는 것"에 지나지 않는다고 평한다. 이처럼 이원조는 모더니즘 시의 내용성은 물론이려니와 이미지의 사용조차도 긍정하지 않고 있다. 이미지에 대한 그의 인식은, 그것이 "가장 평범한 소박한 事象을 얼마나 기괴한 형용사로 분식"하였는지 이루 말할 수 없다는 지적처럼 형용사에 의한 분식에 지나지 않는다고 판단한다. 언어보다 본질인식을 중시하는 그의 입장이 반복되는 것이다. 정지용에게도 그 비판이 적용되는데, 다만 김기림이 좀 더 도시적이라면 정지용은 전원적이라는 차이를 보인다고 분류한다. 이원조에 의하면 이미지즘 시는 감각적 현상을 나열하고 감각기관을 자극하는 무의미한 시적 기교에 불과한 것이다. 한마디로 이미지즘은 이른바 기교를 위한 기교라는 주장이다.

　이원조가 모더니즘 시작품만을 상대로 해서 감각적 언어를 비판하였다면, 이론적인 차원을 통한 본격적 비판은 임화에게서 이루어진다. 그는 「33년을 통하여 본 현대조선의 시문학」에서 모더니즘 시를 '주지주의'[219]라는 이론적 측면과 연결하여 비판한다. 그는 김기림과 유사한

---

218) 이원조, 「시학도의 눈에 비친 근래 시단의 한 경향-특히 낭만파와 감각파에 대하여」, 『조선일보』, 1933.4.26~29.
219) 임화가 주지주의에 대한 관심을 처음 보인 것은 「문학에 있어 형상의 성질문제」(『조선일보』, 1933.11.25~12.2)에서이다. 그는 이 글에서 '주지주의' 혹은 일반으로 '모더니즘'이 "우리나라의 2,3의 작가, 시인 등의 작품에도 반영되어 있는 것 같다"면서, 이러한 경향은 "인간적 감성에 의하여 형상되는 서정적 시가 가운데에까지 침윤되어 삘딩

시적 경향에 대해서 "이 시인들은 현실이 주는 모든 정서와 감정을 대담하게 솔직하게 노래하는 대신에 이지를 가지고 현실을 요리하고 그것이 유발하는 어떤 감정으로 시를 창작한다"고 지적한다. 임화는 모더니즘 시가 현실 자체에 존재하지도 않는 어떤 감정을 이지에 의해서 무리하게 만들어내어 부르는 노래라고 인식한 것이다. 즉 "인간의 생활현실이 주는 노래"인 프로시와는 반대로 그들의 시는 "인간의 어떤 특정한 의식적인 관념의 행동을 이지에 의해서 '장난감'과 같이 만들어가는 것"에 불과하다는 것이다. 이때 감정을 이지에 의해서 만들어낸다는 임화의 비판은 프로시에 대한 자기반성과도 연관되는 것이다. 유물변증법적 창작방법에 대한 사회주의 리얼리즘의 비판이 도식에 의한 현실의 왜곡을 경계하였듯이, 임화는 모더니즘 시가 바로 그러한 의미의 작업을 하고 있다고 단언한다. 물론 모더니즘 시의 이지와 프로시의 도식은 결코 동일하지 않다. 사실상 당시 임화에게는 유물변증법만이 프로문학의 객관성을 보장해주는 기준이었기 때문이다. 그러므로 모더니즘 시의 이지는 객관적인 것이 아니라 오히려 주관적인 것이며, 그렇다면 그들은 현실을 주관적으로 왜곡해서 그 왜곡된 감정을 노래하는 유파에 불과하게 된다. 결국 임화는 이지에 의한 모더니즘 시를 주관적인 이지를 현실에 강요하는 주관주의라고 인식하고 있는 것이다. 임화가 파악한 모더니즘은 프로시 초창기의 실수를 반복하는 주관주의에 불과하다.

하지만 김기림이 강조하는 이지, 즉 지성은 현실인식에 적용되기보다는 오히려 형식적 조탁을 위해서 사용되는 것[220]이다. 그러므로 임화가 그것을 현실인식의 방편으로 보았던 것은 '지성'을 '세계관'의 수준과 비교하려는 태도에서 나온 발상이다. 임화가 비판한 이지는 김기림

___

과 승합 자동차의 서정시"라고 지적한다.
220) 최유찬, 「1930년대 모더니즘론─김기림의 시론을 중심으로」, 『리얼리즘 이론과 실제비평』, 두리, 1992, 290면 참조.

시론의 주지가 아니라 오히려 그의 모랄에 해당하는 것이다. 정작 김기림은 시 앞에 선재하는 사상을 거부하였으며[221] 현실을 인식하는 방법에 대한 관심보다는 현실을 단지 '대상'으로만 바라보고자 했고, 대상으로서의 현실에서 일어나는 감각적인 인상을 이미지에 담아내고자 하였을 뿐이다. 그러나 한편 김기림은 현실에 대한 예리한 비판자[222]이기를 요구하고 변화무쌍한 단편적인 현실의 가상에 흐르는 현실의 정체를 포착하기를 요구하지만 그 현실은 역사적 현실의 본질적인 흐름이 아니라 단지 흔적이나 징후로만 존재하는 피상적인 현재일 뿐이다. 또한 김기림은 현실이 주는 '감정'보다는 '감각'(이미지)을 강조한다. 그러므로 프로시가 현실의 본질과 시인의 감정의 일치를 강조한다면 김기림은 현실의 현상 형태와 시인의 감각이 일치하는 지점에서 '리얼리티'를 발견한다. 그로 인해서 시에 발현되는 것은 '이미지'이며, 이때 시작 과정을 통제하는 기술을 '지성'이 맡는다. 중요한 점은 김기림이 '현실에 대한 예리한 비판자'이기를 시인에게 요구하는 동시에 '리얼리티'를 긍정하였다는 점이다. 이것은 김기림의 시론이 여러 면에서 프로시와는 대립하지만, 그럼에도 불구하고 프로시론과 완전히 배타적인 관계만은 아니라는 것[223]을 입증하는 요인이 된다. 그러나 모더니즘 시론에 대해서 프로시론은 양자의 동일한 방향성을 찾기보다는 차이를 부각시키는 데 중점을 두었다. 모더니즘 역시 계급적 기반은 '인텔리'이며 종국에는 시의 '무용론'을 드러내는 부르조아 문학이론에 불과하다고 판단하였기 때문이다.

---

221) "그러나 여기 명심할 것은 무슨 사상이나 정치적 주제가 시에 들어올 때에는 완전히 시 속에 용해되어 한 개의 전체로서의 시의 질서에 일치되어야 한다는 것이다. 그리함으로써 그 주제는 시적 효과를 거둘 수가 있다는 일이다." 김기림, 『김기림 전집』 (2), 심설당, 1988, 176면.

222) 김기림, 「현대와 시의 르네상스」, 『조선일보』, 1938.4.10~16

223) 그 이외에도 김기림의 시론은 여러모로 프로시론과 유사하다. 몇가지 예를 들면, 시의 리얼리티를 중시하는 점, 객관 세계의 독립적 존재를 인정하는 점, 감상주의에 대한 부정, 모랄에 의한 현실비판 기능 인정 등이 그러한 예에 해당한다.

이미지즘과 주지주의로 파악된 모더니즘 시와 시론에 대한 비판은 풍자시론에 와서 극단적으로 드러난다. 풍자문학에 대한 최초의 관심은 유진오에 의해서 제기되었다. 유진오는 「문단에 대한 희망 이삼」[224]에서 식민지 해방이라는 목표에 적합한 문학 장르로 풍자문학과 탐정소설을 제안한다. 그러나 그는 풍자문학을 선정한 이유를 "모든 객관적 조건이 극도로 불리한 조선에 있어서는 정공법 이외에 측공법이 절대 필요"하기 때문이라고 하여, 객관적 정세의 불리함을 타개할 방안으로 제시한 것이라고 밝히고 있다. 이에 대해 프로문학측에서 안함광은 「문학적 형식의 탐구와 그 태도에 관하여—유진오의 소론과 작품을 읽고」[225]에서 유진오의 주장은 1932년 일본의 기시 야마지[貴司山治]의 주장의 반복에 불과하다고 지적한다. 그러므로 문학형식의 중요성은 객관적 정세의 불리함을 핑계삼지 말고 "현실의 모든 다양성에 대한 정당한 이해를 그 출발점으로 하는 데서 구명되어야 한다"고 하여 유진오의 주장을 일축한다. '프롤레타리아 종국의 승리의 관점'을 견지하고 유물변증법적 창작방법에 의존할 때 당연한 반론이라고 할 수 있다.

그러나 이 논쟁이 있고 나서 유진오는 풍자문학을 발표하게 되고, 거기에 돌연 권환이 풍자시 창작으로 가세하자[226] 프로문학측에서는 풍자

---

224) 유진오, 「문단에 대한 희망 이삼」, 『조선일보』, 1933.1.3.
225) 안함광, 「문학적 형식의 탐구와 그 태도에 관하여—유진오의 소론과 작품을 읽고」, 『비판』, 1933.6.
226) 권환은 「책을 사르면서(히틀러의 부르는 노래)」(『조선일보』, 1933.7.29), 「향락의 봄동산(장개석의 부르는 노래)」(『조선일보』, 1933.9.26) 등을 풍자시로 제시하였다. 그는 풍자시 창작에 따른 이론은 제시하지 않았는데, 모더니즘 문학단체인 '구인회'를 필연적 등장이라고 보고, 정지용과 김기림에 대한 기대를 보였다는 점(권환, 「33년을 문예평단의 회고와 신년의 전망」, 『조선중앙일보』, 1934.1.4)에서 모더니즘의 시적 방법에 대한 관심을 이미 유지하고 있었다고 판단되며, 나중에야 풍자시 창작에 대해서 다음과 같이 변명한다. 즉 자신의 장개석에 관한 풍자시는 장개석의 감정을 과장 않고 숨기지 않고 노래하면 족한 것이지 그것을 무엇이 부족하다고 비판할 것은 못된다. 풍자문학이란 결국 냉소적 부정문학으로 그것은 직설적 부정문학보다 더 강렬한 감동을 줄 수 있다. 그러나 다만 다른 부정문학과 마찬가지로 그 부정적 현실을 긍정적 사실에서 분리해서 보아서는 안 된다고 주장한다. 그러나 자신의 시에 대한 본격적인 변론을 제시하지는

문학에 대한 입장정리가 필요하게 되었다. 또한 비슷한 시기에 김기림이 풍자문학의 방향을 지지하는 글을 발표하게 된다. 그는 「문단시평」227)을 통해서 차후 문학이 나아가야할 방향으로 '세타이어'에 주목한다. 그는 인텔리겐챠의 전향이 오늘날 세계적 풍속이 되었다면서, 그러나 이 땅에서는 정치적 불안에 추종하는 인텔리의 문학은 당분간 나타나지 않을 것이니, 문학의 향후 방향은 두 갈래라고 지적한다. 현실도피의 문학과 세타이어의 문학이 그것인데, 양 쪽 모두 그 사람 개인적으로는 한 개의 진실한 비극이라면서도 이 나라에도 현실의 싸움터에서 한 걸음 물러서서 변환하는 현실의 모순, 추악, 허위, 가면에 대하여 차디찬 조소를 퍼붓는 세타이어 문학이 나타나야 할 것이라고 주장한다. 그리하여 자신도 그 두 가지 문학의 중간에서 동요하고 있다는 고백을 첨가한다. 또한 그는 '리얼리즘'에 대해서도 예술가가 추구하여야 할 근본적인 것이 '리얼리티'라면서, 하지만 그것이 곧 '모랄리스트'는 아니라고228) 전제하고, '모랄'은 "작가가 그 작품 속에서 사람의 행동이나 인생의 위치에 대하여 가지는 태도"일 뿐이라고 정의한다. 그리고 그 모랄을 무리하게 표시하기 위하여 작품을 만들면 필연적으로 공식주의가 발생한다면서 냉정하게 '리얼리티'를 추구하면서 그 가운데에 모랄이 자연스럽게 나타나야 한다는 '태도로서의 리얼리즘'을 주장한다.

이처럼 김기림이 제기한 '세타이어의 문학'은 물론 '풍자'를 주된 방법으로 사용하는 것이다. 하지만 김기림이 생각하는 '풍자'는 문명의 표면적인 현상을 감각하는 기법들 중의 하나에 불과하다. 그럼에도 불구하고 '풍자'는 점차 모더니즘 시론, 특히 김기림의 시론에서 중심적인 방법으로 자리한다. 그렇다면 모더니즘 시의 계급적 근거와 그 시적 성과에 대해서 부정적이었던 프로문인에게 김기림의 '풍자적 방법'을 수

않고 있다(권환, 「현실과 세계관 및 창작방법과의 관계」, 『조선일보』, 1934.6.24~29).
227) 김기림, 「문단시평」, 『신동아』, 1933.9.
228) 김기림, 「예술에 있어서의 '리얼리티', '모랄' 문제」, 『조선일보』, 1933.10.21~24.

용한다는 것은 쉽지 않은 일이다. 더구나 미래에 대한 확신과 신념에 입각한 낭만주의적 시각이 한층 강조되는 프로시론의 단계에서는 현실과 이상의 괴리를 인정하고 불안과 위기를 내세우는 좌절의 산물인 풍자적 방법을 현실도피라고 인식하는 것은 자연스러운 일이다. 그러므로 권환의 시에 대한 평가도 유진오나 김기림의 주장과 연결하여 비판적인 방향으로 치닫는다.

권환의 풍자시를 제일 먼저 비판한 논자가 이정구였다는 점도 풍자시에 대한 비판을 강화하는 데 일조하게 된다. 이정구는 혁명적 낭만주의를 제창하는 논문 「벗아! 감상주의를 버려라」에서 권환의 풍자시에 대한 비판을 행하게 되기 때문이다. 이정구는 권환의 풍자시 「책을 사르면서」에 대해서 그 시에서보다는 오히려 "신문정치기사에서 우리는 더 많은 '나치스'의 정치적 야심의 폭로를 볼 수 있다"고 하여 그 문학적 가치를 전혀 인정하지 않는다. 그가 부정적으로 보는 이유는 폭로대상에 대한 비판적인 진술이 없다는 데에 있다. 그렇기 때문에 "아무 의식도 없고 정세도 모르는 사람이 이 시를 본다면 '히틀러는 대단히 웅장한 의지를 가졌군'하고 감복할 뿐"이라서 대중의 의식을 오도한다는 것이다. 이것은 풍자시의 '난해성'을 비판한 것으로 대중성의 측면에서 풍자시를 평가한 것이다.

박승국도 「최근의 푸로시단－권환의 시편들」[229]에서 권환의 풍자시가 괄목할 만한 실험이라면서도 "이러한 내용과 형식의 시는 잘못하면 어떠한 해로운 경향에로 기울어지기도 가장 용이"하다고 하여 우려되는 부분이 있음을 시사한다. 즉 권환의 풍자시가 "너무도 사실적"이어서 "'나치스'가 어째서 나쁘다는 것을 표현해주지 못한다"는 것이다. 풍자가 되기에는 너무도 "'리얼리스틱'한 요소를 포함하고 있다"는 면에서 풍자시로서의 결함을 지적하고 "할 수만 있으면 이러한 풍자적 작품

---

229) 박승국, 「최근의 프로시단－권환의 시편들」, 『조선일보』, 1933.9.30~10.4.

보다는 여러 사람이 알아볼 수 있는 것"을 쓰는 것이 낫다고 하여 이정구와 마찬가지로 풍자시의 '난해성'에 대해서 부정적이다. 그러나 이정구에 비해서 그는 풍자적 방법이 '위험한 실험'이긴 하지만 좀 더 지켜볼 필요가 있다는 유연한 태도를 보인다. 이처럼 이정구와 박승극에 의한 풍자시 비판은 다만 권환의 시작품에 대한 평가에 그치고 있다. 그들에 의하면 비판을 안으로 숨기는 풍자시의 방법은 비판을 표면에 내세우는 시에 비하여 전혀 대중적이지 못하고, 그리하여 대중을 자칫 오도할 우려가 있다는 것으로 요약된다. 대중을 고려한다면 그들이 풍자시의 이중적 어법을 직접적 진술로 받아들일 가능성이 많기 때문이다.

이러한 간략한 비판 이후, 권환의 풍자시는 드디어 윤곤강의 「시에 있어서의 풍자적 태도」230)에서 본격적으로 다루어지게 된다. 그리고 윤곤강에 이르러서 풍자적 방법은 모더니즘과 연관되어 비판받게 된다. 그는 우선 풍자시가 '태도'의 문제라고 보고 그 태도는 가장 '주지주의적'인 것이라고 주장한다. 주지주의는 "소부르주아 시인들이 가지고 있는 유일한 특질"이라면서 풍자시를 소부르적 태도의 반영이라고 인식한다. 그러므로 그러한 "개인주의적 태도를 통한 '냉소'와 '시니시즘'(皮肉)을 통하여 나타났으며 아무런 '정념'과 '입장'과 또한 '힘'이라는 것도 찾아볼 수 없는 것"이 풍자시의 특성이라고 지적한다. 이는 풍자시라는 형식이 특정 계급의 전유물이라는 점, 그리고 '힘'있는 시적 방법은 아니라는 점을 풍자시라는 방법의 '속성'에서부터 비판하고 있음을 보여준다.

계속해서 윤곤강은 서구의 풍자시를 비판적으로 검토하여 이론적 근거를 확보하고자 한다. 그는 영국과 미국의 풍자시를 검토한다. 우선 영국의 경우는 풍자시인들이 "개인주의적 '이데알리스트'"였고, 그리하여 그들의 풍자도 결국은 '이데알리스트'에 지나지 않는다고 비판한다. 결

---

230) 윤곤강, 「시에 있어서의 풍자적 태도」, 『조선일보』, 1933.11.25~29.

국 영국의 풍자시는 풍자 기법에 치중한다는 것이다. 반면에 아메리카 문학에서의 풍자시 중에는 "시인의 적극적 사상의 표백이 엿보이는" 풍자시가 있었다는 점을 인정한다. 그러므로 영국의 경우는 "'풍자'를 다만 사회에 대한 시인의 개인적이며 추상적인 불평불만 등으로 그치게 하고 마는데" 비하여 아메리카 문학의 풍자시는 "좀 더 그것을 현실적=사회적 엘레멘트를 띠우게 만들려고 했다"라고 하여 긍정적인 평가를 내린다. 그러나 윤곤강은 그들의 진보의식에도 한계가 있었다는 지적을 덧붙인다.

더욱 중요한 것은 "'풍자'라는 그 자체 속에 벌써 근본적인 모순이 내포되어 있"다는 것이다. 왜냐하면 풍자라는 것이 '태도'의 반영이라면 그 안에는 이미 적극적 성질을 찾을 수는 없기 때문이라고 주장한다. 그렇다면 풍자는 기법적 차원을 떠나서 현실을 인식하는 방법이자 현실에 대응하는 시인의 태도와 결합되어 있다는 결론이 가능하다. 윤곤강은 풍자적 방법을 '냉소'와 '시니시즘'과 다르지 않다고 보고, 그것으로는 객체를 직접 찌르더라도 무기력한, 공허한 외침이 될 뿐이라고 비판한다. 그러므로 풍자적 방법은 "대체로 보아 소극성을 벗어날 수가 없는 것"이라고 결론짓고 그 점에서는 '정치적 풍자시'도 마찬가지라고 본다. 소극성은 풍자시의 제2의 천성이라고까지 주장한다.

그렇다고 해서 윤곤강이 풍자적 방법의 활용까지도 부정한 것은 아니다. 다만 진정한 풍자는 "현실의 힘찬 파악력과 전진력을 가진 층의 시인만이" 쓸 수 있다고 하고, 그러므로 풍자를 넘어서 더 이상 풍자가 아닌 '직각적인 것'으로 환원될 수 있다는 것이다. 직각적이라는 것은 풍자시의 소극적인 성질과는 달리 직접적인 비난과 폭로를 의미한다. 이처럼 윤곤강은 풍자시를 받아들이더라도 '풍자적 태도'는 용납될 수 없다는 입장이면서도, 사실상은 풍자시보다는 현재의 프로시가 우월한 방법이라는 결론을 유도하고 있다. 현상황에서 풍자시의 소극성을 인정할 수 없다는 완강한 입장을 드러낸 것이다. 그의 이러한 입장은 최재서와 격돌하면서 구체화된다.

　이처럼 풍자시를 모더니즘과 연결지으면서 그 계급적 성질과 소극성을 본질적인 것이라고 보는 점에서는 임화도 마찬가지이다. 임화는 「33년을 통해 본 현대조선의 시문학」에서 풍자시가 "소시민적 영향인 주지적 감각의 泥土"라고 단언하고 거기에서부터 "우리들의 시는 정화되어야 한다"고 주장한다. 이는 그가 풍자시를 원천적으로 반대하고 있음을 알려준다. 그러므로 "금일의 현실이 냉소나 皮肉으로 부정되기에는 너무나 통절한 것"이라면서 현실을 '부정'하는 방법으로 선택한 풍자적 태도는 "현재의 프로문학이 당면하고 있는 외적인 곤란을 초월"할 수 없다고 주장한다. 왜냐하면 "풍자라는 것은 현실에 직면적으로 대할 수 없는 소시민적 부정, 주지적 부정과 공통되는 것"이기 때문이다. 그러므로 풍자적 태도를 현단계에 대한 대응방식으로 선택한 시인들의 잘못된 인식을 비판하게 된다. 미래에 대한 신념과 낭만적 정신을 강조하는 임화의 입장에서는 당연한 지적이기도 하다. 그에게 풍자는 단지 "소시민의 무력한 웃음"에 불과할 뿐이며, 풍자적 방법은 현실적으로 미약한 '효과'만을 갖는다고 인식된다.

　그러므로 권환의 풍자시에 대해서도 긍정적인 평가가 내려질 수 없다. 임화는 권환의 풍자시가 풍자하는 주체, 즉 시인 자신이 노래하지 않고 풍자되는 객체의 입을 통해서 노래되어 "시의 현실감과 비판력이 동시에 희박해진" 점을 지적한다. 임화의 지적을 뒤집으면 '풍자하는 주체'가 노래하는 방법, 즉 비판적인 진술을 알아볼 수 있게 하는 풍자적 방법에 비해서 권환의 시는 상대적으로 그 진의를 파악하기가 어렵다는 주장이다. 그러나 풍자는 시인이 직접적으로 진술하지 않기 위한 방법이라는 점에서 이러한 요구는 풍자적 방법에 반대되는 것이면서도 '직접적인 폭로나 비판적 진술'의 우월함을 주장하는 것이다. 또한 현실감이 부족하다는 지적은 풍자가 사실과는 정반대되는 진술을 통하여 얻어지는 효과를 노린다는 점에서 풍자시 자체를 무효화하는 비판이라고 볼 수 있다. 이러한 비판은 효과를 중시하는 임화의 태도를 반영한 것이다. 결국 그는 권환의 풍자시가 "장개석이나 히틀러적 세계에 대하여 아무것도 아닌 것뿐만 아니라 노동자 계급에서도 하등 감흥을 주지 못한다"면서 풍자의 대상에게도 풍자의 동조자에게도 그 효과가 미약함을 지적한다.

그러므로 "우리들의 풍자시는 권환의 시편과는 전연 다른 경지에서 자기의 길을 개척해야 할 것"이라고 주장한다. 첫째로 '풍자당하는 객체'의 입을 통하지 않고 '풍자하는 주체'가 직접 비판적 태도를 드러내는 방법이다. 그것은 시인이 풍자대상을 묘사하는 방법이 될 것이며 풍자대상의 "결함을 지적하고 어떻게 그것을 제거할 것인가를 교시하는 정다운 풍자"라고 한다. 둘째로 풍자대상도 히틀러나 장개석과 같이 타계급인 '적'이 아니라 "자계급의 후퇴부대 혹은 동반자적 속의 사람들", 즉 "생활의 진로를 가로막고 있는 협잡물에 대하여 그들로 하여금 그것으로부터 자기를 정화시킨 것을 도웁는 '유―모어' 희극이어야 한다"라고 제안한다. 그 이유는 풍자에는 애초부터 타계급을 비판할 만큼 "박력 있는 감정"이 없다고 보는 풍자효과 무용론적 시각을 드러낸 것이다. 결국 권환의 시에서 노래한 그러한 대상, 즉 타계급을 향하는 것이라면 그것은 효과가 미약한 풍자로서가 아니라 "직각적인 감정을 통해야만 가치있는 시를 만들 수 있"다고 하여 '박력있는 감정'이 오히려 절제되어 있는 시적 방법인 풍자시의 활용을 부정한다. 이처럼 임화는 풍자적 방법이 효과면에서 보잘 것 없음에 주목하고 그것의 원인이 풍자의 방법에 있다면서 풍자당하는 객체의 입을 통해서 진술되지 않고 풍자하는 주체가 직접 풍자대상을 묘사하고 평가하는 '직각적인 것'을 제안한다.

풍자문학에 대한 임화의 비판적 인식은 「현대문학의 제경향―프로문학의 제성과」[231]에서도 이어진다. 그는 유진오의 「이적료 30원야」라는

---

231) 임화, 「현대문학의 제경향―프로문학의 제성과」, 『우리들』, 1934.3.

극작품을 두고, 그것이 그가 이전에 밝힌 "소위 문학적 전술로서의 측공법 ― 주로 풍자문학으로 쓰자는" 이론의 직접적 산물이라면서, 그의 풍자문학은 "환경에 대한 굴복의 문학"일 뿐이라고 비판한다. 덧붙여 권환의 풍자시에 대해서도 앞서 주장하였던 내용을 반복하고 있다. 즉 권환의 풍자시에는 "풍자적 대상에 대한 래디칼한 적극적 비판적 열정"은 물론이려니와 "대상에 대한 강렬한 감정적 표백이 없"다는 점을 다시 강조한다. 그러므로 '감정의 표백'이 없이는 "사실상 '굴복의 문학'의 허울좋은 변명에 그치기 쉽다"고 하여 여전히 감정이 절제된 풍자시를 부인하고 있다. 결국 감정을 숨기거나 절제하는 풍자시의 속성을 비판하고 감정을 드러내고 당당하게 표현하는 감정 중심의 낭만주의적 시론의 입장을 견지하고 있음을 알 수 있다. 시에서의 풍자적 방법은 이처럼 여러 가지로 비판적인 분위기가 조성되고 있었다.

한편 소설에서의 풍자문학론은 뒤늦게 1935년에 들어서야 제기된다. 크게 보아 최재서와 안함광에 의해서 각각 자기풍자와 사회풍자로 대립하게 되고, 그것이 구체화되면서 한식, 이운곡 등에 의해서 리얼리즘과 연계시키려는 작업이 진행되어 풍자문학론이 비판적 리얼리즘의 한 방법으로 자리잡게 된다.[232] 이에 힘입어서 풍자시를 창작한 이병각[233]은 「풍자와 우화시에 대하여」[234]라는 글에서 풍자를 긍정적으로 검토하게 된다. 이병각은 풍자적 방법의 완곡어법에 주목하면서도, 그 '난해성'에 대해서는 그것이 "풍자의 최대의 强味인 동시[에] 그가 가진 바 최대의 불행"이라고 평가한다. 그러나 풍자시의 약점만을 강조한 이전

232) 풍자문학론을 비판적 리얼리즘으로 보는 논자로는 최유찬을 들 수 있다. 이와 더불어 소설에서의 풍자문학론에 대한 자세한 검토는 최유찬, 「1930년대 한국 리얼리즘론 연구」, 『한국근대문학비평사』(이선영 외 공저), 세계, 1989, 418~427면을 참조바람.
233) 이병각의 풍자시로는 이태리의 파시즘을 풍자한 「'아드와'의 원수를!―뭇소리니의 부르는 노래」(『조선중앙일보』, 1935.9.29)와 「오즉 진군한 따름이다!―속 뭇소리니의 노래」(『조선중앙일보』, 1936.1.31~2.3)가 있다. 이 시에 대한 평가는, 이인영, 「1930년대 후반 시에 나타난 현실인식」, 연세대 석사논문, 1991을 참조바람.
234) 이병각, 「풍자와 우화시에 대하여」, 『신조선』, 1936.1.

의 논의와는 반대로 풍자시가 하이네의 정치적 풍자시와 같이 역사적 전환기(과도기)에 집중 창작된 점을 들어 현상황에서 풍자시의 기능이 유효함을 주장한다. 즉 현실적으로 검열을 피하기 위해서는 풍자시의 "정당한 이용을 적절히 강요되고 있음에도 불구하고" 프로시단에서 풍자시를 이단시하거나 경멸하는 현상을 비난한 것이다. 그리고 풍자시를 활용하는 데 있어서 기교가 세련될 것, 그리고 현실의 정곡을 정확히 인식할 것이 요구된다고 지적한다. 이 글은 이병각 자신의 풍자시 창작을 변호하기 위해서 씌어졌지만 전반적으로는 원론적 차원에 그치고 있다.[235] 더구나 검열에 관한 논의는 유진오와 동일한 상황판단을 보인다고 하겠다. 하지만 그것은 풍자시의 소극성을 인정하는 것이기도 하다. 풍자시는 이처럼 정당한 평가를 받을 수 없는 상황에서 씌어졌으며 그 창작방법에 대한 진지한 지도비평도 없이 존속하였다.[236]

한편 임화는 「진보적 시가의 작금―프로시의 걸어온 길」[237]에 와서 풍자시에 대해서 비판으로 일관했던 자신의 입장을 반성한다. 이는 기교주의 논쟁을 통하여 얻어진 모더니즘 시론에 대한 새로운 인식에 토대한 것이기도 하다. 그는 프로시론에서 전대의 '뼉다귀시'를 벗어날 이론적 모색이 없었다는 사실을 반성하고, 그러한 이론의 부재에 비해서 창작상으로 자연발생적으로 '뼉다귀시'를 벗어나기 위한 방법으로 자신과 윤곤강 등의 '낭만적인 경향'과 권환에서 이병각으로 이어지는 '풍자시의 경향'이 있었다고 진단한다. 그 중에서도 후자를 올바르게 평가하지 못했던 원인에는 1930년경 유진오가 풍자적 희극을 제안하면서 "정공을 피하는 측공법의 이론으로 제기"하였음을 기억하였기 때문이

---

235) 윤곤강은 이 글을 두고 "그 의도는 여하하든 논조가 명확하지 못하고 평범한 상식에 불과한 감"을 준다고 평가해서 풍자시에 대한 부정적인 입장을 고수한다. 윤곤강, 「병자시단의 회고와 전망」, 『비판』, 1937.2.

236) 이병각의 풍자시 「아도와의 원수」는 오히려 김기림에 의해서 '근래의 수확'이라는 긍정적인 평가를 받았다. 김기림, 「올해년의 시단」, 『학동』, 1935.12 참조.

237) 임화, 「진보적 시가의 작금―프로시의 걸어온 길」, 『풍림』, 1937.1.

라고 밝힌다. 그러나 이 글에서조차 임화가 풍자시를 적극적으로 지지하고 있다고는 할 수 없다. 다만 이 글은 과거 풍자적 속성에 대한 비판에 함몰되어서 권환이나 이병각의 풍자시의 작품의 성과를 정당하게 평가하지 못했다는 점에 대한 반성에 불과하기 때문이다. 풍자시가 '뺙다귀시'를 지양하려는 자연발생적인 노력이라는 점은 긍정하지만 풍자시 본래의 속성에 대해서는 여전히 부정적인 태도를 유지하고 있다.

풍자시에 대한 부정적인 평가는 김기림의 장시 『기상도』(『중앙』, 1935.5~12)를 두고 최재서와 윤곤강의 풍자적 측면에 대한 대립적 이해로 발전한다. 최재서의 풍자문학론은 그가 영미 주지주의 문학을 비판적으로 수용함으로써 수립한 자신의 문학을 대하는 태도와 관점을 한국문학에 적용하여 한국 문학의 방향성을 설정하려는 노력의 산물[238]이다. 그러므로 위기로 파악되는 세계를 통해서 자기분열에 직면한 작가가 그 외부세계에 대한 비판적 태도를 문학적으로 표현한 것이 최재서의 풍자문학이다.[239] 이러한 인식하에서 그는 「현대시의 생리와 성격―장편시 「기상도」에 대한 소고찰」[240]에서 『기상도』를 분석해 들어간다. 그에 따르면 시는 설명의 언어가 아니라 직관의 언어인데 그로 인해 언어의 경제와 스피드감은 현대인의 취미와 일치하며, 또한 시는 인습에 대한 영원한 반역자이므로 시인은 보통시민과는 다른 눈으로 물건을 보고 그 본 바를 정확하게 표현하는 새로운 감각을 가져야 한다고 전제한다. 김기림에 대해서는 "대상을 설명치 않고 그 감각 속에 지적 효과를 가입함으로써 그 실재를 직관케 하는 것이 이 시인의 테크닉"이라고 평가한다. 그로 인해서 김기림은 "대상을 지적으로 파악하려는 노력을 보이면서도 고의로 무[의]식적으로 사상을 기피하려는 경향"이 있

---

238) 임환모, 『문학적 이념과 비평적 지성』, 태학사, 1993, 188면.
239) 임환모, 위의 글, 192~193면.
240) 최재서, 「현대시의 생리와 성격―장편시 『기상도』에 대한 소고찰」, 『조선일보』, 1936.8.21~27.

다는 점을 높이 산다. 따라서 이 시의 밑을 흐르는 비애감은 "시가 진행됨을 따라서 비애는 솔직하게 표현되지 않고 구체적으로 형상화된다"고 하여 "그것은 대단히 능란한 풍자적 수법"이라고 평가한다.

이에 대해서 윤곤강은 「병자시단의 회고와 전망」[241]을 통해서 『기상도』를 재평가한다. 그는 사상성의 결여가 조선시단의 일반적 경향이라면서 "나날이 몰아치는 눈보라 속에 비굴한 붓대를 움츠리고 고작 생각하여 빚어낸 것이 어느 문단의 흉내를 내인 '풍자시'의 유행이요, '불안의 시'"였다고 개탄한다. 그럼에도 불구하고 최재서는 김기림의 『기상도』를 덮어놓고 찬양하고 심지어는 알 수 없는 시를 쓰는 것이 새로운 것인 양 어림없는 평구를 늘어놓았다고 비난한다. 윤곤강에 의하면 『기상도』는 깊이 있는 풍자도 될 수 없는 유희적 기분이 충만하고 상에 있어 통일이 없고 내용에 있어 심각한 맛이 없는 것으로, 그러므로 심각한 재제도 그의 손에서는 '초콜렛'을 씹는 소비심리, 감각으로 변질될 것이라고 비난한다. 그로 인해서 내용과 형식감각이 모순을 이루게 되는데, 내용에 있어서는 대상을 보는 눈이 천박하고 '카메라'와 같아서 피상적이고, 그 표현은 무리하게 재기를 억지로 짜내려는 언어의 무리가 있다는 것이다. 그러나 그 시가 "소박한 감상구를 생긴 그대로 질서없이 나열하는 자유시의 유행보다는 오히려 새로운 경지"를 보여주는 자극이 된다는 점은 장점으로 평가한다. 프로시의 진전을 방해하는 것이 전통적 감정과 표현의 매너리즘이라고 보는 그는, 그것을 몰아내는데에 김기림의 시가 자극이 되기는 하지만 거기에서 시의 새로운 관념을 창조하기에는 그 힘이 너무 약하고 야성적이라고 지적한다. 윤곤강은 김기림의 시를 풍자시로서 가치를 인정하지 않는다는 입장이고, 다만 표현방법에서 자극을 받을 만하다는 소극적인 평가에 그치고 있다.

---

241) 윤곤강, 「병자시단의 회고와 전망」, 『비판』, 1937.2.

(2) 기교주의 논쟁

이미지즘시와 주지적 시작 태도에 대한 비판, 그리고 풍자시에 대한 주지적 태도의 영향에 대한 비판은 모더니즘에 대한 프로문학의 일관된 비평태도를 보여주는 것이다. 그로 인해서 풍자문학은 적어도 프로시인으로서는 인정받지 못한 창작방법으로 결정되었다. 그러나 프로시론과 모더니즘 시론 간의 관계가 풍자시 비판을 마지막으로 막을 내린 것은 아니었다. 더구나 모더니즘측의 프로시 비판이 없었던 것이 아니라면 모더니즘과 리얼리즘간의 논쟁은 피할 수 없는 대립이었다고 할 수 있다. 그러나 무엇보다 중요한 사실은 풍자시 비판 이후, 즉 카프해산을 전후한 1935년 무렵 프로문학에서는 현실인식과 창작방법 문제에 대한 논쟁이 심화되었고, 모더니즘도 같은 시기 김기림과 최재서가 주지주의에 대한 관심을 보이면서 현실인식에 대한 태도로 모랄과 지성, 그리고 리얼리티를 강조하는 변화의 과정에 있었다는 점이다. 다시 말해서 프로문학과 모더니즘은 당대 현실로부터 동일한 압박감을 느끼고 있었고, 현실에 대응하기 위한 문학적 실천에 대한 심대한 모색기에 있었다는 것이다. 파시즘의 강화로 인한 정세의 악화가 모더니즘과 프로문학을 불문하고 문인들을 옥죄어 오는 상황에서 반파쇼인민전선으로 단결이 요망되는 처지였고 보면 모더니즘과 프로문학 간의 논쟁은 다만 논쟁으로서가 아니라 서로의 문제의식을 공유하는 토론으로서도 필요한 단계에 와 있었다.

이른바 기교주의 논쟁은 「시에 있어서의 기교주의의 반성과 발전」[242]이라는 김기림의 글을 임화가 비판하는 데서부터 시작된다. 김기림에게 있어서 이 글은, 인간적인 가치가 빠져있는 이미지즘을 비판하고 영미 모더니즘과는 다른 독특한 시론으로 발전하는 데 있어서 전환점이 되는 글[243]이다. 이 글에서 그는 '감정이나 사상을 그대로 노출하는' 낭만주

---

242) 김기림, 「시에 있어서의 기교주의의 반성과 발전」, 『조선일보』, 1935.2.10~14.

의와 관념주의에 대한 종래의 비판적 관점을 그대로 유지하는 한편, 그 낭만주의와 관념주의를 극복한다고 시의 순수화로 치달은 경향에 대해서도 비판적이다. 시의 순수화란 시의 가치를 시적 기술의 일부면에 지나지 않는 것에 두고 그 기술을 절대적으로 고조하는 경향으로, 그러한 경향을 그는 시의 일면화라고 지적한다.[244] 그 일면화에는 시적 언어의 음악성에 집중하는 상징주의. 그리고 시적 언어의 형태와 회화성에 집중하는 입체파, 다다이즘, 초현실주의가 해당한다. 특히 후자는 지면에 활자를 배열해놓는 인쇄미의 발휘를 순수화의 방향으로 설정하고, 시에서 의미나 주제를 추방했다는 점에서 일면적이라고 비판한다. 그러므로 김기림은 낭만주의나 관념주의를 극복하기 위해서는 그 일면화로서가 아니라 "기술의 각 부면을 그 속에 종합 통일해 가지고 있어야 할" "전체로서의 시"를 추구해야 한다고 주장한다. 그 전체로서의 시는 시적 기술, 즉 음악성, 회화성, 의미를 모두 총괄하는 것으로, 그 계획은 즉각 『오전의 시론』으로 구체화된다. 그러므로 이 글은 자신의 시론체계를 작성하기 위한 예비적 단계로 발표한 것이라고 할 수 있다.

이러한 김기림의 주장이 한국의 근대시사를 왜곡했다고 파악한 임화는 「담천하의 시단일년」[245]에서 김기림의 기교주의 비판은 결코 본질적인 비판은 아니라고 반박한다. 김기림은 그러한 기교주의를 오히려 자신의 시론의 전조로 모시고 있다는 것이다. 즉 기교주의 시가 1920년대 신시와 경향시에 대해서 혁명을 일으킨 듯한 환상을 김기림이 조장한다는 것이다. 더구나 김기림이 언급한 입체파, 표현적 미래파, 다다 등은 다만 인텔리의 주관적 환상에 불과하다며, 그들은 시의 내용과 사상을 방기하고, 언어의 표현기교와 현실 무관심을 기반으로 한다고 반

---

243) 문혜원, 「김기림 문학론 연구」, 서울대 석사논문, 1990, 40면 참조
244) 김기림은 「오전의 시론—기술편」(『조선일보』, 1935.9.17~10.4)에서 언어를 세 가지 요소로 나눈바 있다. 즉 뜻·소리·모양이 그것으로 그 세 가지 요소 중에서 한 측면만을 강조하는 것을 그는 일면화라고 한다.
245) 임화, 「담천하의 시단일년」, 『신동아』, 1935.12.

박한다. 그러므로 사상으로 통하는 감정246)을 멸시하는 그들은 감각된 현상을 말초신경에 담아두었다가 시 제작 때에만 사유해내는, 즉 두뇌의 시가 아니라 신경의 시라고 비판한다. 임화는 이 경향의 시인으로 정지용, 신석정, 김기림 등을 열거하고, 특히 김기림의 시는 자신의 시론에서 정당하게 기교주의를 비판하였으면서도 기교주의과 단계를 벗어나지 못하였다고 지적한다.

정작 중요한 부분은 다른 데 있다. 그는 김기림이 역사성을 상실한 시민의 시의 퇴화된 양상의 하나일 뿐인 기교주의, 순수화 경향 등은 강조하면서, 상대적으로 근대시의 진정한 후계자인 프로시를 무시했다는 사실에 비판의 초점이 옮겨진다. 김기림이 자신의 시사구도에서 낭만주의와 관념주의(=경향시)를 정당하게 비판했지만, 그가 비판하는 경향시는 다만 프로시의 전사이기 때문에 그에 대한 비판을 금일의 프로시에는 적용할 수는 없다는 판단이다. 그러므로 근대시의 진정한 후계자는 신시의 퇴화된 양상인 기교주의가 아니라 프로시이며, 그 프로시의 존재가치를 경향시로 한정해버린 김기림의 시사구도는 왜곡이라는 것이다. 또한 김기림이 주장하는 근대시의 위기는 근대시 전체의 위기가 아니라 다만 반근대화한 시민의 시에만 해당된다고 단언한다. 근대시를 위기로 파악한 김기림의 시사구도에서라면 기교주의의 반성 이후에 새로운 내용성을 설정하고 문명비판이라는 지성으로 상륙하는 것이 당연하지만, 그 상륙의 지점조차도 결국은 고작 인간정신=휴머니즘247)일 뿐이라고 비판한다. 그러나 그 비판적 지성이란 것도 감정과 정서가 없기 때문에 행동의 기피에 불과하다. 왜냐하면 감정이란 곧 행동에의 충동이기 때문이다. 이어서 김기림의 『기상도』는 문명의 사실을 본질로

---

246) 이 글에서 임화는 감정이야말로 사상과 행동의 열쇠라고 주장한다. 이는 감상주의 비판에서 추방된 감정을 적극적으로 이론화하려는 면모를 드러낸 것이다. 그러나 이 글에서 감정론은 일관되어 있지 않고, 다만 주지주의에 대한 비난을 위해서만 활용된다.
247) 이 당시 휴머니즘론은 임화에게 비판의 초점이 되는 이론이다.

부터 받아들이지 않고, 번지르르한 외면만을 감수한 것이고, 따라서 비판적 지성도 찾기 어렵다고 평가한다.

이처럼 임화는 김기림이 설정한 '신시(낭만주의, 관념주의)→기교주의→전체시'라는 근대시의 발전구도에서 프로시가 누락되었다는 사실을 강조하면서, 김기림이 비난했던 일면적 기교주의에 김기림 자신도 속해 있는 것이 아니냐는 비판을 첨가했다. 이 글에서 특기할 사항은 1920년대의 경향시에 대한 김기림의 비판을 수긍하면서도, 1930년대 프로시를 근대시의 진정한 후계자로 내세운 점, 그리고 감정이 행동의 원천이라고 하면서 감정을 제거하려는 모더니즘을 비판한다는 점이다. 감정을 중시해야 하는 프로시의 입장을 반영한 글이라고 할 수 있다. 그러나 전반적으로 김기림의 기교주의 비판에는 이의를 달지 않았다. 다만 기교주의를 바라보는 시사적 구도가 각기 다르다는 점을 확인할 수 있다.

그러나 김기림과 임화를 동시에 비판하는 박용철이 개입함으로써 논쟁은 프로시론과 모더니즘 시론, 그리고 순수시론으로까지 번진다. 결국 기교주의 논쟁은 1930년대에 등장한 쟁쟁한 시 이론가들이 각자의 입장을 밝히는 토론장으로 확산된다. 박용철이 논쟁에 참여하게 된 이유는 크게 두 가지이다. 첫째는 김기림이나 임화가 주장하는 시론을 지지할 수 없다는 것이고, 정작 중요한 둘째 이유는 임화의 비판으로부터 정지용 시를 옹호하려는 데248)에 있다. 박용철은 「올해시단총평」249)에서 김기림의 시는 새로움을 추구한답시고 의식적으로 신기를 추구하는 의상사에 지나지 않는다면서, 그 대신에 생리적 필연의 진실에 바탕한 시를 주장한다. 이러한 비판은 김기림의 『기상도』에도 해당되는 것으로 이 시는 통일된 인상보다는 혼란과 요설의 인상만을 몽타주한 것이라고 비판한다. 그리고 김기림에 대한 비판은 생리적 시관과 통일을 중시

---

248) 박용철은 1930년 시전문지 『시문학』지를 창간하였는데, 그 동인으로 정지용이 참가한 바 있다.
249) 박용철, 「올해시단총평」, 『동아일보』, 1935.12.24~28.

하는 자신의 유기체 시관을 들어 반박하는 것으로 마무리 짓는다. 하지만 정작 비판의 초점은 임화에게 있는 것으로, 그는 임화의 입장이 시를 단순히 설명적 변설로 보는데 지나지 않는다고 비난한다. 그러므로 시대적 현실을 정확히 인식한다고 해서 논문을 웅변회용으로 서투르게 개작한 듯한 프로시는 시가 아니라는 입장이다. 요컨대 프로시에는 시의 생명인 응축이 없어서 표현이 산만해진다는 것이다. 박용철의 프로시 비판은 프로시가 반성해마지 않던 것이고 보면 프로시에 대한 선입견에서 비롯된 일면적 지적에 지나지 않는다.

이어서 박용철은 자신의 시관을 피력한다. 즉 시인이란 현실의 본질을 다만 인지하는 데서 그칠 것이 아니라, 영혼의 가장 깊은 곳에서 그것을 체험하는 사람이고, 그러므로 시란 단순히 변설에 그칠 것이 아니라 특이한 체험이 절정에 달한 순간에 그 체험을 언어 최고의 기능을 발휘해서 한송이 꽃으로 변용시키는 능력에 달렸다고 주장한다. 그 때에 아름다운 변설은 결정되고 응축되어서 승화된 존재가 된다는 것이다. 그러므로 오직 자기의 피를 가지고 느낀 것(체험된 것), 가슴 가운데 뭉쳐있는 하나의 덩어리를 표현하는 것으로만 시론을 집중한다. 그의 시론은 체험에서 표현에 이르는 과정을 중시하는 시론으로 그 과정에서 아무런 지적 개입도 인정하지 않고 있다. 이 점은 지성과 세계관이 창작과정에서 중요한 기능을 한다고 보는 모더니즘과 프로시를 동시에 비판하는 근거이기도 하다.

박용철은 이에 기반해서 정지용의 시를 변호하는데, 그의 시 「유리창」은 생생한 감정을 직설적으로 노출하는 것보다는, 즉 지껄이지 않고 씹어삼켰으며, 그 시인의 비애가 배회하다가 유리창에 와서 태어난 시라고 평가한다. 이처럼 그는 임화의 시론이 창작과정의 여과를 거치지 않고 이론이나 감정을 직설적으로 토해내는 변설의 시이론이라고 평하고, 김기림의 시론도 신기를 의식적으로 짜내는 시론이라고 비판한다. 다시 말해서 임화와 김기림의 시론이 의식적으로 '만드는 시'를 주장한 것이라면, 박용철의 자신의 시론은 체험이 덩어리화해서 '태어나는 시'라고 요약할 수 있다. 특히 '변설'로 바꾸어도 상관이 없는 프로시를 비판하고, 그에 반해서 자신의 시가 내용만을 따로 '변설'로 떼어낼 수 없는 '변설 이상의 시'라고 주장하는 데에 논의가 집중되었다.

이러한 박용철의 프로시 비판에 대한 임화의 반박은 김기림의 「시인으로서 현실에 적극관심」[250]이 발표된 이후에 행해진다. 김기림은 이 글에서 기교주의를 다시 세분화해서 언어에 대한 고전주의적 신념을 시론으로 한 일파, 일군의 형이상학파, 그리고 사상파(=이미지즘)로 나눈다. 그러나 그 모두가 현실에 대해서 도망하려는 자세를 가졌다는 점에서는 동일하다는 비판을 첨가한다. 또한 그들의 현실도피의 태도가 현실증오의 감정을 동반한 것도 아니라는 점을 지적한다. 그는 1936년 파리 국제작가회의[251]에서 초현실주의자 아라공의 참가를 예로 들면서 문명을 비판하고 초극하는 자만이 내일에 참여할 자격이 있다는 결론에 도달한다. 그러나 그렇다고 편내용주의를 주장하는 것은 아니라면서, 바야흐로 내용과 기교의 통일을 통한 '전체성의 시론'이 요청된다고 말한다. 그리고 나서 임화의 비판을 의식한 듯 최근의 프로시의 변화된 태도를 첨가하고, 프로시가 좌로부터의 선으로, 그리고 자신의 시론이 우로부터의 선으로 전체성으로 접근할 것을 기대한다면서 글을 마무리한다. 이러한 김기림의 변화는 전혀 새로운 것이 아니다. 이미 김기림은 현실에 대한 모랄과 지성을 강조한 바가 있었기 때문이다. 프로시론과 모더니즘 시론의 차이에도 불구하고 동일한 목표를 설정한 것은 프로

---

250) 김기림, 「시인으로서 현실에 적극관심」, 『조선일보』, 1936.1.1~5.
251) 1933년 나찌당의 독일 집권으로 파시즘이 득세하게 되고, 거기에 대항한 지식인들이 국외로 추방당한다. 독일의 게르만 우월주의가 위험한 파시즘이라고 파악한 서구의 지식인들은 1934년 2월 파리에서의 파쇼파에 의한 폭동사건 이후 사회주의와 자유주의 지식인이 연합하며 반파시즘 인민전선을 출범시킨다. 이와 동시에 코멘테른 7차 대회에서도 '반파시즘 통일전선'을 결의안으로 채택하게 된다. 파리에서의 국제작가대회도 반파시즘 인민전선으로 결집할 것을 결의한 대회이다. 김윤식, 『한국근대문예비평사연구』, 일지사, 1976, 205면 참조

시가 경직성을 벗어나고 있다는 판단, 그리고 파시즘에 대한 동일한 압박감이 작용한 탓이다.

이에 대해 임화는 「기교파와 조선시단」[252]을 통해서 기교를 가지고 시의 전체를 삼고, 현실로부터 완전히 도피하려는 기교주의에 비한다면 김기림의 시론이 발전적인 진전을 보인 것이라고 하여 긍정적인 반응을 보인다.[253] 그러나 김기림이 제안한 전체주의 시가 형식논리학적 내용과 형식의 균형론에 기울지 않으려면, 내용의 우위성 가운데 그 둘이 변증법적으로 통일되어야 한다는 단서를 붙인다. 한편 기교주의의 선두주자인 김기림의 변화는 박용철을 보수적인 기교주의자라고 비판하는 데에 적절히 이용된다. 그리고 나서 임화는 기교주의에 대한 재비판에 들어간다. 그는 금일의 기교주의가 1920년대를 전후해서 발족한 조선의 시민적 시가 중에서 이미 배태된 것이지만, 차라리 1920년대의 낭만주의는 현실에 대한 증오의 감정을 잃지 않았다고 하여 상대적으로 그 가치를 인정한다. 그것은 김기림과 동일하게 금일의 기교주의가 현실에 대한 증오의 감정마저 잃어버리고 다만 현실도피에 불과하다는 비난으로 이어진다.

이러한 지적은 박용철이 제시한 시론에 대한 비판에도 해당된다. 즉 임화는 신비적이고 계시적인 영감에 의한 박용철의 시작설을 믿지 않는다면서, 그의 시는 고귀한 영혼만이 감지할 수 있는 세계라고 비판한다. 요컨대 시는 마술이고 그 제작과정은 과학적으로 불가해의 것이며, 서정시란 지성이나 판단에 오르지 않는 낮은 감정에 머물 것이고, 하잘 것 없는 감정을 고운 말로 써 놓으면 훌륭한 시가 되는 것이며, 시란 생활이나 현실의 문제를 건드리지 말 것 등이 박용철의 시론이라고 집약

---

252) 임화, 「기교파와 조선시단」, 『중앙』, 1936.2.
253) 이런 점에서 임화의 김기림의 결탁은 시론에서 보여준 반파시즘 인민전선에 해당된다. 기교주의 논쟁의 형식을 빌었지만 양자의 이론적 공동전선이 설정되는 장면을 보여준다.

하다. 임화는 그것을 감정의 자발적 표현을 중시하는 낭만주의 시론으로 파악하고 있다.

하지만 임화의 관점에서 보면, 시는 감정에 의해서만 독자에게 전달되는 것이 아니라 이지와 결합해서 독자에게 호소하는 것이다. 감정도 박용철의 주장처럼 생물학적, 동물적, 본능적인 감정이 아니라 사유와 연결된 인간적 감정임을 주장한다. 즉 사유가 없으며 감정도 일어나지 않는다는 것으로 임화는 사유, 이지와 감정의 교호관계를 분명히 한다. 또한 영혼의 감동은 말을 갖지 않는다는 박용철의 주장에 대해서 영혼의 움직임이 이미 사유라면 그것은 언어와 분리될 수 없다고 하여 반박한다. 그러므로 시인은 "새로운 세계의 창조적 몽상의 변설자"라야 한다며, 그에 비추어 박용철의 태도는 세계와 현실로부터 도피하려는 기교주의에 지나지 않는다고 결론내린다.

이처럼 임화는 현실을 중시하는 김기림의 변화에 주목하고, 현실을 무시하는 박용철에 대한 비판을 강화한다. 그러나 박용철에 대한 비판에서 감정에 대한 논의가 재차 등장하는 점에 주목할 필요가 있다. 이미 모더니즘과의 차이를 강조하면서 감정을 옹호한 바 있는 임화는 박용철이 그의 시론에서 주장하는 부르주아적 감정론과 임화 자신의 감정론의 차이를 분명히 하고 있다. 요컨대, 임화의 감정론은 사유(세계관)와 밀접하게 연관되어 있는 것으로, 감정은 사유와 결합될 때에만 그 표현이 가능하다는 것이다. 이처럼 사유와 결합된 감정은 사람을 행동으로 유도할 수 있는 성질을 갖추게 된다. 반면에 사유가 망실된 박용철의 감정론은 행동을 유발하지 못하는 자기표현에 그치고 만다. 또한 감정을 배제할 것을 주장하는 모더니즘이 객관적인 지성적 비판에 그치지만, 감정이 결합된 프로시는 감정을 지적 판단과 결합시킴으로써 행동을 유발하게 된다는 것이다. 감정이나 사유 어느 한쪽만으로는 행동을 유발할 수 없다는 것이다. 이 점이 김기림, 박용철과의 논쟁을 통해서 임화가 얻어낸 성과라고 할 수 있다. 프로시의 감상주의 비판에서 몰아낸 감정을 구제하려는 임화의 관심은 기교주의 논쟁과정에서도 이어져 구체화된 것이다.

그러나 자신의 시론이 기교주의로 비판받은 것에 대해서 불만을 품은 박용철은 「기교주의의 허망」[254]으로 반박한다. 우선 그는 임화가 사용하는 기교주의라는 용어가 실체도 없는 유령을 가리키는 것이라고 지적한다. 즉 김기림이 사용한 기교주의라는 용어를 임화는 모든 부르주아 시인에게 두루 적용되는 불분명한 개념으로 사용한다는 것이다. 개념의 명확성을 기한다면 박용철 자신은 김기림이 분류한 기교주의라는 부류에 해당되지 않는다고 주장한다. 자신이 중시하는 기교란 음악성도 회화성도 아닌 새로운 기교이며, 그것은 곧 기술이라는 명칭으로 환치해야 한다고 주장한다. 임화도 김기림도 자신의 시론을 이해하지 못한 결과 기교주의로 뭉뚱그렸다는 입장이다. 그리고 그는 시제작과정을 신비화하고 불가해하게 만들었다는 임화의 비판을 의식한 듯 언어를 중심으로 시제작 과정을 해명하는 데에 치중하고 있다. 그는 자신이 제안하는 기술이라는 용어를 언어라는 매재를 다루는 능력으로 재정의한다. 언어는 조잡한 인식의 산물이기 때문에 사고를 전부 언어로 표현할 수는 없다고 하고, 그러한 언어로 표현하는 것은 적을 만나서 생사를 겨루는 순간과도 같다고 설명한다. 그럼에도 불구하고 시인은 그런 언어를 다루는 기술자여야 하고, 그 기술은 결코 가르칠 수 있는 것이 아니라 수련과 체험의 축적물이라고 한다. 그러나 그 기술의 사용도 표현해야 할 충동이 있어야 하는 것으로 그 충동은 불끈 일어서는 영감이고 가슴에 웅얼거리는 덩어리여서 그것을 표현하기란 낙타가 바늘구멍 들어가기보다 어렵다고 주장한다.

박용철의 이 글은 사유와 감정이 언어와 밀접하다는 임화의 견해를 비판하려는 의도가 다분히 내재해 있다. 그에 의하면 언어는 사유의 수

---

254) 박용철, 「기교주의의 허망」, 『동아일보』, 1936.3.18~25.

단으로는 적절하지만 시적 표현의 수단으로는 다루기 힘든 존재이다. 시적 언어가 정확성을 추구하지 않긴 하지만 언어에 대한 엄격함은 있어야 하는데 그 엄격함에 시적 표현의 어려움이 있다는 것이다. 그러나 그 표현의 어려움을 가르칠 수도, 이론화할 수 없다는 신비주의적인 사고로 발전시킨다. 이러한 언어관은 상징주의자 김억의 언어관을 계승·발전시킨 이론이라고 할 수 있다. 그러나 초기의 프로파간다 시가 언어의 정확성을 추구하였던 것이라면 언어의 정확성이 시에서는 불가능하다는 박용철의 정당한 주장은 임화에게 언어의 성질에 대한 관심255)을 충동질하기에 충분한 것이다. 사유·감정·언어의 관계는 순차적으로 해결되어야 할 중요한 시의 요소들이기 때문이다.

이러한 기교주의 논쟁은 프로시 이론을 한 단계 넘어서게 하는 계기가 된다. 프로시에 대한 논의는 추상성에 대한 비판으로 시작되어 감상성 비판, 낭만성 비판으로 이어졌고, 사회주의 리얼리즘의 영향으로 시의 특수성으로 감정에 주목하더니 곧바로 풍자시 비판에서 시작하여 주지적 모더니즘에 대면하게 되었다. 하지만 시의 특수성만 강조했지

---

255) 임화가 언어에 대한 관심을 보인 것은 기교주의 논쟁이 있기 전부터이다. 즉 임화의 「언어와 문학」(『문학창조』, 1935.1)이 그것으로 이 글에서 그는 조선의 시민문학이 그 기능을 다하지 못하여 프로문학이 그 문제까지 이중으로 떠맡아야 한다는 문학사적 구도를 기초로 해서, 언어에 있어서도 표준어의 확립을 통한 민족어의 정립이라는 임무가 프로문학에 주어졌다고 주장한다. 또한 임화는 반파시즘 인민전선의 필요로 ① 조선어를 지킬 것 ② 예술성을 옹호할 것 ③ 합리정신을 주축으로 할 것 등을 문학운동의 중심으로 삼았다고 당시를 회상하고 있다(임화, 「조선 민족문학건설의 기본과제에 관한 일반 보고」, 『조선일보』, 1946.2.13 참조). 그렇다면 기교주의 논쟁의 결과 임화가 언어에 관심을 가지게 되었다는 서준섭의 견해(서준섭, 『한국모더니즘문학연구』, 일지사, 1988, 213면)는 잘못된 것이다. 임화는 「조선어와 위기하의 조선문학」(『조선중앙일보』, 1936.3.8~24)에서도, 방언·사어·고어에 대한 가차없는 투쟁을 통해서 표준어를 확립해야 한다고 주장한다. 「언어의 마술성」(『비판』, 1936.3)에서는 그것을 문학에도 적용하여 복고주의의 사어, 고어의 부활을 비판하고, 기교주의의 심미성 강조도 비판한다. 그리하여 언어의 전형이 '합리성'과 '심미성'의 조화에 있음을 강조한다. 또한 문학어와 일상어를 구분하는 「언어의 현실성」(『조선문학』, 1936.5), 「예술적 인식표현의 수단으로서의 언어」(『조선문학』, 1936.6) 등의 논문을 계속 발표한다. 그러나 임화의 언어론은 시의 언어를 해명하는 데에는 미치지 못하고 있다.

아직 그 방향을 확정하지 못한 프로시의 단계에서 직면하게 된 모더니즘 및 순수시와의 논쟁은, 프로시론의 성장에 소중한 밑거름이 되었다.

(3) 신세대의 프로시론

카프가 해체된 이후 볼세비키론을 주도한 세력이 다시 구세대로 전환되고 새로운 신세대가 프로시론의 해명을 떠맡게 된다. 그들은 모더니즘과 순수시론의 성장을 목도하면서 시에 대한 다양한 이론을 섭취할 기회가 충분했던 세대이다. 그들은 또한 프로시론의 방법론 상실기에도 현실에 입각한 시론을 고수하되 그 전의 교조적 태도를 버리고 시의 특수성과의 융합을 시도한 세대이기도 한다. 물론 그들의 시론이 프로시론의 발전을 의미한다고 단정할 수는 없다. 하지만 그들이 여러 가지 복합적인 이론의 적용을 허용하고, 산문에 적합한 이론에서 시론이 독립해야 한다는 입장을 가진 세대라는 점에서 주목할 가치가 있다. 그 가운데는 우편향으로 분류될 소지가 다분한 논자들도 있고, 사상의 중요성을 무매개적으로 시에 융합시키려는 경직된 부류도 또한 존재한다는 사실을 감안해야 할 것이다. 시와 사상, 그리고 현실의 관계를 무시하지 않으면서도 시와 언어, 감정이라는 본질적 문제에서부터 창작과정, 그리고 독자의 감동의 영역까지 그들이 보여준 이론의 영역은 광대하다.

우선 모더니즘과 프로시론을 융합하려는 시도를 보인 양운한을 주목할 필요가 있다. 그는 기교주의 논쟁이 전개되는 과정에 이미 모더니즘 시론과 프로시론을 융합하려는 작업을 진행하고 있었다. 그의 작업은 「시예술의 한계성」[256]에서 시작된다. 그는 이 글을 근본적인 질문에서부터 풀어가고 있다. '시란 무엇이고, 어디까지가 시인가', 그는 시의 경

---

256) 양운한, 「시예술의 한계성」, 『조선중앙일보』, 1935.11.22~23.

계를 묻고 그것을 해명하고자 한다. 그는 이 글에서 프로시의 본질적인 문제로 감정, 언어, 표현방식, 현실을 설정하고, 그것을 병렬적 순차적[257]으로 해명하고 있다. 그는 시에서 감정을 시의 핵심으로 들고 그 감정 대신에 지성의 도구만을 주장하는 모더니스트들은 형식주의라고 공박한다. 시에서 감정을 제거하는 것은 영원히 불가능하다고까지 단정한다. 시는 현실생활의 인식방법에 그치지 않고 감성적 생명에 의해서 우리의 생활을 동적 상태에까지 끌어올리는 감정과 정서의 통일적 세계이기 때문이다. 그 감정은 그러나 사유와 불가분의 것으로 사상과 결부되지 않는 감정은 존재할 수 없다고 하여 임화의 감정론을 반복한다.

또한 시는 언어를 방편으로 삼는 예술이라면서, 언어에 관한 창조설, 전달설, 생기설 등의 이론을 열거하고, 특히 언어학의 의견을 중심으로 소개한다. 언어학에 의하면 언어를 사상의 표현이라고 정의한다면서 그것은 다수자에게 동일한 개념을 환기할 수 있다는 이해작용을 신뢰하기 때문이라고 설명한다. 그러나 그것은 언어의 다른 측면인 정서적 기호, 뉘앙스를 설명할 수 없다는 점에서 제한적이라고 평한다. 시의 특징이 묘사나 서술이나 설명이 아니라 몽타주에 있기 때문이라는 것이다. 즉 두 가지 독립관념이 합하여 그 두 가지 관념과는 다른 독립된 관념이 성립되는 것이 몽타주라면 그것은 시에서 구·행·연 사이에도 적용된다고 한다.

다음으로 그는 사람이 시공간의 무한성을 지각할 수 없으니 그 중에서 개개인의 경험은 시공간의 유한한 부분을 분리해서 지각할 뿐이라고 전제한다. 그리고 언어를 표현수단으로 하는 시는 언어의 성질상 시간적 관계를 취급함이 원칙이라면서 그 시간적 경험의 분리를 공간의 연속성을 빌어서 지각한다고 한다. 그러나 회화처럼 대상의 한순간을 선택하거나 대상의 계속적 측면, 즉 행위를 시의 대상으로 삼는다고 밝

---

257) 이 글의 목차는 '(1) 감각(감정), 지성 (2) 언어, 몽타-쥬 (3) 시간(시), 공간(회화) (4) 현실성' 순으로 구성되어 있다.

힌다. 그러나 행위를 대상으로 한다고 해서 그 전부를 취급하는 것은 아니라고 한다.

또한 문학과 현실의 관계를 외치는 사람들이 현실파악에 진보성이 없는 것은, 현실에 대한 일체의 억압에 대한 반항심을 환기시키지 못하고 현실에 면사포를 씌우고 현실과 타협하거나 아예 현실로부터 도피하려는 소극적 낭만주의자에 그치기 때문이라고 진단한다. 그러므로 시적 가치를 새로운 구성법, 새로운 양식, 새로운 언어세계에서 찾기 전에 위대한 예술은 소재적 기초에서부터 발전한다는 자각이 우선이라고 한다. 그 소재의 원천이 생활이므로 시인은 자기가 생존하고 있는 현실과 역사적 단계에 대한 발전적 진보적 행동을 취함으로써 현실생활에 대한 객관적 진실성을 추구해야 한다고 말한다. 그 때에 시는 비록 죽은 소재를 취급할지라도 새롭게 넓이와 깊이에까지 도달할 수 있다는 것이다. 우리가 섭취해야 할 것은 괴테의 리얼리스틱한 관찰력과 바이런의 현실에 대한 넘치는 풍자, 그리고 하이네의 속물에 대한 비타협성, 당시 정치정세에 대한 진보적 태도일 것이라고 결론내린다.

이러한 4가지 측면은 서로 연관관계를 맺지 못하고는 있지만, 시의 본질을 해명하고 그것을 현실과 연관시키려는 그의 의도를 충분히 반영하고 있다고 평가된다. 그러나 이 글은 자신이 시작품을 창작하는 방법의 해명에만 그치고 있어서[258] 보편타당성은 떨어진다. 결정적으로 그에게는 현실을 바라보는 '시각'의 문제, 그 지향점이 뚜렷하지 않다. 따라서 억압적 현실에 대한 막연한 비판 차원, 즉 모더니즘의 부정적 유토피아를 지향하고 있다. 그러나 시에서 이처럼 현실에 대한 치열한 비판태도는 당시 모더니즘이 제시하는 주지적 태도를 넘어선 것이고, 그 점에서 양운한은 프로시론과 모더니즘 시론의 중간에 위치하는 것이라고 평가할 수 있다. 하지만 양운한도 서두에서 밝히고 있듯이 그

---

258) 양운한은 이러한 이론을 직접 시로 옮기고 있다. 이에 대해서는 이인영, 앞의 글, 49~54쪽 참조바람.

이론들이 서구와 일본의 이론을 짜깁기한 것이기 때문에 자신의 일관된 이론으로 소화되지 못한 측면이 많다.

양운한이 이해하는 사상성의 문제는 김환태에 대한 비판에서 확인된다. 김환태의 「시와 사상」259)이라는 글을 두고 양운한과 이병각이 동시에 비판을 제기하게 된다. 김환태는 이 글에서 사상의 내용 여하로 시의 가치를 평가하려는 경향이 있다고 지적하고 그것이 잘못된 비평태도라고 단언한다. 그에 따르면 그러한 비평은 두 가지 이유에서 잘못되었다. 첫째, 시와 과학을 혼동하는 것이다. 시는 상상력을 사용하고 과학은 이성을 사용하는 것이라면, 이때 이성이 분석적 비판능력이라면 상상력은 종합적 구성능력으로 그 둘은 전혀 다른 세계에 관계한다. 그렇다면 이성의 작용인 사상을 상상력의 작용인 시의 가치평가에 적용하는 것은 오류라는 것이다. 시는 다만 상상력의 소산이므로 아무런 목적도, 주장도 갖지 않는 자율적인 예술이라고 덧붙인다. 둘째, 그것은 내용과 형식을 분리하려는 태도이다. 시의 주제나 사상은 시가 되기 이전에 외부에 존재하는 소재에 불과한 것인데, 한낱 소재를 가지고 시의 가치를 평가하려는 것은 내용만을 분리하는 잘못된 사고라는 것이다. 왜냐하면 시는 내용과 형식의 분리를 허락하지 않기 때문이라고 한다. 설사 사상이 있다손치더라도 그 사상은 시인의 상상력 속에 완전히 용해되어 더 이상 분리할 수 없는 상태로 되어야 위대한 시이다. 그러므로 시의 가치평가는 사상의 지적 내용 여하가 아니라 '우리를 기쁘게 해주는 정도'에 따라 결정되는 것이다.

이에 대하여 양운한은 「시와 사상」260)이라는 동일 제목의 글로 반박한다. 그는 김환태가 상상력과 이성을 비교하는 과정에서 시가 언어로된 예술이라는 사실을 망각했다고 지적한다. 즉 로고스라는 말이 언어와 사상을 동시에 의미하는 것처럼 언어와 사유는 분리할 수 없는 것이

---

259) 김환태, 「시와 사상」, 『시원』, 1935.12.
260) 양운한, 「시와 사상」, 『조선중앙일보』, 1936.2.11~16.

다. 그러므로 언어로 된 모든 시에 사상이 없을 수 없다. 언어를 사용치 않는 시가 불가능한 것처럼 사상이 없는 시는 불가능하다. 그러므로 이 데올로기가 내재한다는 이유로 프로시를 시가 아니라고 단정하는 태도는 온당치 않다. 또한 시인이 생활을 떠날 수 없는 이상은 생활에서 느끼는 복잡한 감정을 시인의 고귀한 정신에 의해서 조화시킨 것이 내용(사상)이다. 따라서 감정과 의미(내용, 사상)는 분리할 수 없다. 그에 따르면 언어는 무엇보다 사상과 경험을 전달하는 수단이다. 따라서 시에 의한 사상의 전달은 필수적이라고 주장한다. 하지만 모든 시에 사상이 있기 마련이라는 그의 주장은 로고스라는 단어를 지나치게 신뢰한 나머지 모든 시를 사상시로 전환시키는 오류를 범하고 말았다. 이는 사상과 사유를 분리하지 않았기 때문에 발생한 현상이다. 여기에서도 시를 통어하는 사상이 있다고만 주장하는데, 그 정도의 사상이라면 누구나 가지고 있는 것에 지나지 않는다. 따라서 그의 글은 '시각'이나 당파성을 기반으로 하는 주장은 아니다.

이에 대해서 이병각은 「시에 있어서의 형식과 내용」[261]에서 김환태에 대한 비판을 강화한다. 그는 원시적 언어는 언어미보다도 사상의 전달에 궁극적인 목적이 있었으나 그 후 언어미도 그 중요성을 얻었다고 전제한다. 그러므로 예술적 표현이란 독자에게 그 사상을 언어로 전달하려는 것에 불과하지만 시의 기교(=언어미) 역시도 무시할 수 없다고 말한다. 하지만 이때 동원되는 기교와 형식은 독자에게 전달하려는 예술의 내용(사상)을 형상화한 것에 지나지 않는다. 또한 그는 기교와 형식의 선정에 있어서 엄정한 당파성의 제약이 있다는 주장을 덧붙인다. 같은 현실과 같은 시적 대상일지라도 시인의 세계관에 의해서 다른 언어 기교와 표현이 선정된다면서 세계관이 형식 선정에까지 영향을 준다는 입장을 취한다.

---

261) 이병각, 「시에 있어서의 형식과 내용」, 『조선일보』, 1936.4.7~12.

이러한 이병각의 주장은 양운한에 비한다면 훨씬 당파성이 강조된 글이다. 더구나 형식의 선정에서조차 세계관이 적용된다는 지적에서는 부르주아 시가 사용한 형식을 거부했던 프로파간다 시론 단계의 소박성이 엿보인다. 따라서 시의 특수성을 들어 사상 중심의 사고를 비판한 김환태를 상대하기에는 이론적으로 빈약한 대응이다. 그것은 계급성만으로 모든 문제를 해소하고 더 이상 문제의 본질을 사고하지 않으려 했던 초기 프로시의 안일한 이론을 반복하는 태도이기 때문이다.

다시 양운한의 사상성 문제로 되돌아가보자. 사실 모든 시인에게는 사상이 있기 마련이라는 그의 주장은 구체적인 검토를 요하는 문제이다. 그러므로 그가 이해하는 사상성의 문제를 양운한의 「시문학에 있어서의 시대성 문제」[262]라는 글을 통해서 살펴보기로 하자. 그는 이 글에서 시대성 문제를 곧 사상성 문제라고 말하고 있기 때문이다. 시대성, 즉 사상성이란 무엇인가? 그는 문학이 사상과 정치의 전적인 노예였던 시기의 사상성, 즉 사상의 선행은 오류였다고 비판한다. 그렇다고 해서 문학과 사상이 전혀 무관하다며 문학의 독자성만을 주장하는 것도 잘 못이다. 그 후로 문학은 과거의 오류를 벗어나서 현실에로 눈을 돌리게 되었다고 한다. 그러므로 사상성의 문제는 참된 현실의 문제가 되는 것이다.

그는 문학에서 참된 현실이란 시대성의 통찰이고, 그것은 그 시대의 역사적 통찰 위에 입각한 역사성이라고 한다. 그러므로 시인의 사상은 선재한 사상이 아니라, 시인이 속한 시대의 공기를 이해하고 표현하려는 개개의 사상(事象) 가운데서 시대성을 통찰하는 것이다. 그는 시대성의 통찰이라는 문제를 낭만주의와 리얼리즘의 융합으로 발전시킨다. 즉 현실의 압박, 억압, 모순 등을 향한 반항심을 환기하는 적극적인 낭만주의와 현실을 분식시키지 않고 표현하려는 리얼리즘이 동일한 의미라는

---

262) 양운한, 「시문학에 있어서의 시대성 문제」, 『비판』, 1937.2.

것이다. 따라서 시대성의 통찰을 게을리하지 않는 시인인 임화는 로맨티스트요, 리얼리스트요, 비판을 모르는 아이디얼리스트라고 주장한다. 결국 시의 리듬은 시대성의 리듬에 의해서 규정된다. 따라서 시는 깊은 감정과 심원한 사상의 일치이다. 시는 강한 감정의 자발적 범람이기도 하기 때문이다. 그러므로 의식적 의식(시대성의 통찰, 사상)을 무의식적 의식(감정의 자발적 범람)에다 주입하고 일치하는 데서 예술의 최고 이상이 있다고 결론짓는다.

이처럼 양운한이 이해하고 있는 사상성은 선재하는 사상이 아니다. 이미 존재하고 있어서 그것을 시로 번역해내는 절차만 남아 있는 그러한 규범적 사상이 아니다. 그의 사상은 시대를 통찰하고자 하는, 그러므로 그 시대의 압박을 벗어나고자 하는 의지로서의 사상이다. 이러한 사상성의 이해는 그의 감정론, 언어론과 밀접하게 관련되어서 새로운 진보적 시론의 한 영역을 형성하고 있다. 그 이론들은 카프의 해산으로 조직적 근거를 잃어버린 신세대의 고민을 반영하고 있다.

사상과 감정, 그리고 현실의 융합은 윤곤강에게서도 중심적인 주제라고 할 수 있다. 다만 양운한이 모더니즘에 대한 친화력을 유지하고 있다면 윤곤강은 모더니즘에 대한 치열한 비판[263]을 포함하고 있다는 차이점이 있다. 그는 정서 문제[264]를 중심으로 하여 현실과 사상의 문제를 해명하려고 한다. 「시단시감」[265]에서도 윤곤강은 그 문제를 지적한다. 그는 시에서의 정서란 인간이 사물에 부딪쳐서 반응받는 것이고, 사상이란 사물에서 반응받은 인간의 심적 활동력이라고 하면서, 그 정서와 사상의 재현이 시를 이룬다고 규정한다. 그러므로 정서의 고갈에서는 참된 시가 창조될 수 없다. 시는 정서의 정확한 표현이고, 그 표현

---

263) 모더니즘에 대한 윤곤강의 비판은 풍자시 비판에서도 확인된다.
264) 그는 감정이라는 용어보다 정서라는 용어를 즐겨 사용한다. 하지만 감정과 정서의 개념상의 차이는 문제삼지 않고 있다.
265) 윤곤강, 「시단시감—시적 표현에 관한 단상」, 『조선문학』, 1936.6.

의 정확성에 의해서 시의 생명이 좌우되기 때문이다. 감정을 무시하고 시를 지성의 노예로 삼는 지성광신자는 정서의 정확한 표현인 시를 죽인다.

그렇다면 정서의 정확한 표현이란 무엇인가? 그는 정서가 생활의 제약을 받는다고 전제하고, 전대의 낭만주의와는 달리 새로운 로맨티시즘은 리얼리즘과 혼인함으로써 창조력과 비판력이 결합될 수 있다고 주장한다. 그는 이때 전형적 정서[266]를 주장한다. 전형적 정서란 정서와 감정을 객관화, 입체화, 보편화하려는 욕구라는 것이다. 그것은 주관성에 기초하면서도 주관성을 초월하는 것이며, 여기에 새로운 시의 핵심이 있다고 결론내린다. 따라서 새로운 시는 정서를 무시한 모더니즘이나 초창기 프로시와는 다르다. 시는 지성의 유희도, 선전삐라도, 중의 염불도, 수사학 노트도 아니기 때문이다. 또한 정서가 상상력을 무시하는 것이 아니라면, 위대한 사상성과 심원한 상상력의 융합은 시의 중심 문제라고 결론짓는다.

이때 정서의 강조는 과거의 프로시에 대한 반성과 연관된다. 윤곤강은 「문학과 현실성」[267]에서 시사를 정리하면서 프로시에 대한 평가를 단행하고 있다. 그는 객관적 현실을 문학의 소재로 삼게 된 것은 리얼리즘 문학의 출현으로 가능해졌다고 주장하면서도 초창기의 리얼리즘을 센티멘탈 리얼리즘이라고 규정한다. 센티멘탈 리얼리즘에서는 개인의 주정성(=감상성)과 현실이 융합되어 표현되었다는 면에서는 긍정적이지만, 이때 소재로서의 현실은 개인의 주관을 위한 매개물로 부차적인 것에 지나지 않았다고 평가한다. 그로 인해서 사실성이 희박해졌고, 그렇기 때문에 한층 객관성을 강화한 자연주의 단계로 전이되었다. 그러

---

266) 감정(정서)의 전형은 권환에 이어 윤곤강이 발전시킨 것이다. 그러나 윤곤강은 감정의 전형을 단순히 개인의 감정과 구별되는 타인의 감정을 의미하는 것으로 사용하고 있다. 윤곤강, 「시의 생리학」, 『조선일보』, 1938.7.23~29 참조.
267) 윤곤강, 「문학과 현실성」, 『비판』, 1936.10.

나 그들은 다시 현상적 현실이 곧 문학적 진실이라는 환상을 만들었다. 그로부터 일면화 현상이 속출했다. 인상주의, 심리주의, 주지주의, 거기에다 이데올로기의 일면화에 빠진 프로문학의 초창기 리얼리즘이 거기에 해당한다고 한다. 그 일면화를 극복하기 위해서 유물변증법적 창작방법에 의해서 '주제의 적극성', '생동하는 현실' 등의 문제가 대두하였다. 유물변증법적 창작방법에 의해서 현상적 고정적 현실에서 생동하고 발전하는 현실이 부각되었다. 이 글은 이러한 순서로 프로문학이 현실과 관련해서 발전한 과정을 짧게 요약한 것이다.

이러한 문학사적 인식은 과거에 대한 반성과 현재에 대한 비판으로 이어진다. 그는 「'이데아'를 상실한 현조선의 시문학」[268]에서 과거의 프로시는 전대의 온갖 전통의 파괴와 새로운 것에 대한 불붙는 의욕으로 '시'보다는 '신념'만을 고집한 이론이었다고 회고한다. 그 결과는 30년대의 '뼉다귀만의 포엠'이 실증한다고 말한다. 그러나 소위 '뼉다귀의 포엠'은 시로 볼 때는 유치하고 열등한 것일지라도 그 때의 현실로 보아서는 필연적이었다는 점을 강조한다. 그리고 오늘날 '뼉다귀의 포엠'은 부정되었다. 하지만 그 결과 오늘날의 시는 자아의 신념과 억센 의욕과 참된 이데올로기도 함께 버렸다. 그렇다면 '뼉다귀의 포엠'이 다만 이데올로기의 일면적 주장이라고 매도해버릴 수도 없다. 거기에는 적어도 '이데아'가 있었기 때문이다. '뼉다귀의 포엠'에 대한 부정은 그 '이데아'마저도 몰아냈다.[269] 그리하여 생활을 잃어버린 시인은 시의 적극성, 사회성, 생활의 인식력도 잃어버렸으며, 오늘날의 시는 감각을 중시하는 측과 센티멘탈 로맨티시즘의 경향만이 남았다고 평가한다. 이것은

---

268) 윤곤강, 「'이데아'를 상실한 현조선의 시문학」, 『풍림』, 1937.2.
269) 윤곤강이 이데아의 상실을 현대시의 문제로 지적했다면, 임화도 그와 비슷한 주장을 하게 된다. 그는 단순성이야말로 금일의 시가 상실해버린 최대의 재산이라면서, 과거 프로시가 가지고 있는 서정시의 심오한 단순성을 회복하여 현재의 사치의 시를 벗어나자고 주장하는데, 그 단순성은 사치성에 대비한 소박성이라고 말한다. 임화, 「시단의 신세대」, 『조선일보』, 1939.8.18~26 참조.

현실에 대한 태도가 참되지 못하여 거짓으로 현실과 접촉하는 원인에서 비롯된 것이며, 현실에 정면으로 돌입하는 전신적 육체적 힘이 결여되어 있기 때문[270]이라고 진단한다. 과거의 뼈다귀시가 시로서의 특수성을 잃어버렸다는 점을 추궁한답시고 현실을 파악하는 '이데아'를 잃어버렸다는 윤곤강의 지적은 정당하다. 그러므로 윤곤강은 과거 프로시가 무시한 시로서의 특수성을 정서에서 찾고 전형적 정서를 강조하는 한편 과거 프로시가 가지고 있는 장점을 살리는 균형된 시각을 유지하려는 신세대의 긴장된 모습을 잘 보여주고 있다. 하지만 윤곤강이 시로서의 특수성을 문제삼는다면 그 특수성 속에는 난점이 있다. 즉 과거로 회귀하지 않으면서도 이데아의 회복을 이루는 문제가 중심에 와야 한다는 것이다. 그리고 그것은 당대의 시현상에 대한 정확한 진단을 토대로 한 시인론 속에서 구체화되어야 한다.

그러한 문제의식이 집약된 것이 「시의 본질과 그것의 현대적 양상」[271]이라는 글이다. 일반적 인식과 예술적 인식의 특수성의 분별을 목표로 하는[272] 그는 시에 대한 이해가 너무도 추상적이었던 지난날을 통감하면서, 그러나 시는 끝까지 두뇌의 산물이 아니라 시인의 감동의 산물이라는 사실을 재고한다. 그는 감동을 이렇게 정의한다. 감동이란 시인이 생리적 기질, 환경의 시시각각의 변화, 그밖에 온갖 현상으로부터 자극받아서 혹은 '기분'으로 혹은 '정서'로 분화되는 것이다. 감동은 육체와 정신, 내외양면의 자극으로 일어나는 격동이나 충동이다.

특징적인 점은 그 감동이 시의 유일한 '현실'이라는 지적이다. 그 감동의 본질을 포착해서 그것을 정확하게 표현하는 것이 시인의 일이며, 시론의 임무는 그 감동의 리얼리티의 탐구에 있다. 정서의 정확한 표현에서 이미 '전형적 정서'를 주장한 그는 여기에서도 감동의 진부(眞否)를

---

270) 윤곤강, 「병자시단의 회고와 전망」, 앞의 책.
271) 윤곤강, 「시의 본질과 그것의 현대적 양상」, 『비판』, 1938.8.
272) 윤곤강, 「문학수감」, 『조선문학』, 1937.5

판별하는 문제로 구체화시킨다. 감동의 진부여부가 시와 비시를 가르는 중요한 기준, 가치문제에 직결된다는 것이다. 말하자면 미약한 감동을 강렬하게 표현하는 것은 감동의 '정확한' 표현이 아니다. 그리고 감동을 정확하게 표현해냈는지 그 진부를 결정하는 것은 오직 청중이라고 단정한다. 그렇다면 전형적 정서의 표현이 시인이 해야 할 몫이라면 그 정서의 표현을 두고 진부 여부를 판단하는 것은 독자의 몫이다. 시인의 임무는 다만 자신의 감동을 정확하게 표현하는 그것에 한정된다.

그러므로 그는 시인의 감동을 곧 경험의 문제와 결부시킨다. 시는 끝까지 개인적 경험을 기초로 하지 않고는 그 존재의의가 없다고 전제한다. 그 개인적인 특성이 있음으로 해서 개성과 보편성을 겸비한 독자에게 강렬하게 전달되기 때문이다. 하지만 시인의 경험은 다만 외부경험에 한정되지 않는다. 그것은 내면적 경험의 깊이와 넓이와 높이를 갖추어야 한다. 이러한 이론에 근거해서 그는 세대론적 입장을 드러낸다. 근대 이후의 시단은 크게 3 부류로 나뉜다고 한다. 첫째는 자유시의 허울만을 떼어내고 거기에 중세적 취미를 토로하는 부류. 둘째는, 시를 계급의식의 선전도구로만 생각하여 소박한 감정을 늘어놓은 부류. 마지막으로, 결함을 극복하는 신세대 시인273)이 있다. 마지막 신세대 시인들은 시에 대한 굳센 이념을 가지고 미래 시의 왕관을 쓸 주인공이라고 평가한다.

하지만 윤곤강의 감동론은 이전의 정서론과 이데아론을 충분히 결합시키지 못하고 있다. 하지만 시의 영역을 감동에서 찾았다는 것, 그리고 이를 통해서 이전에는 리얼리즘과 로맨티시즘의 결합이라고만 지적한 새로운 로맨티시즘의 내용이 표현된 것이다. 시의 주관은 객관과의 결합으로 이루어게 되며, 이때 주관의 역할은 적극적으로 객관세계를 감수하는 주체의 수준으로까지 끌어올려졌기 때문이다. 또한 시인의 경험

---

273) 그가 열거산 신세대 시인은 다음과 같다. 서정주·이찬·김광균·유치환·이용악·김조규·박세영 등이 그들이다.

은 다만 외면적 현실뿐이 아니라 내면의 체험까지도 결합한다고 함으로써 객관세계와 주관세계의 결합에 있어서 주관의 매개적 기능을 강조한 것으로 평가할 수 있다. 독자가 감동의 진부 여부를 판단한다는 것도 독자의 능동적 개입을 상정한 것이다.

윤곤강의 관심은 객관과 주관의 결합 문제로 모아지고, 그것은 시 제작 과정을 다룬 「시와 창조」[274]와 「시와 언어」[275]로 이어진다. 먼저 「시와 창조」에서 그는 객관과 주관의 접점에 시가 놓여있다고 전제하고, 그때 시는 표현으로 발전한다고 말한다. 그러나 그것은 객관이나 주관만으로는 시가 될 수 없다는 주장으로 이어진다. 시의 표현은 벌써 객체[276]도 주체도 아닌 새로운 형상화, 표현화이기 때문이다. 따라서 소재(객체)는 형식(형상화, 표현화)의 단계에까지 발전해야 한다. 시가 감동을 주지 못하는 것은 그 형상화 단계 이전에, 즉 주체나 객체의 무질서한 혼합물에 원인이 있다. 사실상 시의 새로움은 항상 형상화 단계, 즉 표현형식의 새로움에 있다. 그는 시인의 임무는 새로운 정서를 찾아내는 것이 아니라 일상의 정서를 사용하여 그 정서를 실재의 정서 가운데에는 전연 없는 감정을 표현하는 일이라는 엘리어트의 말을 인용하면서, 그러므로 형식의 새로움은 그 소재(객체)까지도 새롭게 만든다는 결론에 도달한다.

주관과 객관이 마주치는 지점으로서의 형상화, 형식의 측면에 대한 강조는 「시와 언어」에서도 이어진다. 그는 언어의 일반적 특성으로부터 논의를 시작한다. 헤겔의 말을 인용하면서 그는 언어가 일반적인 것을 표현하는 데 불과하다고 전제하고, 우리의 인식과정도 개별적인 것으로부터 추상적(일반적)인 것을 거쳐 참으로 구체적인 것(즉, 개별적인 것과 일반적인 것)의 통일로 향하는 '프로세스'에 불과하다고 단정한다. 그러므

---

274) 윤곤강, 「시와 창조」, 『작품』, 1939.6.
275) 윤곤강, 「시와 언어」, 『한글』, 1939.7.
276) 그는 객관=객체, 주관=주체로 개념을 사용하고 있다.

로 구체적인 것이 구체적인 것이 되는 것은 많은 규정의 총괄, 즉 다양성의 통일이라고 말한다. 이러한 관념은 언어의 특성과 통한다. 시인의 심상을 지나서 시로서의 형식을 갖게 된 언어는 시인의 관념 가운데서 움터 나오는 것이기 때문에 시의 언어는 한 개의 도구나 수단이 아니라 한 개의 목적을 가진 생물이라고까지 주장한다. 훌륭한 시에 언어와 사상이 항상 평형을 갖추고 있는 것도 이러한 까닭에서이다. 관념과 마찬가지로 물상 일반을 가리키는 언어는 개별적인 물상과 함수관계를 갖는다. 시의 언어에서의 또다른 함수관계는 두 개 이상의 말의 촉매에 있어서의 낱낱의 말이 갖는 다양성(=외연)의 관계에서 발생한다고 주장한다. 그러나 말은 나무의 잎과 같아서 잎이 무성하면 열매를 볼 수 없듯이 지나치게 화려하면 의미를 찾기 어렵다. 그러나 시인은 이미 있는 전통의 언어에 만족하기보다는 새로운 생동의 언어를 발견하는 것이 중요하다. 시의 창조는 언어에 의해서 나타나기 때문이다. 여기에는 언어선택의 중요성, 그리고 시작과정을 중시하는 태도가 반영되어 있다.

그러나 윤곤강의 이론은 여기에 이르러 형식의 새로움이 내용을 새롭게 한다는 주장으로 이어져 형식의 문제를 탐구하게 된다. 그리고 결국에는 초현실주의의 형식의 새로움에 매료된다.[277] 그의 본질적인 문제의식인 감정, 정서, 감동과 현실, 사상의 관계를 해명하는 과정에서 그는 시가 선험적인 사상으로 규정되는 것이 아니라는 것, 그러므로 시 제작과정을 해명하면 시에서 현실과 사상이 자리잡는 구체적인 과정을 해명할 수 있다는 의식의 발전과정을 보여주었다. 그는 모더니즘의 주지적 태도가 현실의 표면적 측면을 감각적으로 감수하고, 시의 핵심인

---

277) 윤곤강의 초현실주의에 대해서는, 「시의 진화와 방법의 진보―시의 방법의 새로운 추구」(『동아일보』, 1939.8.17~23) 참조 물론 그의 초현실주의에 대한 관심은 시의 제작과정이 선험적이지 않다는 생각의 연장이면서도, "우리의 소재는 산 현실의 개개의 현상 속에만 있다"고 주장하여 의사를 관철하려고 하는 모습을 보인다. 그러나 그는 결국 문학의 진보를 방법의 진보와 동치시키고 '주지적 정신'으로 프로시의 문제를 해소하는 것이라고 판단된다.

감정을 무시한다는 점에서 비판적인 의견을 보였다. 그러나 그의 시론은 점차 형식에 대한 탐구로 기울게 되고, 시의 특수한 속성으로 주장한 감정, 정서문제로 현실이나 사상의 문제와 분리되거나, 후자가 아예 부차적인 수준으로 떨어져서 결국 현실과 사상을 시제작과정 속에서 해명하려는 본래의 의도를 이탈하고 말았다. 그후 일제의 광폭한 파쇼화는 시가 아닌 산문의 형식을 요구하였고, 시정신의 회복을 부르짖는 일부의 비평을 마지막으로 프로시의 마지막 신세대는 일본의 신체제에 함몰되어갔다.

3. 결론

이 글은 지금까지 한국의 근대시사에서도 근대시론사에서도 누락되었던 프로시론의 전개과정을 되밟아보는 것을 기본적인 목적으로 삼고 시작했다. 프로시론은 마르크스주의 사상에 입각한 현실반영의 시작품을 그 특수성의 측면에서 해명하는 한편, 프로시 제작을 지도하는 지도비평으로서의 기능을 동시에 수행하였다. 그 과정에서 숱한 오류가 발생했음은 당연한 결과이다. 초기에 정치에 복속된 문학만을 인정하던 단계는 말할 것도 없고, 문학의 현실반영이라는 과제를 부가했을 때조차 시를 위한 특수성은 거의 인정되지 않았기 때문이다. 하지만 시의 특수성을 현실과 결합시키려는 이론적 시도는 끊임없이 진행되었으며, 그 이론의 발전을 앞두고 시대의 철퇴에 굴복하고 말았으며, 그 이론적 탐색은 해방 이후의 과제로 넘겨졌다.

이 글의 1장은 한국 근대시의 초기 단계를 크게 낭만주의로 규정하고 그 가운데서 지배적이었던 두 가지 시론의 성격을 살펴보았다. 1910

년대 중반부터 일본에서 수입된 상징주의는 자유시로 변해가는 국내의 시적 노력에 이론을 제공하는 시론으로, 한국에 최초로 근대적 개성을 시론에 적용한 성과를 인정할 수 있다. 그러나 근대시 이전의 시론이 보여준 현실비판의 능력을 시에서 제외함으로써 개인적이고 엘리트적인 시론을 구성하였다. 상징주의자들의 공통된 성격은 시와 비시의 구분을 엄밀히 함으로써 시론을 자율적인 영역으로 구축하는 데 주력하였다는 점이다. 그러나 시의 음악성을 과도하게 신뢰하고 한국에 적당한 시형을 수립한다는 선구자적 의욕은 급기야 민요시론으로 전향하는 사태를 낳는다. 한편 민중시론은 동일한 시파로 묶을 수는 없겠지만 휘트먼의 영향 아래 민중주의, 평등주의, 민주주의를 기반으로 해서 시가 독자에게 영향을 끼쳐야 한다는 '힘의 시론'을 전개하였다. 하지만 그들은 계급에 의한 문예를 부정하고 시창작 이전에 공리적 의도의 선재를 부인한다는 점에서 낭만주의 시론의 하나로 편입된다.

2장은 프로시의 초창기를 프로파간다 시론의 단계로 규정하고 그 시론이 성립하고 발전해가는 모습을 살펴보았다. 사회주의 사상의 유입으로 계급 구분이 문학에 도입되면서 부르주아 문학과 프롤레타리아 문학의 명확한 구분이 강조되었다. 부르주아 문학의 기능을 현체제를 유지하기 위해 민중을 마취시키는 것으로 규정하였기 때문에 프로문학은 상대적으로 그 마취에서 민중을 구제한다는 사명감으로 문학의 교육적 측면을 강화하였다. 동시에 당시의 프로문학은 부르주아 문학으로부터 내용이건 형식이건 계승할 수 없다는 결연한 자세를 유지하였다. 시론에서는 주로 박영희가 그러한 급진적 이론을 지지하였다. 하지만 카프가 결성되고 프로문학운동이 조직적으로 전개되면서 프로문학의 목적은 프로파간다로 한정되고, 모든 것이 정치적 목적에 종사해야 한다는 목적의식기에 와서는 문학으로서의 요건은 무시되었다. 문학의 프로파간다적 효과를 부정했기 때문에 문학은 그 효과를 외부에서 주입받아야 했다. 또한 아나키스트와의 논쟁과 내용형식논쟁 등으로 프로문학론에서 형식주의가 배격되었다. 다른 한편으로 개인주의적이고 엘리트적인 시론을 유지하던 상징주의 시론이 민중주의적 시각을 수용하여 다수의 독자를 획득하기 위해 자유시를 부정하고 민요형식을 선정하면서 프로시 내부에서도 독자 문제가 중요하게 부각된다. 민요시론은 시조론과 더불어 카프에 대항하는 부르주아 문학의 이념인 국민문학론에 합류한다. 김기진은 민요시론이 예술형식과 독자의 관계를 중시한다는 점에서, 또한 프로파간다 효과를 예술의 형식으로 수행할 것을 기대하면서 민요형식의 이데올로기적 성격을 이용할 것을 제안한다. 그에 따라 프로문학의 대중화 논쟁은 초기에 '쉽게 쓰자'는 의견에 이어 김기진의 대중화론에 따라 민요에 관심을 갖게 된다. 하지만 대중화론은 그것을 환영하는 측과 부정하는 측으로 나뉜다. 후자는 예술운동의 볼세비키화를 주장하고 김기진의 대중화론을 사회민주주의 대중화론이라고 비판하게 된다. 그러나 민요를 대중화 양식으로 인정하는 측도 민요의 성질을 이해하는 데에 있어서 김기진의 민요시론과는 달리 계급적 성격을 더욱 강조하여 프로파간다 시론의 영역에 머문다.

3장에서는 프로파간다 시론이 문학론으로 진전해서 결국 프로시론으로 발전하는 과정을 살펴보았다. 김기진은 노골적인 프로파간다가 시의 추상성을 초래한다고 보고 그것의 원인인 주관성을 억제하기 위하여 변증적 사실주의를 제안하고 그에 합당한 시를 단편서사시로 규정한다. 그와 동시에 볼세비키화를 주장하는 동경의 신진세력은 예술이 리얼리즘을 기반으로 하면서도 유물변증법적 시각에 입각한 역사적 전체성, 프롤레타리아 종국의 승리의 관점을 가져야 한다고 주장한다. 그와 동시에 예술과 과학의 차이를 형상에서 찾고 그 형상의 획득을 위한 새로운 형식으로 유물변증법적 창작방법이 정착된다. 그에 따라 문학적 요건이 조금씩 논의되고, 산 형상, 산 인간, 심리를 중시하는 태도가 보인다. 하지만 현실의 다양성을 반영하기 위해서는 유물변증법으로 작가의 인식이 강화되면 그만이라는 오류를 보인다. 그에 따라 임화 시를 극찬한 김기진의 태도가 비판당하고 임화 시는 문학성은 있지만 부르주아적 잔재인 감상성이 배어 있다고 비판받는다. 감상성을 배제하기 위해 유물변증법적 시각이 더욱 강화된다. 또한 임화 시의 감상성을 두고 벌어진 임화와 이정구의 논쟁은 유물변증법적 시각이 작품분석에 직접 적용되는 과정을 보여주었다. 이정구는 그러나 시의 필연성만을 주장하는 경직된 태도를 보인다. 임화의 시는 다른 한편으로 시에 화자의 도입 문제를 고려하게 만들었으며, 백철에 이르러서는 그 감정의 비구체성을 지적당한다. 한편 유물변증법적 창작방법이 예술의 특수성을 무시하고 도식에 현실을 짜맞추는 경직된 이론이라고 비판한 사회주의 리얼리즘의 도입은, 과거 프로파간다 시의 추상성을 지양하는 데에 적용된다. 그러나 시에서는 시의 특성상 현실반영보다는 과거 프로파간다 시의 낭만성을 비판하는 한편 그것의 긍정적 측면을 계승하는 혁명적 낭만주의가 제창된다. 그러나 시의 감상성을 비판한다고 해서 감정까지 몰아내었다고 판단한 임화는 감정의 중요성을 인식하고 사회주의 리얼리즘의 충격을 무마하기 위해서 낭만주의론을 제출한다. 그 구도는 여전히 프롤레타리아 승리의 관점이 유효한 유물변증법적 창작방법에 머문다.

4장에서는 카프의 해산을 전후해서 대두한 모더니즘과 프로시론의 관계를 중심으로 살펴보았다. 프로시론은 초기에 모더니즘의 감각적 수법과 주지적 태도에 비판적이었다. 본질을 중시하는 유물변증법적 창작방법과 낭만적 감정을 중시했기 때문이다. 더구나 권환, 이병각 등이 모더니즘의 기법인 풍자시를 창작하게 되자 그에 대한 비판은 강해진다. 이 과정에서 모더니즘의 소극적 현실부정의 태도인 풍자시를 부정하고 적극적인 감정의 직설적 표현이 중요하다는 결론으로 마감된다. 다만 소설에서의 풍자문학론이 긍정적인 결과를 얻는 데 힘입어 이병각의 풍자시 긍정론이 있었을 뿐 풍자시는 여전히 주지주의의 산물이라고 해서 비판당한다. 한편 임화는 그 풍자시를 아무런 창작방법도 마련하지 못한 시론에 비해서 자연발생적으로 뼈다귀시를 지양하려는 실천적 노력의 산물이었다는 점만은 긍정한다. 풍자시 비판에 이어 김기림의 기교주의 비판에 임화가 동조하고 그 동조에 박용철이 개입함으로써 모더니즘과 프로시론, 그리고 순수시론 사이에 기교주의 논쟁이 시작된다. 김기림이 기교주의라는 세력을 신시의 후계자로 위치지움에 대해 임화는 인정할 수 없다고 하며 근대시의 진정한 후계자는 프로시라고 반박한다. 박용철은 임화가 주장하는 프로시는 변설로 번역가능한 시이며, 김기림의 모더니즘 시도 신기를 추구하는 의상사에 불과하다고 함으로써, 순수시는 변설 이상의 시이고, 의식적으로 만드는 시가 아니라 태어나는 시라고 주장한다. 그러나 김기림은 현실에 대한 관심을 주장하고 기교와 내용을 결합한 전체성의 시를 제안한다. 그에 대해 임화는 동의하고 박용철의 기교만능주의와 시제작과정의 신비주의를 비판한다. 박용철은 임화의 비판에 대해 시는 체험이 무르익어 덩어리가 되었을 때 언어와 씨름하는 것이라면서 자신의 구체적인 시제작과정을 제시한다. 그럼에도 여전히 시는 가르칠 수 없다는 신비주의적 태도를 보인다. 기교주의 논쟁과 동시에 임화는 민족어를 옹호하는 글을 계속 제시하고, 카프해산 이후의 시론은 신세대가 주도한다. 양운한, 이병각, 윤곤강 등은 시의 특수성을 감정, 언어에 두고 그에 합당한 현실론, 사상론 등을 제출한다. 그러나 양운한이 모더니즘 시론에, 윤곤강은 낭만주의 시론에, 그리고 이병각은 정통 프로시론의 입장에 각각 친연성을 보인다. 하지만 그 차이는 근소한 것이다. 양운한은 모더니즘의 지성 중시를 비판하면서 감정과 행위를 중시하는 자신의 시를 위한 창작 지침을 제시한다. 그러나 시에서 사상성을 부인하는 김환태와의 사상성 논쟁에서 양운한은 사상은 모든 시인에게 있다는 주장을 하고, 그 사상성은 곧 시대성을 통찰하는 것이라고 주장한다. 이에 대해서 이병각은 시에서 사물을 보는 관점도 당파성에 의해서 결정된다는 계급적 시각을 강조한다. 한편 윤곤강은 문학의 정서가 사유와 밀접하다는 자신이론에 입각하여 감정과 지성을 중시하면서 모더니즘의 일면성을 비판한다. 정서의 전형성과 감동의 정확한 표현이 중요하다면서도 과거 빽다귀시를 비판한다고 이데아도 버린 현시단을 비판한다. 그러나 감동에 이어서 주관과 객관에 의한 시의 형상화과정, 그리고 언어 선정의 중요성을 들어 형식의 새로움을 추구하게 되고, 결국 그는 초현실주의의 형식에 매료된다. 그후의 프로시론은 산문정신의 요구 속에서 시정신을 중시하는 한편으로, 일제의 파쇼화 아래 점차 무기력하게 된다.

제2장
프로시의 아포리아

1. 프로문학 연구에 앞서

진보적 문학운동의 급격한 퇴조와 더불어 프로문학이 '운동'의 측면에서 현재적 영향력을 상실한 지도 꽤나 오래 되었다. 심지어 문학연구자들 사이에서도 프로문학은 소외받는 처지에 놓여 있다. 20세기 초 유럽의 여러 아방가르드 문학이 그러했던 것처럼 프로문학은 이미 과거의 유물, 즉 '역사적 아방가르드'가 된 것이다. 프로문학이 운동으로서 추진했던 원대한 기획은 새롭게 재편되는 자본주의 현실에 부적합한 것으로 평가받고 있으며, 심지어 자신의 적수였던 근대 사회와 은밀하게 내통하고 있었다는 비난으로부터 자유롭지 못한 형편이다. 그러나 근대 사회 극복이라는 프로문학 본래의 심층적 기획이 그 유효성을 상실하지 않았다면, 오히려 지금이야말로 프로문학이 보여주었던 근대 극복 프로젝트의 공과(功過)에 대해 진지하게 논의할 때이다. 그것은 물론 프로문학이 빠져나오려 했지만 다시 그 안에 갇혀 버릴 수밖에 없었던 근대 사회의 괴물적 성격에 대한 충분한 숙고를 전제한다.

프로문학이 상대했던 근대 사회의 괴물적 성격은 이제 프로문학으로 전이(轉移)되었다. 이제는 프로문학 자체가 대부분의 문학연구자들이 상대하지 않으려 하는 괴물이 된 것이다. 그것은 프로문학 연구자들의 딜레마를 반영하고 있다. 우선 프로문학을 긍정적으로 평가하고자 하는 연구자의 경우를 보자. 그는 곧바로 '역설적 함정'에 빠져들고 만다. 요컨대 프로문학이 자신의 적(敵)을 닮았다는 최근의 논의에 동의한다고 했을 때, 프로문학에 대한 호의적 태도는 오히려 프로문학이 부정하려고 했던 근대 사회에 대한 묵시적 긍정을 전제하게 된다. 근대 사회에 대한 암묵적 긍정이 연구의 전제로 요구된다는 사실 그 자체만으로도 그것은 프로문학의 원래 기획을 배반하는 것이다. 결국 그것은 근대 사회에 대한 철저한 비판과 부정을 목적으로 하는 프로문학에 대해 그것이 실패할 수밖에 없는 기획이었음을 입증하는 격이 되고 만다.

그렇다고 해서 프로문학의 존재를 부정적으로 평가할 수도 없다. 적어도 프로문학이 근대 사회를 상대했던 유력한 비판적 문학운동이었다는 역사적 사실마저 망각할 수는 없는 일이다. 실제로 근대 사회에 대한 프로문학 나름의 통찰과 비판을 통해서 근대 사회의 숨겨진 일면이 폭로되었던 것은 지울 수 없는 사실이다. 비록 거기에 일면적이고 편향된 측면이 있다고 하더라도 분명한 것은 프로문학이 근대 사회의 괴물적 성격에 접속되어 있었다는 점이다. 프로문학이 실감했던 근대 사회의 괴물적 성격은 프로문학 이외의 다른 문학적 경향에서는 발견될 수 없는 독특한 측면이 있다. 우리가 프로문학을 외면하였을 때 그것은 동시에 근대 사회에 대한 프로문학 나름의 통찰 하나를 망각하는 것과도 같다. 그것은 근대 사회에 대한 입체적 조망을 불가능하게 할 것이다.

이는 수많은 문학연구자들이 처해 있는 딜레마의 한 측면이겠지만, 이와 유사한 '딜레마'는 연구자들 사이에서 프로문학을 근대문학사의

'뜨거운 감자'로 간주하게 만든다. 프로문학은 이제 '긍정적'으로도 '부정적'으로도 평가할 수 없는 독특한 연구대상이 된 것이다.

2. 프로문학 연구의 두 방향

연구의 대상에 대해서 이처럼 확신과 자명성이 사라졌다는 것, 이것이 프로문학 연구의 현주소라고 할 수 있다. 그러나 근대의 문학이란 이처럼 확신과 자명성이 사라진 시대의 문학이 아니던가? 진부할지 모르지만, "예술에 관한 한 이제는 아무것도 자명한 것이 없다는 사실이 자명해졌다"[1]는 아도르노의 언급은 ('예술'이라는 단어를 '프로문학'으로 바꾼다면) 이제 프로문학 연구자들의 일반적 고백이 되었다고 할 수 있다. 연구자로 하여금 때아닌 낭만적 '향수(鄕愁)'에 젖어들게 만드는 프로문학의 시대는 서서히 '우리 시대의 그리스'가 되어가고 있는지도 모른다.[2] 그 시대에는 모든 것이 투명하게 드러나 있었기 때문에 비밀이 없었다. 그 시대는 아직 고전적 규범의 모습을 하고 있지만 그러나 이미 돌아갈 수 없다는 점에서 우리는 프로문학의 시대를 '우리 시대의 고전주의'[3]

---

1) 아도르노, 홍승용 역, 『미학이론』, 문학과지성사, 1984, 11면.
2) 그리스 시대를 향한 루카치의 "향수"를 연상하기에 충분하다는 점에서 다음의 글을 인용해본다. "한때 문학이 이 세계를 바꿀 수 있다는 믿음으로 스스로를 불태우던 시절, 그 믿음과 열정으로 시대의 캄캄한 뒷골목을 질주하던 시절, 질주하다가 쓰러져도 그 죽음이 한 시대의 장엄하고 비장한 순교의 형식으로 승화될 수 있었던 시절, 문학이 무엇을 위해 살아야 할 것인가가 분명했던 시절, 그리고 그 무엇을 위해 문학이 장렬하게 죽을 수도 있었던 시절, 요컨대 그 대상이 어떠한 것이든 문학이 온몸을 바쳐 순교할 대상에 대한 지사적 열정으로 팽팽하게 긴장해 있던 시절, 어쩌면 그 시절은 문학 스스로가 어떤 제왕의 자리를 꿈꾸었던 시절이었는지도 모른다. (…중략…) 그러나 어쩌면 문학을 위해서 가장 행복한 시절이었을지도 모를 그 뜨겁던 낭만적 열정의 시기는 지나갔다."(박혜경, 『세기말의 서정성』, 문학과지성사, 1999, 14~15면)

라고 해야 한다.

그렇다면 고전(=프로문학)에 대한 확신과 자명성이 사라진 새로운 '낭만의 시대'에 연구자들은 어떻게 고전에 접근할 것인가? 거기에 정답이 있을리야 없겠지만, 실마리를 찾기 위해 우리는 유럽의 문학사를 참조할 수 있을 것이다. 시기적으로 상당히 동떨어져 있긴 하지만 17세기 유럽의 '신구논쟁'이 고전주의로부터 낭만주의로의 이행기에 놓여 있다는 점은 지금의 상황을 살피는 데 소박한 거울이 될 수 있다. 유럽의 예술사에서는 고대 그리스의 작품을 예술의 영원한 '모범'이라고 생각했던 고전주의 시대가 있었다. 그러나 17세기 근대주의자(=계몽주의자)들의 출현으로 고전주의의 정신은 위기를 맞게 된다. 고전주의가 맞이한 위기의식은 프랑스의 경우 논쟁(=신구논쟁)을 통해 선명하게 드러났다. 이 논쟁 중에서 고대보다 근대가 우월하다고 믿는 근대주의자들의 논리를 야우스(Jauss)는 다음과 같이 정리하고 있다.

> 프랑스에서 고전주의와 계몽주의의 시대 변천에 걸쳐 잉태되었던 마지막 커다란 〈신구 논쟁〉의 해답은 고대인의 작품들도 근대인의 작품들과 마찬가지로 각기 다른 역사적 시대의 산물로서 판단될 수 있을 뿐이라는 인식, 즉 미의 상대적 기준에 따라서 판단될 수 있을 뿐, 완전성이라는 절대적 개념에 따라서 판단될 수 없다는 새로운 인식으로 발전해 갔다.[4]

고대의 초시대적 타당성과 그 규범적 성격을 부정하기 위한 근거로 프랑스의 근대주의자들은 '역사적 상대주의'를 내세웠던 것이다. 시대마다 규범은 다르다는 것이다. 이처럼 고대의 규범에 손상을 입힘으로써 고대를 근대와 대등하게 만들게 되면, 고대와 근대는 서로 소통할

---

3) 뤽 페리에 의하면 고전주의는 "진리의 표현으로서의 예술"로 정의된다(뤽 페리, 방미경 역, 『미학적 인간』, 고려원, 1994, 263면). 이러한 정의에 부합하는 경우는 미를 '이념의 감각적 현현'이라고 정의했던 헤겔이 대표격이다.

4) 야우스, 장영태 역, 『도전으로서의 문학사』, 문학과지성사, 1983, 72면.

필요가 없는 병렬적 관계를 맺게 된다.[5] 그러나 프랑스의 근대주의자들은 단지 현대 시인의 예술적 역량을 고대 시인의 그것과 동등한 반열에 올려놓았을 뿐이지, 사실상 새로운 시대에 걸맞는 예술 이념을 안출해내지는 못하였다.[6]

안타깝게도 프로문학에 대해서 프랑스의 근대주의자와 같은 태도를 취하는 경우가 있다. 첫째는 프로문학에 대해 침묵하는 것이다. 그것은 프로문학과 아무런 소통의 기회를 마련하지 않으려는 독백적 태도에 가깝다. 둘째, 프로문학에 대해 부정적 평가를 내릴 수밖에 없는 기준을 사용해 프로문학을 손쉽게 재단해버리는 독단적 태도가 있다. 그것은 시대에 편승해서 프로문학의 과거적 성격이 자명해졌다는 사실을 확인하는 것으로 만족하는 입장이다. 그러나 이런 연구가 아무리 다성성과 모호성을 강조한다고 할지라도 프로문학에 대해서는 이미 결정된 '자명한 평가'를 전제한다는 점에서 그것은 사실상 '은폐된 독백'에 지나지 않는다. 그 결과는 프랑스의 근대주의자들이 그러했던 것처럼 문학사에 있어서 생산성의 빈곤을 초래하게 된다.

그러므로 오히려 프로문학의 '자명성 상실'에 난감해하는 연구자가 프로문학에 대해, 그리고 한국 문학이 처해 있는 현재적 성격에 대해 진정으로 새롭고 설득력 있는 목소리를 창출할 가능성이 크다. 그런 점에서 우리가 참조할 수 있는 또다른 태도는 독일에서 발견된다. 프랑스가 "고대냐 근대냐"의 양자택일의 기준으로 고대를 바라보았다면, 독일에서는 "고대이면서 근대"라는 변증법적 화해의 방식을 모색하게 된다. 다시 야우스의 말을 들어보자.

---

5) 과거와 현재, 그리고 미래 사이를 병렬적 관계로 파악하는 것이야말로 역사를 직선적 진보에서 바라볼 수 있게 하는 기초적 발상에 해당된다. 그러므로 17세기 프랑스의 근대주의자(=계몽주의자)들이 과거를 대하는 태도를 모방하는 것이야말로 가장 근대적인 사고방식에 가깝다고 할 수 있다. 프로문학을 과거적 자명성에 맡겨두면 역설적이게도 그것만으로도 진보적 역사관의 기초에 닿게 된다는 것이다.

6) 이창남, 「프리드리히 쉴레겔의 현대성 개념」, 연세대 석사논문, 1996, 14면.

루이 14세 시기(프랑스-인용자)의 의고전주의가 고대 모방의 원리에 대한 아무런 회의 없는 통용으로부터 시작하여 고대를 규범적으로 파악하는 데서 역사적으로 파악하는 과정으로 완수된다면, 바이마르 (독일의-인용자) 의고전주의는 계몽에 대항하여 고대의 역사적 대립상으로부터 이상적이고 단지 모방할 가치가 있는 모범을 만들어내기 위한 시도와 함께 시작되었다.[7]

고대와 근대를 평면적으로 병치하고 대립시키는 프랑스의 경우와 달리, 독일의 신고전주의는 '현대에 대한 불신'과 '고대로의 회귀불가능성' 사이, 즉 일종의 막다른 골목(=아포리아)에서 '새로운 미학'의 창조가능성을 탐색했던 것이다. 야우스의 진술을 반복하자면, 그들은 "계몽에 대항"하기 위한 새로운 모범을 고대라는 "역사적 대립상"에서부터 만들어내려고 했다는 것이다. 여기에서 우리는 소설을 '부르주아 시대의 서사시'라고 했던 루카치의 정의가 부르주아 시대에 대항하기 위한 새로운 문학의 모범을 고대(서사시)에서부터 만들어내려는 독일 신고전주의의 기획에 힘입고 있는 것을 알 수 있다. 다시 말해 루카치가 빚지고 있는 독일 신고전주의(혹은 독일 낭만주의)의 풍부한 미학적 결실은, 그들이 '막다른 골목'에서 벗어나기 위한 해법에 골몰하였기 때문에 가능했다.

이렇게 이러지도 저러지도 못하는 상황, 다시 말해서 자신을 "19세기와 20세기 틈사구니에 끼여 졸도하려 드는 무뢰한"[8]이라고 고백했던 이상(李箱)이 직면했던 바로 그와 같은 막다른 골목에 와 있다고 느꼈을 때 진정으로 프로문학을 올바르게 평가할 수 있는 새로운 미학적 관점이 열리게 된다는 것이다. 프로문학에 대한 정당한 평가를 내리기 위해서 이제는, 소설을 '부르주아 시대의 서사시'라고 했던 루카치의 말을 응용한다면, 문화산업 시대에 호출되는 프로문학, 디지털 영상 시대에 도착한 프로문학의 모습을 상상을 통해 재구성할 수 있어야 한다. 다시

---

7) 이창남, 위의 글, 16면에서 재인용(야우스, 앞의 책, 80~81면). 야우스의 번역본에서는 이 대목의 몇 구절이 생략되어 있다.

8) 이상, 「편지4」, 『날자, 한번만 더 날자꾸나』, 문장, 1980, 118면.

말해서 프로문학으로의 복귀 불가능성을 인정하는 '새로운 프로문학'의 모델을 상정할 수 있어야 한다. 그렇게 되면 '부르주아 시대의 서사시'인 소설이 비록 고대의 서사시를 '지향'하긴 하지만 그것과 동일한 방법으로 동일한 목적에 도달할 수는 없는 것처럼, '문화산업 시대의 프로문학'과 '디지털 영상 시대의 프로문학'은 과거의 프로문학을 '지향'하긴 하지만 동일한 방법으로 동일한 목적에 이르지 않게 될 것이다. 우리는 루카치가 소설에 대한 자신의 정의에 걸맞는 작품을 '그리스'에서 찾지도 않았지만, 결코 찾을 수 없었다는 사실도 잘 알고 있는데, 마찬가지로 새롭게 정의될 프로'미학'의 모델은 더 이상 과거 프로문학 내부에서 찾을 수도 없겠지만, 또한 결코 거기에서 찾아서도 안 된다는 점을 기억해야 할 것이다.

3. 프로문학 맹목의 지점─부르주아 서정시의 문제

지금이 분명 '프로문학'에 결코 유리하지 않은 시대라는 것을 인정한다면, 프로문학을 정당하게 평가하면서 현재 문학이 처한 상황을 온전하게 재구성하기 위해서라도, 프로문학 연구자는 이제 가장 최근의 작품에서부터 새로운 프로'미학'의 가능성을 탐색해야 할 것이다. 시장르의 경우 만약 '문화산업 시대의 프로시', '디지털 영상 시대의 프로시'라는 새로운 미학적 모델을 상상적으로 구상할 수 있게 된다면 과거의 프로시는 전혀 새로운 관점에서 조명받을 수 있게 된다. 사실 루카치는 가장 이상적인 세계에 놓여 있다고 하는 서사시라고 할지라도 세련된 소설의 형식에 비한다면 얼마나 성글고 조잡한 방식의 이야기인지 잘 알고 있었다. 마찬가지로 변혁의 열정이 살아 있었던 시대의 프로시조차도 최근 시의 다양성의 측면에 견주어 본다면 분명 소박한 양식으로 비칠 것이다. 그러므로 그 소박성의 유혹에 이끌려 우리가 시간을 과거로 되돌려 놓으려는 헛된 수고를 하지 않으려면, 우리는 그 '소박성'을 정당하게 평가하면서 또한 그것을 넘어서는 어떤 지점에 서 있어야만 한다. 그 지점이란 '소박성'의 시야에 포착되지 않는 프로시 내부의 맹점(盲點)을 가리킨다. 물론 그 맹목의 지점은 우리가 프로시의 '소박성'을 충분히 지향했을 때만 개시되는 어떤 지평이다. 그 프로시 맹목의 지점은, 마치 루카치가 소설 형식의 변천과정을 밟아가면서 '서사시'를 호출하는 방식이 매번 달라졌던 것처럼, '과거의 프로시'를 매번 새롭게 소환할 수 있는 가능성의 폭을 넓혀줄 것이다. 그 지점은 고정된 지점이 아니라서 매번 역사적 상황에 따라 다른 방식으로 개방될 것이기 때문이다.

지금 우리가 프로문학과 대화할 수 있으려면, 그 대화는 프로문학의 소박성 — 즉 대상의 자명성과 미래에 대한 확신 — 속에서 이루어져서는 안 된다. 진정한 대화는 프로문학의 자명성이 상실되는 지점, 그 지향점이 모호해지는 지점에서 가능하다. 지금처럼 프로문학에 관한 한 모든 자명성이 사라진 시대에 비로소 진정한 대화가 가능하다는 것이다. 말을 건네고 물음을 던지는 우리는 물론이려니와 말을 되받아 답해야 하는 프로문학으로서도 쉽게 답할 수 없는 어떤 맹목의 지점에서 대화가 이루어져야 한다. 프로문학으로서 한번도 말하지 않았던 것을 말하게 하는 것, 그것이 지금 프로문학과 대화하는 유일한 방법이다.

여기에서 한 가지 기억해두어야 할 점이 있다. 즉, 우리가 프로문학을 향해서 그와 같은 방식으로 말을 걸기에 앞서, 이미 프로문학은 그와 같은 방식의 되돌아오지 않는 질문을 던진 적이 있다. 프로문학이 아직 출발선에 있었을 때, 프로문학이 제일 먼저 경험한 것은 부르주아 문학의 자명성이 사라지는 장면이었다. 부르주아 문학의 자명성이 자명하지 않은 것으로 드러나는 지점에서 프로문학은 출발할 수 있었기 때문이다. 이때 프로문학이 부르주아 문학을 향해 말거는 방식이 지금 우리가 프로문학을 향해서 말거는 방식과 포개진다. 그것은 하나의 동심원 속에 놓여 있는 것이다. 지금 프로문학의 지속이 더 이상 불가능하다고 믿고 있는 우리들처럼, 프로문학도 부르주아 문학을 향해서 그렇게 생각했다. 부르주아 문학이 더 이상 지속할 이유가 없다고 그들은 믿었다. 그러나 그들이 실제 경험한 것은 부단히 회귀하는 부르주아 문학의 악령이었다. 프로문학은 쉽게 떠나보낼 수 없는 부르주아 문학의 괴물성을 처음 경험한 문학인 것이다. 부르주아 문학과 단절하려는 욕망이 강하면 강할수록 부르주아 문학의 괴물성은 더욱 선명하게 드러났던 것이다. 그리고 부르주아 문학에서 발견한 괴물적 성격을 지금 우리는 다시 프로문학 속에서 발견하고 있는 것이다.

사태를 프로시에 한정해서 살펴보자. 새로운 시대의 도래를 예감한 프로시인들은 시대 변화에 둔감한 전통적 부르주아 서정시를 '부정'하려는 의지로 충만해 있었다. 프로시는 부르주아 서정시를 부정함으로써 성립될 수 있었기 때문이다. 프로시가 직면하고 있었던 '곤경'은 전통 부르주아 서정시가 더 이상 '불가능하다'는 인식에서 비롯되는 것이다. 프로문학이론이 충분히 윤곽을 드러내기 이전부터 프로시인들은 부르주아 서정시가 시대에 부적합하다는 인식을 공유하고 있었지만, 어떤 방식으로 그 불가능성을 표현해야 할지 막막함을 경험했을 것이다. 그와 동시에 그들은 부르주아 서정시로부터 완전히 단절된다는 것도 '불가능하다'는 것을 알고 있었다. 그러므로 어느 수준에서 어떻게 부르주아 서정시와 결별해야 하는지를 결정해야 하는 것은 시인들 각자에게 맡겨진 것이나 다름없었다. 과거의 부르주아 서정시의 연장도 불가능하지만 그렇다고 해서 새로운 모델도 정해지지 않은 막연한 상태에서, 그야말로 무조건적인 단절조차 불가능했을 때, 바로 그 지점이 프로시가 직면한 '곤경'의 지점이라고 할 수 있다. 부르주아 서정시와의 단절지점에서 '프로시의 가능성과 불가능성'이 동시에 결정될 것이기 때문이다.

부르주아 서정시와 어떻게 단절하느냐에 따라서 프로시의 가능성이 열릴 수도, 아니면 프로시의 불가능성이 입증될 수도 있었던 것이다.

예컨대, 1930년대 초반 임화는 권환을 중심으로 한 몇몇 소장파 시인들을 향해서 '뼉따귀시'라는 용어를 사용해가며 그들의 시는 시도 아니라고 비난했다.9) 그러나 그보다 앞서서 소장파 시인들은 이미 임화의 시를 향해 '소부르적 감상주의'라는 판정을 내린 적이 있었다. 부르주아 서정시에 근접하고 있다는 뜻의 '감상주의'와 부르주아 서정시에서 너무 멀리 달아나버렸다는 뜻의 '뼉따귀시'는 모두 프로시의 '한계지점'을 표시하는 두 개의 표지판인 것이다.10) 부르주아 서정시에 너무 근접해도 안 되며, 부르주아 서정시의 모델에서 너무 멀리 떨어져도 안 된다는 것, 그 양극단의 지점이 부르주아 서정시와 프로시의 거리를 표시하는 것이라면, 프로시는 그 극점의 사이에서 그 동안 부르주아 서정시가 보여주지 못한 새로운 '잠재성'을 펼쳐 보일 수 있게 된 것이다. 부르주아 서정시를 닮을 수도, 그렇다고 해서 완전히 결별할 수 없는 곤경의 지점, 그 틈에서부터 프로시는 새로운 가능성을 찾을 수 있었던 것이다. 우리는 1930년대 후반에 이르러 이용악·오장환·백석 등을 통해 그 '사이'의 풍만한 개화를 보게 되는데, 그러므로 우리가 프로시를 평가하는 데 있어서 그 운동이 활발하던 정점에서 생산된 시들보다는 오히려 '포스트-프로시'에 해당된다고 할 수 있는 이용악·오장환·백석 등을 그 참조점으로 삼는 경우가 많다. '리얼리즘시' 논쟁에서 그 전범으로 등장하는 프로시인이 이용악과 오장환, 그리고 임화였다는 사실이 그것을 뒷받침한다.

이처럼 과거 부르주아 시문학과 단절하고 전혀 새로운 시 형식을 창

---

9) 임화, 「33년을 통하여 본 현대조선의 시문학」, 『조선중앙일보』, 1934.1.1~12.
10) 김기진과 박영희의 '내용/형식'논쟁에 대해서도 동일한 평가를 내릴 수 있을 것이다. 부르주아 소설 개념에 근접해 있는 김기진과 거기에서 너무 멀리 벗어났던 박영희 사이의 논쟁은 프로시의 '곤경'의 지점을 향하고 있는 것이다. 논쟁과 쟁점이란 항상 그러한 '곤경'의 지점에서 벌어지기 때문이다.

출하려는 욕구가 강했던 프로시였지만, 실제로는 과거의 부르주아 서정시의 전통에 대해서는 이중적인 태도를 취할 수밖에 없었던 것이다. 그러나 그 결과 과거의 전통 서정시가 프로시 내부에서 사라졌느냐 하면 그렇다고 단정지을 수도 없으며, 거꾸로 프로시가 전통 서정시를 고스란히 계승·보존했다고도 말할 수 없는 상황에 처해 있다. 바로 그 모호성을 통해서 우리는 프로시가 처한 '곤경'의 지점에서 프로시의 새로운 모델이 설정되었다고 판단할 수 있다.

이를 통해 그 동안의 프로시 연구를 반성해볼 수 있다. 그 동안의 프로시에 대한 연구를 두 가지 측면으로 나눈다면, 첫째는 카프 내부에서 하달되는 강령의 변천과정에 따라서 그 강령을 성실하게 실천에 옮긴 작품을 찾아내어 분석하는 경향이 한쪽에 있었다면, 둘째는 앞서 말했던 프로시의 이념형을 기준으로 하여 강령을 충실하게 이행한 작품이라 할지라도 이념형에 미치지 못하는 작품에 대해서는 비판적으로 접근하는 경향이 있었다고 할 수 있다. 전자의 경우는 프로시의 지도비평적 성격을 연구에 반영한 것이라고 한다면, 후자의 경우는 프로시의 이념형에 따른 연구라고 할 수 있다. 그러나 프로시의 이념형을 상정하고 그에 따라 다른 여타의 시작품을 평가하는 경향은 연구자가 처해 있는 시대적 맥락이 그러한 이념형의 공유를 용납할 수 있을 때에는 충분히 인정받을 만한 성과에 해당되겠지만, 그러한 이념형 자체에 대한 비판적 검토가 요청되는 최근의 맥락에서는 한계를 갖는다고 할 수 있다.

그러므로 프로문학과의 생산적 대화가 가능하기 위해서는, 프로문학 내부에서 문제가 되었던 '곤경'의 지점에 대한 보다 치밀한 분석이 필요할 것이다. 그 곤경의 지점은 프로문학 내부에서조차 결정불가능한 것으로 남겨둔 지점이면서, 프로문학의 모호성이 드러나는 지점이다. 그 모호성의 실타래를 어떻게 풀어내느냐에 따라서 프로문학이 새로운 변화의 가능성을 보이게 되는가 하면 오히려 프로문학 내부의 붕괴를 가져올 수도 있다는 점에서, 그러한 부분에 대한 면밀한 검토는 진보적 문학운동의 자기반성을 촉진하는 기능을 하게 될 것이며, 또한 프로문학의 역동성을 확인하게 되는 계기가 될 것이다.

4. 프로시인이 도시를 보는 법

과거의 전통 서정시와 비교했을 때 프로시의 두드러진 특징을 들자면, 그것이 우선 서정시의 고향이라고 할 수 있는 '농촌 공동체'의 해체 과정에서 등장한 시라는 점이다. 프로시는 무엇보다도 '도시'를 배경으로 등장한 시인 것이다. 그러나 같은 도시의 시인들이면서도 모더니스트는 급변하는 소비의 현장에 관심을 두었지만, 프로시인들은 그 소비의 현장을 떠받치는 생산의 현장에 주목하였다는 점에서 다르다. 하지만 그들은 모두 도시에서 과거 농촌 공동체의 조화로운 삶이 해체되는 과정을 목격하게 된다.

> 아, 여기는 도회이다,
> 조선에서도 첫째라는 서울이다.
> 수십만 가난뱅이가,
> 밤낮으로 헤매이는 서울이다.
> 보아라 지금 나의 앞에도,
> 거지떼가 벌벌 떨며 지나간다.
>
> (…중략…)
>
> 아, 가련한 그대들이여!
> 그대들은 나이다, 이 몸이다.

— 김석송, 「그대들은 나이다」(1925)에서

양지바른 남향 대문에 기대어 서서
나 자라던 고향을 생각하니
구름이 아득하니 千里러라
생각이 아득하니 千里러라

남쪽으로 나르는 제비떼를 따라서
잊어버린 옛 고향길을 찾아라
늙으신 부모 기다림에 지쳐서
마루 끝에 걸터앉아 조을고 계심이라

— 박팔양, 「鄕愁」(1925) 전문

도시는 "가난뱅이가, / 밤낮으로 헤매이는" 궁핍한 공간이지만, 그들에게는 그 궁핍을 보상해주는 "잊어버린 옛 고향"이 있다. 먼 거리에서 부모를 그리워하는 사정이야 예나 마찬가지겠지만, 도시로 인구가 집중될 수밖에 없는 근대 사회에서 고향으로부터의 거리감은 비단 '공간적인 거리'가 아닐 것이다. 고향에서 도시까지는 돌이킬 수 없는 '시간적인 거리'가 놓여 있기 때문이다. 돌이킬 수 없는 역사의 일방통행로에서서 프로시인들은 무슨 생각을 했던 것인가? 생면부지의 사람들이 모여 있는 도시 한복판에서 그들은 "그대들은 나이다"라고 하는 정서적 유대감과 친밀감의 회복을 꾀했던 것이다.

무덤에서 뛰어나온 여자의 얼굴처럼
무서히 질린 도시의 얼굴이여
영양부족에 자동차 소리에
부어오른 낯짝들이 큰길에 쏘다니면서
그리도 좋은 듯이 헛웃음치는 가련한 꼬락서니여

— 김창술, 「도시의 얼굴」(1927)에서

봄아! 가는 봄아!
네야 가거나 말거나
내게 무슨 상관이 있으랴!
네가 왔다 해도
나라는 꽃은 피지도 않고
네가 간다 해도
내 가슴의 설움은 안 가져가거늘……

그러나 봄이여!
너는 올해엔 이만 가도 다음에 또 오리니
그때엔 풀과 나무만 찾지를 말고
몇번이나 헛수작에 속아넘고도
너를 그리워 우는 이 마음을 가엽다 하거든
세 마리 소등에 꽃 한 짐만 짊어갖고
기어이 시들어진 이 마음도 찾아와 달라!

— 이찬, 「봄은 간다」(1928)에서

그들에게 계절의 변화를 알려주는 것은 거리의 유행이 아니라 아직 자연이다. 자연은 여전히 상징의 숲이며 인간과 말을 나누는 친숙한 형제였던 것이다. 자연과의 정서적 유대감을 잃지 않은 프로시인들이 삭막한 도시에서 건설하려는 "地上에서는 想像도 못할 樂園"(김석송, 「生長讚美」), 그 '행복의 약속'은 '도시에 대한 분노'를 배경으로 하고 있다. 자연과 인간의 조화로운 삶을 보존하고 있는 농촌에 비해 도시는 필연적으로 자본가와 노동자의 분열을 통해 유지되기 때문이다. 생명력으로 충일된 자연과의 대화에 비한다면 도시를 바라보는 프로시인들의 눈은 결코 호의적이지 않은데, 그 "도시의 얼굴"은 죽음과 분열의 표정을 하고 있기 때문이다.

이렇게 분열된 도시에서 그들이 꿈꾸는 "새로운 도시"의 모습을 박팔양은 다음과 같이 상상적으로 그려 보이고 있다.

친구는 보소서 이곳은 새로운 도시
새로운 사람들의 오고감을 보소서
행복에 미소하는 거리의 사나이와 여인
그들의 춤추는 듯한 걸음거리를 보소서

(…중략…)

사기와 투쟁과 음해 그리고 또 자기의 학대
그것은 벌써 옛날의 이야기외다
사람들이 이제 어린아이와 같이 솔직하여졌으매
그들의 총명한 머리와 고요한 마음을 가리울 아무것도 없사외다

친구는 저 거리에서 들려오는
즐거운 노랫소리를 들으시나이까
새로운 도시의 새로운 아침 맑고 향기로운 공기를 통하여
청명하게 들려오는 저 백성들의 소리 높은 합창을.

— 박팔양, 「새로운 도시」(1929)에서

　"백성들의 소리 높은 합창"이 울려퍼지는, "행복에 미소하는 거리의 사나이와 여인"의 도시를 꿈꾸면서 그들이 마음에 두고 있는 것은 "어린아이와 같이 솔직"한 상태이다. '새로운 도시'는 가장 자연을 닮았다는 점에서 가장 '오래된 도시'인 것이다. 도시 한복판에서 농촌[11]을 꿈꾸는 프로시인들의 태도는 서정적 합일을 경험할 수 없는 근대 사회에서 서정적 합일의 세계를 지향하는 것이라고 할 수 있다. 도시에서 태어난 프로시가 도시의 탄생과 함께 사라지기 시작한 농촌 공동체를 그리워한다는 것에는 역설이 내재해 있다고 하겠다. 도시는 프로시의 탄생 지점이지만 그렇게 태어난 프로시는 자신을 낳아준 도시를 부정하

---

11) 이때 '농촌'이라는 표현은 도시에 의해서 재형성된 당시의 농촌이 아님은 물론이다. 여기에서는 도시에 의해서 분열을 경험하지 않은 본래의 '농촌'을 가리키는 것이다.

면서, 도시의 탄생으로 죽음을 맞이하게 된 '본래의 농촌'을 그리워하고 있기 때문이다. 프로시는 자신이 태어난 도시를 살해함으로써 자신의 탄생을 무로 돌리려는 것이다.

그러나 이처럼 탄생 이전으로 돌아가려는 프로시의 과거회귀적 욕망은 오직 미래를 향한 전진 속에서만 충족될 수 있다. 이는 과거 서정시에서 찾아보기 힘든 것이라는 점에서 프로시에 주어진 '도시의 선물'이기도 하다. 결코 돌아갈 수 없는 과거를 향해서 과거의 시인들처럼 막연한 그리움에서 그치는 것이 아니라 끊임없는 전진을 통해서 무한히 거기에 근접하려는 '욕망'이 새롭게 등장한 것이다. 다시 말해서 과거를 향해서 미래로 전진하는 프로시인들의 '전진의 욕망'은 분명 도시의 산물이기도 하다.

> 그러나 과거는 이미 바람에 불려간 꽃조각
> 영원의 잊음 바다 위에 띄워버릴 뿐이외다
> 우울한 얼굴로 그것을 생각하여 무엇하리까
> 이제 내 앞에는 오직 새해 새아침이 있을 뿐이외다
>
> (…중략…)
>
> 악몽같은 과거는 이 아침에 불살아 버리십시다
> 묵은 때 있거든 이 아침에 깨끗이 씻어버리십시다
> 그리고 앞날을 바라고 한 걸음 또 한 걸음 나아가십시다
> 그대와 나, 오직 정성스러운 마음으로—
> — 박팔양, 「정성스러운 마음으로」에서
>
> 이 도시에 부대끼는 넋 위에
> 달려가는 자전차의 고속도
> 그 위에 있어 날카로운 신경의 눈 눈 눈
> — 김창술, 「자전차의 민치(敏馳)」에서

과거를 불사르고 미래로 전진하는 그들 도시의 시인은 또한 도시의 거리를 자전거를 타고 빠른 속도로 달려가는 "날카로운 신경의 눈"의 소유자이기도 하다. 그러한 눈은 모더니스트들의 전유물인 것처럼 보이지만 사실 전혀 그렇지 않다는 것을 알 수 있다. 똑같은 '도시의 시인'으로서 시를 쓰는 데 있어서 '눈'의 중요성을 처음으로 알려준 것은 프로시인들이었다. 도시에서 프로시인들이 이루어낸 공적의 하나는 '눈의 객관성'을 처음으로 의심하게 해주었다는 데에 있다.[12] 계급에 따라 세계가 다르게 보인다는 뜻에서 붙여진 '세계관'이라는 개념은 프로문학 전시기에 걸쳐서 문제적인 것으로 간주되었다. 물론 그것은 감각적인 '시각'과는 상당히 달랐으며 오히려 이성적 '시각'에 가깝다는 것, 더구나 미술사에서는 오래 전에 정립되어 널리 사용되고 있었던 원근법에 가깝다는 것, 더구나 특정한 고정점을 지니고 있다는 것을 감안하더라도, 문학에 사회적 시각이 내재해 있다는 것을 알려주는 첫 번째 시도였다고 할 수 있다. 특히 소설과 달리 '초점'에 대한 논의가 거의 없었던 시 장르에서까지 그것이 문제되었다는 것은 간과할 수 없는 중요성을 갖는 것이다.

시에 있어서 시각의 문제는 임화의 단편서사시(「우리 오빠와 화로」)를 둘러싼 소장파들의 비판적 발언에서 비롯되었다.

> 왜 그런고 하니 그것은 사회의 모든 현상을 보편적 근로대중의 ××(전위)의 관점으로서가 아니고 귀족적 '시인'의 눈으로 그것을 보는 것을 기뻐하고 …… ××(투쟁)의 전야로서가 아니고 센티멘탈한 '애수의 家'에 침거시키는 데 보다 더 흥미를 갖고, 그리고 프로문학의 길을 유물변증법적 철학으로 침투된 리얼리즘의 길에로가 아니고 현실의 주관화된 로맨티시즘의 길로 소위 '예술에의 복귀'의 길로의 델리케이트한 漫步를 이야기하고 있는 것이기 때문

---

12) 눈의 객관성을 의심하였지만, 그것이 언어의 투명성에 대한 회의로 이어지지 못한 것이 프로시인들의 한계라고 할 수 있다. 눈과 언어의 결합은 모더니즘에 이르러 가능해졌다.

이다. 따라서 그것은 프로문학에 대하여서는 치명적인 것이다.[13]

이 글의 필자 신유인은 "프로문학에 대하여서는 치명적인 것"으로 임화의 "귀족적 '시인'의 눈"을 거론하고 있다. 그 눈이 치명적인 까닭은 명백히 부르주아의 눈이기 때문이다. 이처럼 부르주아의 눈으로 세상을 보는 것은 "주관화된 로맨티시즘의 길"이지만, "보편적 근로대중의 ××(전위)의 관점"으로 세상을 보는 것은 "유물변증법적 철학으로 침투된 리얼리즘의 길"이라는 이분법은 이 시기 프로문학의 전형적 태도라고 할 수 있다. 그들은 부르주아의 눈과 프롤레타리아(그것도 가장 현실 프롤레타리아가 아닌 이상적인 전위)의 눈, 이렇게 적어도 '두 가지의 눈'으로 세상을 바라볼 수 있다고 가정하고 있다. 더구나 임화와 같이 카프의 핵심부에 있는 시인이 어떻게 '부르주아의 눈'으로 세상을 바라보았는지, 그들은 그 까닭을 이해할 수 없었다. 다시 말해서 그들은 '두 가지의 눈'으로 동시에 세상을 바라볼 수 있는 가능성을 전혀 고려하지 못했던 것이다. '두 가지의 눈'으로 각각 별개의 세상을 볼 수 있다고는 생각했지만, 동시에 병존할 수는 없다고 믿었다. 그러므로 임화의 시는 정면과 측면을 동시에 화면 위에 그려 넣었던 피카소의 그림과 같은 것으로 여겨졌던 것이다. 결국 그들은 세계는 '단일 시각'에 의해 포착되어야만 한다는 것, 그러므로 '두 가지의 눈' 중에서 프롤레타리아의 눈이 보다 더 진실에 가깝다는 것을 고집할 수밖에 없었다. 그래서 프롤레타리아의 눈은 비록 주관적인 것처럼 보이지만 본질적으로 가장 객관적인 눈으로 간주되었다.

그러나 사실상 시에 있어서 '부르주아의 눈', 그 "주관화된 로맨티시즘의 길"은 쉽게 제거할 수 없는 성질의 것인지도 모른다. 그 눈을 제거함으로써 어쩌면 앞시기 부르주아 서정시와의 완전한 단절을 이룰지도

---

13) 신유인, 「문학창작의 고정화에 항하여」, 『조선중앙일보』, 1931.12.1~8.

모르지만, 그것은 오히려 시장르의 심장을 도려내는 것일 수도 있기 때문이다. 실제 그 결과로 나타난 프로시(특히 권환의 시)는 임화가 나중(1934년)에 지적하였듯이 개념이 직접적으로 노출된 "뼉다귀시"로 귀결되었던 것이다. 비록 그 수가 적다고는 하지만 '뼉따귀시'는 분명 전통적인 시 장르의 한계를 크게 벗어나는 시도였으며, 더군다나 카프 내부에서도 그것은 크게 환영받지는 못하였다. 따라서 시에 있어서 '부르주아의 눈'이 개입되어 있다는 사실이 "치명적"인 것이 아니라 그 눈을 제거하는 사태가 오히려 더욱 "치명적"인 것이라고 할 수 있다. 이처럼 '부르주아의 눈'은 프로시의 한계를 그려주는 것이기 때문에 프로시를 시의 범위 안에 안착하게 하는 것이면서, 또한 언제든지 프로시를 위협할 수도 있는 모순적인 부분을 가리킨다. 이는 '농촌을 향한 향수'가 미래로 전진하려는 프로시에 모순적인 기능을 하는 것과 마찬가지이다.

그 '부르주아의 눈'과 같은 것이 어떤 성질의 것인지는 여러 방면으로 이야기할 수 있겠지만, 거기에 프로시의 모순이 자리하고 있다는 것은 분명해 보인다. 일례로 프로문학에서는 형상과 개념, 형식과 내용 사이의 서열관계가 분명했는데, 이때 형상과 형식은 서열상 개념과 내용에 비해 결코 우월한 자리를 차지할 수 없었다. 그럼에도 불구하고 형상과 개념의 '동등한' 결합의 가능성은 항상 문제로 제기되었으며, 그때마다 형상과 형식의 '중요성'이 추상적으로나마 강조되었다. 따라서 프로문학에 있어서 개념과 형상, 내용과 형식은 모순적인 관계를 맺고 있다고 할 수 있다. 프로문학 초기에 부르주아 문학에서 차용해올 수밖에 없었던 형상과 형식은 프로문학이 강조하는 개념과 내용을 실어나르는 도구이긴 했지만 또한 개념과 내용을 왜곡할 가능성을 지니고 있었다. '대중적 형식', '리얼리즘적 형식'에 대한 꾸준한 관심은 그러한 왜곡의 가능성을 줄이고 부르주아 문학으로부터의 부채를 청산하려는 의도의 표현인 것이다. 그러나 프로시의 경우 전통 서정시가 추구하는 근원적인 통일성과 공동체적 유대감의 회복이라는, 돌이킬 수 없는 역방향을 지향하고 있다는 점에서 그 결별은 과감하게 이루어지지 못하였던 것이다.

5. 맺음말

프로문학은 급격한 도시화에 따른 농촌 공동체의 해체 과정에서 탄생한 역사적 아방가르드의 일종이라고 할 수 있다. 그것은 도시의 산물이긴 하지만 도시를 부정하고 농촌 공동체의 친밀감과 유대를 회복하려는 과거지향적 시도를 버리지 못하였으며, 그에 따라 전통 서정시의 지향점을 크게 벗어나지 못하였다. 그러나 프로문학은 도시의 등장 이후 전통적 서정의 세계가 회복불가능하다는 사실을 충분히 알고 있었으며, 그 회복불가능한 과거를 향한 퇴행적 집착 대신에 그것을 미래로 투사하고 거기에서 '새로운 도시'를 꿈꾸는 방식을 택한 것을 알 수 있다. 비교적 그 미래에 대한 청사진이 분명했다고는 하지만 시에 있어서만은 도시화 이전의 과거의 정서를 원형적인 것으로 설정하고 있었고, 그것이 미래의 청사진을 시에서 실현해 보이는 데 길잡이 역할을 했던 것이다.

그러나 프로시에 있어서 원형적 과거에 대한 기억은 마치 '부르주아의 눈'과 같은 기능을 하고 있었다. 부르주아의 눈으로 세상을 바라본다는 것을 용납할 수 없는 프로문학의 입장에서 프로시에 끊임없이 등장하는 그 원형적 기억은 때로는 부르주아의 눈과 같은 모습으로 프로시를 위협하는 것이기도 했다. 그러나 그 제거할 수 없는 눈의 도움이 없다면 프로시는 시 장르의 바깥으로 벗어나버렸을지도 모르는 일이다. 그러므로 프로시의 성립을 위해서 반드시 거기에 의존해야 하지만 또한 그것이 프로시의 존립을 위험하게 만드는 그 문제를 둘러싸고 프로시는 매번 다양한 논쟁지점을 형성하게 된다. 프로시가 전적으로 새로운 형식을 지니게 된 것은 그 논쟁지점을 통과한 이후의 작품, 즉 '포스트-프로시'라고 할 수 있는 이용악·오장환·백석 등에 의한 것이라고 할 수 있다.

수십 년 동안 흉악한 자본주의와 싸워왔던 진보적인 문학이 지금은 사회의 변화와 더불어 그 한계를 드러냄에 따라 프로문학은 그 이전에 진보적인 문학연구자들에 의해 상찬되었던 자리에서 이제 연구의 변두리로 밀려나 있는 형편이다. 프로문학은 새로운 시대에 대응할 수 있을 만한 마땅한 비전을 제시해주지 못한다고 판단했기 때문이다. 그러나 프로문학의 시대가 지나갔다고 말할 수 있는 지금이야말로 오히려 프로문학과 진정한 소통이 가능한 때가 아닌가 싶다. 지나갔다는 것은 대화의 코드가 달라졌다는 것을 뜻하는 것으로 이런 상황에서야말로 '대화를 위장한 독백'이 아니라 진정한 대화가 가능할 것이기 때문이다. 그러므로 여전히 프로문학과 동일한 코드를 유지하려고 하는 사람들은 현실의 변화를 멀리하고 '자폐적 상황'에 처하게 됨으로써 프로문학 연구의 취지를 상실하게 될 것이다. 프로문학이야말로 사회에 대한 부정의 방식을 '기억'하려는 연구자를 독려하는 것이기 때문이다. 따라서 프로문학을 정당하게 평가하기 위해서는 오히려 프로문학의 열정을 기억하면서도 그러한 문학의 열정을 불가능하게 만드는, 현재 문학을 둘러싼 여러 상황을 충분히 검토하는 자세가 필요할 것이다. 프로문학의 열정을 지향하면서도 또한 그 회복 불가능성을 기억하는, 이러한 모순된 연구자의 입장은 프로문학에 대한 새로운 관점을 열게 만들 것이다. 별을 보며 길을 물을 수 있었던 축복받은 시절이 진보적 문학연구자들에게 있었다는 사실을 그리워하면서도, 그 때가 결코 되돌아올 수 없다고 믿는 아이러니스트, 그 문제적 개인을 이제는 연구자들 자신이라고 생각해야 할 시기가 되었다.

제3장

민족문학과 친일문학 사이의 내재적 연속성 문제 연구

최남선을 중심으로

1. 친일문학 연구의 전제

'민족을 위한 친일'은 널리 알려진 이광수의 테제이다. 급조한 변명 치고 이처럼 사람들의 입에 자주 오르내리는 말도 드물다. 특별히 역설 이나 아이러니로 인정받을 만한 시적 표현도 아닌데 사람들은 그 말을 오래 기억하고 있다. 그 말 자체는 분명 성립할 수 없는 궤변이다. 하지 만 이광수의 삶 전체를 놓고 보자면 '친일' 못지않게 '민족을 위한' 부 분이 큰 비중을 차지하는 것 또한 사실이다. 이때 양자의 공존불가능성 때문에 이광수의 삶은 '민족을 위한' 부분과 '친일' 부분으로 분리되어 이해된다. 그것은 '친일' 부분을 단죄함으로써 '민족을 위한' 부분을 구 제하기 위함이다. 그리고 '친일' 부분과 '민족을 위한' 부분이 서로 공 존할 수 없다는 것, 즉 '민족을 위한 친일' 따위는 성립할 수 없다는 것 을 확인하기 위해서 둘을 엄밀하게 구별하려는 것이다.

그러나 아무리 엄밀하게 구별하려 해도 '민족을 위한' 부분인지 '친일' 부분인지 엄밀하게 가늠할 수 없는 경우가 있기 마련이다. '민족을 위한' 부분과 '친일' 부분이 교묘하게 교차하는 시기가 특히 그러하다. 대개는 그러한 교체기를 '변절' 혹은 '전향'의 시기라고 말한다. 그러나 여러 가지 가능성이 밀집된 그 시기에서조차 사람들은 선명한 '불연속성'과 '단층'을 찾아내고자 노력한다. 그리고 그 이행의 '계기'며 '동기'를 추궁하는 데 몰두한다. 그 이행 과정에서의 자발성 여부에 따라 죄의 경중이 결정되기 때문이다.

이렇게 단죄를 위한 식별 위주로 친일문제를 바라보게 되면, '민족을 위한' 부분에서 '친일' 부분으로 이행하는 과정에서 작동하는 '논리'를 크게 주목하지 않게 된다. 그 '논리'는 제대로 된 논리가 아니라 '궤변'일 것이라는 편견이 앞서기 때문이다. 동시에 '민족을 위한' 부분과 '친일' 부분이 논리적으로 연결될 수 있는 가능성, 그래서 '불연속성'과 '단층' 대신 '연속성'이 들어설 가능성을 허용하기 때문이다. 그러므로 다음과 같은 주장이 설득력을 얻게 된다.

> 친일문학을 희석화하는 논리 중에서 일제하의 작가들은 모두가 친일이라는 것과 더불어 자주 등장하는 것 중의 하나가 친일문학의 내적 논리를 규명한다는 미명하에서 명백한 친일행위를 부정하는 것이다. 그 단적인 예가 중일전쟁 이후의 이광수의 글은 친일이 아니라 민족보존론에 지나지 않는다고 읽는 것이다. 이광수의 논리를 얼핏 보면 친일이지만 자세하게 그 내적 논리를 따져 읽으면 민족보존의 이론이라고 하면서 이광수는 친일이 아니라고 하는 이러한 주장은 친일문학에 대한 기준이 명확하게 밝혀져 있지 않고 막연하게 제기되어 오는 상황에서 등장하곤 한다.[1]

'논리'라는 것은 '연속성'과 '일관성'을 만들어내는 것이므로, 논리적 설명은 자칫 '친일' 부분조차도 '민족을 위한' 부분의 연장으로 만들 수

---

1) 김재용, 「친일문학의 성격 규명을 위한 시론」, 『실천문학』, 2002년 봄, 169면.

있다. 그렇게 되면 '민족을 위한 친일'을 '궤변'이 아니라 '논리'로 인정하게 되는 것이다. 만약 '민족을 위한 친일'이 논리로 허용된다면 '명백한 친일행위'나 순수한 '친일행위'는 더 이상 존재할 수 없을 것이다. 물론 '민족을 위한'의 이름으로 단죄할 대상도 사라지게 된다.

그러나 이와 같은 우려가 놓치고 있는 부분이 있다. '변절'과 '전향'의 시기에 찾아오는 "치명적인 착시 현상"[2]이 그것이다. 다시 말해서 '민족을 위한' 것인지 '친일'인지 판단할 수 없는 논리적 착종지점에 봉착하게 되는 경우이다. 예컨대 안중근의 이토 히로부미[伊藤博文] 암살은 그 자체만으로 '민족을 위한' 행위이기도 하지만, 그 뒤에도 논리가 없는 것은 아니다. "일본밖에 동양의 맹주될 나라 없다"고 믿었던 그는 "일본을 머리로 한 평등한 자격의 한국, 중국, 일본의 연합"으로 백인으로부터의 공동방어를 주장했지만, 일본의 식민화 정책이 '조화로운 동맹'의 가능성을 박탈했다고 생각했다.[3] 일본 스스로가 일본에 대한 안중근의 믿음을 저버린 것이다. 이때 일본에 대한 안중근의 믿음의 성격은 무엇인가? 그 믿음만으로도 안중근이 '친일적' 감정을 가지고 있었던 것은 아닌가. 더구나 이토 히로부미의 암살 결정은 일차적으로 민족적 감정에서 기원한 것이 아니라 '동양 3국'과 서양의 관계에 대한 자신의 신념에서 비롯된 것이다. 그의 행위는 이미 민족적 또는 친일적 행위를 엄밀하게 구별할 수 없는 복잡한 논리적 배경을 동반하고 있다.

그렇다면 친일문학론이 진정한 문학이론으로 거듭나기 위해서는 그것은 먼저 "윤리적 정당성을 확보하는 도구"[4]의 단계를 넘어서야 한다. '민족을 위한' 것과 '친일' 행위를 분별하고 후자를 단죄하는 '윤리적 근거'에만 종속되어서는 안 된다. 오히려 '치명적 착시 현상'에 대한 논

---

2) 류보선, 「친일문학의 역사철학적 맥락」, 『한국근대문학연구』, 2003년 상반기, 30면.
3) 안중근, 「동양평화론」, 『안중근전기전집』(윤병석 편역), 국가보훈처, 1999. 여기서는 박노자, 『우승열패의 신화』, 한겨레신문사, 2005, 222~223면에서 재인용.
4) 한수영, 「고대사 복원의 이데올로기와 친일문학 인식의 지평─김동인의 『백마강』을 중심으로」, 『실천문학』, 2002년 봄, 206면.

리적 설명에 좀더 집중할 필요가 있다. 그것은 결국 '민족을 위한' 것과 '친일'이 엄밀하게 구별되지 않는 논리적 착종지점에 초점을 맞추게 할 것이다. 그렇게 되면 친일문학론은 일본 지식인 사회가 생산해낸 거대 이론을 배경으로 하는 이론적 대결의 문제가 된다. 더 나아가서 일본 지식인 사회가 참조하고 있는 서양 담론과의 대화까지 고려해야 할 문제가 될 것이다. 그때 친일문학론은 세계체제를 배경으로 하여 생산된 독립된 이론체계가 될 수 있다.

그런 맥락에서 최남선은 기존 친일문학론의 한계를 드러내 보여주는 인물이다. 무엇보다도 그에 대한 평가가 극단적으로 갈린다는 것부터가 그렇다. 그는 한편으로는 "선구자"이지만, 다른 한편으로는 "친일반역자"이다.[5] 이러한 극단적 평가는 양측 모두 최남선의 삶 전체를 하나의 관점으로 일관되게 서술하고 있다는 점에서 앞서 말했던 '착시 현상'에 대한 관심이 결여되어 있다. 일관성을 유지하려다 보니 동일한 텍스트를 두고 서로 정반대의 평가를 내릴 수밖에 없다. 이는 최남선의 텍스트 대부분에 그러한 모호성이 내재해 있다는 것을 간접적으로 말해준다. 극단적인 입장을 버리고 균형잡힌 시선을 갖는다 하더라도 최남선이 어느 시점에서부터 친일로 접어드는가를 결정짓기란 쉬운 일이 아니다. 예컨대 최남선의 민족 담론이 본격적으로 개화하게 되는 「불함문화론」(1925)[6]을 두고도, 바로 이것이 친일의 시작이라 보는 경우도 있

---

5) 한국현대사연구회에서는 극단적인 두 입장을 학회지에 나란히 게재한 바 있다. 홍일식, 「최남선 1 – 그의 친일시비와 선구자로서의 비애」, 『근현대사강좌』 3호, 1993; 김성준, 「최남선 2 – 친일반역자의 길」, 『근현대사강좌』 3호, 1993. 이 외에도 최남선의 친일행위를 지적하는 것으로는, 최석영, 「일제하 최남선의 비교종교론의 맥락」, 『일제하 무속론과 식민지권력』, 서경문화사, 1999가 있다. 오히려 최남선을 민족담론의 생산자로 보는 경우도 있다. 김현주, 「문화, 문화과학, 문화공동체로서의 '민족' – 최남선의 '단군학'을 중심으로」, 『대동문화연구』 47, 2004. 다소 중립적인 관점에서 서술된 것으로는 이영화, 『최남선의 역사학』, 경인문화사, 2003; 석지영, 「육당 최남선의 역사의식 – 고대사 연구를 중심으로」, 이화여대 석사논문, 1993가 있다.

6) 최남선의 「불함문화론」은 신문연재를 전제로 1925년 2월에 완성된 원고이지만 어찌 된 연유인지 공개하지 않고 있다가 1927년 8월에 『朝鮮 及 朝鮮民族』에 '일어'로 발

다.[7] 지금까지의 평가는 어떻게 동일한 텍스트가 '민족'과 '반민족'을 동시에 지향할 수 있는지를 탐구하지 않았지만, 이 글에서는 그러한 모순과 착종이야말로 그 텍스트의 문제적 성격을 가리킨다고 간주한다. 「불함문화론」을 비롯한 최남선의 대부분의 민족 담론에 '착시 현상'이 작동하고 있다는 것이다. 여기에서는 그 착시 현상이 어떻게 만들어지고 작동하는지를 분석하고자 한다. 이는 민족적인 것과 친일적인 것이 착종되는 장면을 드러내줄 것이다.

2. 학문적 독립선언

최남선에게 있어서 「불함문화론」(1925~1927)은 심혈을 기울여 만들어낸 독창적인 이론이면서 그의 출세작이다. 「불함문화론」이라는 독특한 이론의 구상은 이미 3·1운동 때까지 거슬러 올라간다. 그 당시 최남선은 「독립선언서」를 작성한 혐의로 체포되어 2년여의 옥살이를 경험하게 된다. 이 감옥에서 「불함문화론」의 구상이 떠오른 것이다. 최남선은 그 순간을 이렇게 회고하고 있다.

지금 당하여서는 벌써 10년 가까운 전의 일이지만, 기미년 일로 해서 오래 다른 인연을 끊고 독립생활을 하는 동안에, 자연히 이 때까지 책으로 보고 생

표된다. 그 사이에 발표된 그의 '단군' 논문들을 통해서 이미 어느 정도 윤곽이 드러난 상태였다. 이는 아마도 학자적 욕망에서 비롯되었을 것이다. 일본 내부, 특히 '동양사학' 계열의 '단군' 해석에 충격을 줄 수 있으리라 믿었던 것이다. 후술하겠지만 그는 이미 1926년 3월에 총독부 조선사편수회 위원들(마찬가지로 '동양사학')을 겨냥한 「단군론」을 발표한 바 있다. 조선사 편수회가 재편된지 수개월만의 일이다. 자료수집단계에서부터 '단군' 말살 의도를 폭로하고 싶었던 것이다.

7) 전자의 경우는 김현주, 앞의 글, 후자의 경우는 최석영, 앞의 글.

각으로 얻던 것을 전일하게 정리할 기회를 얻어서, 자나깨나 조선에 관한 지식의 통일적 방면, 근본적 방면을 찾았었다. 그렇게 하기를 범 일년 반만인 경신년 8월 24일 새벽에, 경성감옥 옥창에서 다른 때와 같이 정좌법을 행하고 있는 가운데, 조선에 있는 高山·大山·名山에 白字 붙는 이름이 많고, 단군이니 해부루니 하는 國祖들의 傳說地에도 그 비슷한 地名이 있는 것을 생각하게 되어, 그것이 기초되어 여러 가지로 연역도 하고 귀납도 하고 분류도 하고 종합도 한 결과, 조선 고대에 '밝'이라 하는 일대 원리가 있어서, 그것을 기초로 하여 신화도 생기고, 신화의 쌍생자로 하나는 역사가 되고 하나는 종교가 된 것을 알게 된 때에, 캄캄하던 밤에서 白晝가 나온 것 같이 온 세계에 새로운 빛을 보게 되었다.[8]

얼마나 충격적인 경험이었던지 최남선은 10년이나 지났다지만 날짜까지 생생하게 기억할 정도이다. 감격적인 순간을 회고하는 위의 글은 1927년 8월 『별건곤』에 실려 있는데, 바로 그 달에 「불함문화론」의 일역본이 일본 국내 잡지에 게재되었다. 사실상 그것은 최남선으로서는 일본으로 보내는 두 번째 '독립선언서'였던 것이다. 다만 이번에는 정치적 독립선언이 아니라 학문적 독립선언이라는 점이 다를 뿐이다. 학문적 독립선언이란 말은 「불함문화론」이 겨냥하고 있는 일본의 특정 학문적 경향을 가리킨다.

표면적으로 보았을 때 「불함문화론」은 여러 '단군론' 중의 하나에 불과하다. 하지만 그것을 그저 '단군론'으로 처리해버리기엔 미심쩍은 데가 있다. 단군에 관한 글이라면 이미 그전에도 일본의 식민지 지배 논리에 대한 저항 담론으로서 여러 차례 작성된 적이 있다. 신채호나 박은식, 정인보 등의 민족주의적 단군론이 바로 그러하다. 신채호는 이미 3차례나[9] 단군론을 새로 기술한 바 있으며, 최남선 자신도 이미 1918년

---

8) 최남선, 「내가 경험한 제일통쾌」, 『육당최남선전집』 10권, 현암사, 1973, 487면.
9) 신채호는 「독사신론」, 『조선상고문화사』, 『조선상고사』에서 각각 단군론을 전개하였다. 「稽古箚存」까지 최남선의 단군론은 신채호의 것과 유사하다. 이영화, 앞의 책, 118~123면 참조.

에 「계고차존(稽古箚存)」이라는 글10)을 통해서 '단군론'을 정리한 바 있다. 그것으로 충분치 않은가? 과연 최남선은 왜 또다시 '단군론'을 작성하려 했던 것일까? 지금까지와 비슷한 내용의 '단군론'을 쓰기 위해서라면 구상에서 완성, 발표까지 무려 7년여의 시간을 허비할 이유가 없다. 다작으로 소문난 최남선에게 집필기간만 5년이라면 너무 길다. 「불함문화론」에는 무언가 특별한 동기가 작동하고 있음이 분명하다.

추측컨대 최남선은 「불함문화론」을 통해서 어떤 도약을 감행하고 싶었던 것이다. 그는 이미 감옥에서부터 새로운 단계로 도약할 것같은 예감에 사로잡혀 있었다. 풀리지 않던 실타래가 일시에 풀려나간 듯한 종교적 체험도 있었다. 발상은 실로 번개처럼 스치고 지나갔으리라. 최남선은 그것을 놓치고 싶지 않았다. 더구나 정신적 충격은 바깥에서 오지 않았다. 즉, 누군가에게서 배워 알아낸 사실이 아니다. 차라리 그것은 기존에 산만하게 흩어져 있던 여러 파편적 지식들이 일시에 결합하면서 발생한 사건적 체험이다. 필요한 요소들은 대부분 이미 알고 있는 것이거나 심지어 자신의 글에도 여러 차례 기록된 것들이다. 예컨대 단군 시절의 태백산이 지금의 백두산이며 그 다른 이름이 '불함산'이라는 것, '박달'의 '박'이 '天'을 뜻한다는 것쯤은 이미 「계고차존」에도 기록되어 있었다. 그러나 그것들은 각자 무의미하게 흩어져 있었다. 그러던 어느날 순간적인 몽타주가 형성된 것이다. 그리고 그 형상을 통해서 최남선은 "캄캄하던 밤에서 白晝가 나온 것 같이 온 세계에 새로운 빛을 보게 되었"던 것이다. 그 새로운 빛은 그 전까지의 단군론이 보지 못했던 것을 보게 만들었고, 10년이 아니라 평생 투신할 만한 깊이를 가진 것이면서, 일본 학계에도 이론적 비전을 제시해줄 정도의 높은 조도(照度)를 갖는 것이었다. 그때 감옥에서 맛보았던 그 감격은 1940년대 초반 만주건국대학교 강의에서까지 선명하게 변함없이 살아 있음을 보게

---

10) 최남선, 「稽古箚存」, 『육당최남선전집』 2권, 현암사, 1973, 14~42면.

된다.

3·1운동 직후에 최린, 이광수를 비롯한 많은 유명 인사들이 '친일파'로 전향하였던 것처럼, 만약 「불함문화론」 또한 그의 친일저작이 확실하다고 가정한다면 그는 감옥에서부터 「독립선언서」 작성을 철회하고 있었던 셈이 된다. 그리고 앞서 인용된 감격은 1927년 8월 일본 국내 학술지에 자신의 논문이 게재되는 장면에 대한 감격일 테고, 따라서 일역본 「불함문화론」은 '제2의 독립선언서'가 아니라 다만 '전향선언서'에 불과할 것이다. 그것도 10년전(정확하게는 8년전)부터 지속적으로 작성해 온 치밀한 '전향선언서'에 해당된다. 과연 그러한가?

3. 단군의 사실성 문제

그의 「불함문화론」은 일차적으로는 '단군론'이다. 그러므로 그것은 형식상 일본 학계의 단군론에 대한 대응이기도 하다. 하지만 그가 상대하고자 하는 일본 학계의 단군론은 당대에 발표되는 세세한 것들이 아니다. 오히려 그의 논의는 그 모든 단군론의 이론적 기반이 되었던 글, 그리고 그 기반을 제공해준 학자를 향해 있다. 1920년을 기준으로 하더라도 25년도 더 지났지만 여전히 모든 단군말살론의 원형을 이루는 것들이다. 1894년 일본 역사학계에 발표되었던 세 편의 단군론, 즉 나카 미치요[那珂通世]의 「朝鮮古史考」와 시라토리 구라키치[白鳥庫吉]의 「檀君考」 및 「朝鮮の 古傳說考」가 그것이다. 그 중에서도 한일합방 이전에 사망한 나카(那珂)보다는 당시까지 활발하게 활동하던 저명한 동양학자 시라토리(白鳥)가 최남선의 상대였다. 시라토리는 단군말살론의 이론적 기반을 제공했을 뿐 아니라, 사실상 최남선 개인에게는 「불함문화론」에 이르는 계단을 만들어주고 해방 직전까지 정신적으로 동행해준 스승이기도 했다. 최남선에게 시라토리는 창이고 방패였던 것이다. 「불함문화론」을 구상하면서부터 최남선은 시라토리와 줄곧 모순적 관계를 유지하게 된다. 최남선의 옥중 감격은 시라토리의 단군말살론을 막아낼 만한 든든한 방패를 만들어냈다는 생각과 관련된다.

시라토리 이전까지만 해도 일본에서는 단군을 부정할 특별한 이유가 없었다. 일선동조론(日鮮同祖論)으로 중지가 모아진 일본의 전통적인 국학자들은 단군을 부정하지 않은 채 조선의 시조(=檀君)와 일본의 시조(= 天照大神) 사이의 관계를 재설정하는 것만으로도 일선동조론을 도출하기에 충분하다고 생각했다.[11] 아직 근대사학의 세례를 받지 않은 국학자들은 여전히 '기기(記紀)'(『古事記』와 『日本書紀』)와 같은 일본 신도 관련 문서와 그 신화를 숭상했던 것이다. 하지만 1887년 대학에 근대적인 사학과가 설치되고 실증사학이 도입되면서 국학자들이 숭상하는 고기(古記)에 대한 실증적 검토가 이루어졌다. 결국 고기의 사료로서의 가치가 평가절하되면서 기록된 내용의 신빙성마저 의심받게 되었다.[12] 하지만 그러한 실증주의의 칼날은 일본의 고기에서 그치지 않았다. 조선, 중국의 고기[13]도 그 칼을 피해갈 수는 없었다. 학문에 있어서의 우상파괴가 시작된 것이다. 동양 삼국의 전근대적 사학의 전거(典據)들이 차례로 무너져내렸다. 일본의 기기에 버금가는 『삼국유사』와 『삼국사기』에 대해서도 실증적 접근이 이루어졌으며, 특히 『삼국유사』에 실려 있는 단군의 '역사적 사실성'이 부정되었다. '단군부정' 혹은 '단군말살론'이란 이를 두고 하는 말이다.

그러한 실증주의적 접근을 주도한 사람이 시라토리이다. 일선동조의

---

11) 일본내 단군 문제에 대해서는 이영화, 앞의 책, 156~158면 참조.

12) 최석영, 『일제의 동화이데올로기의 창출』, 서경문화사, 1997, 313 이하 참조.

13) 시라토리는 1909년 중국의 '요·순·우'를 역사상의 실제 인물이 아니라 의인화된 고대적 이상의 표현이라 주장하여 일본 한학자들의 반발을 사기도 했다. 스테판 다나카, 박영재·함동주 옮김, 『일본 동양학의 구조』, 문학과지성사, 2004, 176면.

근거를 양국 시조들의 형제지간에서 찾았던 국학자들로서는 무척 당황스런 일이겠지만, 단군의 역사적 사실성이 삭제됨으로써 국학계의 일선동조론에는 새로운 논리가 필요하게 되었다. 단군말살론은 조선의 민족주의자들만 흔들어놓은 게 아니었다. 일본의 민족주의자들마저 단군말살론의 타격을 입었다. 일선동조론이 위기에 처한 것이다. 일선동조론을 위해서라면 단군을 살려내야만 했다. 그렇지 않다면 단군 '없는' 일선동조론의 생산을 모색하지 않으면 안 되었다.

한편 조선의 민족주의자들은 단군의 역사적 사실성을 회복함으로써, 다시 말해 단군을 살려냄으로써 단군말살론에 저항할 필요가 있었다. 하지만 단군을 살려냄으로써 단군말살론을 격파하는 것이야말로 일본 국학파의 소원이었는데, 그 소원이 한국의 민족주의자들 사이에서 성취된 것이다. 근대사학의 세례를 충분히 받지 못했던 조선 사학계는 단군론을 중심으로 벌어진 일본 사학계 내부의 집안싸움[14]에 말려들었고, 일본 국학계의 손을 들어준 것이다. 조선의 민족주의 사학자들은 시라토리의 실증사학에 의해 단군이 '사실(史實)'에서 배제하였으니, 단군을 다시 사실에 등재하는 것만으로 문제를 해결하려 했다.[15]

그러나 단군이 사실이라고 주장하면 근대 사학을 부정하게 된다. 1904년과 1906년 두 번에 걸친 짧은 유학 생활, 그것도 '역사지리과'와 같은 근대적 학문의 세례를 받은 최남선으로서는 쉽지 않은 결정이다. 그렇다고 해서 단군의 사실성을 부정할 수도 없는 노릇이다. 1918년 「계고차존」에서 최남선은 그 문제를 미해결인 채로 남겨뒀다. 조선(단군은 사실이다)과 일본(단군은 사실이 아니다)의 사학계를 동시에 만족시킬 방법은 없는 것인가? 그렇다면 단군은 사실이기도 하고 사실이 아니기도

---

14) 이영화, 앞의 책, 132면.

15) 1930년대에 접어들어 뒤늦게 단군연구에 돌입한 정인보조차 단군에 대해서는 이렇게 말한다. "단군이 조선의 시조이심과 조선이 단군의 연육인 것은 論明을 기다릴 일이 아니다." 정인보, 『조선사연구』 상, 1948, 41면; 윤이흠 외, 『단군』, 서울대출판부, 1994, 96면에서 재인용.

해야 한다. 이것이 최남선이 직면한 막다른 골목이다.

4. 두 개의 눈

「불함문화론」은 최남선이 발견한 출구의 다른 이름이다. 단군말살론에 대응할 수 있는 새로운 출구가 마련된 것이다. 일본 내부에서 단군말살론은, 근대사학으로 무장한 '동양사학'이 국학 중심의 전통사학을 밀어내고 화려하게 등장하는 장면과 겹친다. 그것은 전통사학의 지배를 거절하는 동양사학의 '독립선언서'였던 것이다.[16) 그 중심에 시라토리가 있었다.

하지만 단군말살론에 대응하는 조선 사학계의 자세는 어떠한가. 오직 민족주의적 대응이 있을 뿐이다. 그러나 민족주의적 의지만으로는 동양사학의 단군말살론에 대처할 수 없다. 단군말살론에 저항하는 순간 '사실 아닌 사실'을 고집하는 낡은 전통사학으로 전락하고 만다. 그렇다고 해서 단군말살론을 순순히 받아들일 수조차 없다. 이래저래 일본의 동양사학이 제출한 단군말살론 앞에서 조선의 민족주의적 단군론의 순진한 대응은 의미를 잃고 만다.

최남선은 민족주의적 단군론과는 다른 길을 찾아나선다. 그는 우선 시라토리의 단군말살론의 취지를 충분히 받아들인다. 시라토리의 주장을 단순화하면 이렇다. 단군은 역사적 실존 인물이 아니라, 신화적 대상으로 '후세에' 만들어진 것이다. 그 이전의 중국측 기록에서 찾아볼 수 없다는 것이 그 증거이다. 시라토리는 단군을 역사에서 신화로 추방한

---

16) 스타판 다나카, 앞의 책, 177면.

것이다.[17] 신화는 역사의 대상이 아니며, '사실(史實)'로 취급될 수 없다. 그에 따라 조선의 역사는 단군에서 시작되지 않는다.[18] 최남선이 주목한 시라토리의 핵심 주장은 두 가지이다. ① 단군은 '만들어진' 신화이다. ② 신화는 역사적 사실이 아니다. 이때 '사실이 아니다'에 초점을 맞추고 있는 시라토리의 견해를 받아들이면서도 최남선은 또한 '사실이다'를 주장하지 않을 수 없다. 단군은 사실이면서 사실이 아니어야 한다. 「불함문화론」이 처음 구상되었을 때 최남선이 느꼈던 감격은 이 '사실성' 문제를 해결했다는 것과 관련된다. 그후 변함 없이 이어지는 최남선의 해법을 들어보자.

　　신화와 역사와의 관계에 대해서는 일별하지 않으면 안 되겠다. 지금이기에 역사와 신화는 뚜렷이 별개의 것으로 되어 있지만, 그것이 고대문화 중에서는 둘이면서 하나, 하나이면서 둘이라는 불가분의 것이기도 하고, 따라서 양자의 경계 등도 거의 없었던 것이다. 그것은 신화 그대로를 진실이라고 믿는 그들에게는 신화가 곧 역사였고 별도로 사실의 기록이란 요구가 없었으며, 그것이 그대로 후세의 역사에 넘겨져서 고대의 일은 자칫하면 신비·기괴한 것이라 하여, (…중략…) 요컨대 신화는 고대인이 신념적으로 만들어 내고 또한 구전한 역사로서, 근대인의 소위 역사가 아님은 새삼스러이 말할 필요도 없다. 따라서 우리들이 신화에 구하여야 할 것은 그 사실성 여하보다도 오히려 어떤 일에 대한 그들의 이념성을 보는 것이라고 말할 수 있는 것이다.[19]

---

17) 조현설, 「동아시아 신화학의 여명과 근대적 심상지리의 형성」, 『민족문학사연구』 16, 2000, 107면.

18) 한국의 역사가 단군조선에서 시작하지 않는다면 기자조선, 위만조선 등 외부에서 유입된 세력이 기원에 놓이게 된다. 시라토리는 조선의 역사를 그 자체로서 기술하지 않고 만주 등 주변국가와의 관계를 통해서 서술하고자 한다. 흔히 이를 '타율사관'이라 명명하며, 특히 '滿鮮史'에 중점을 뒀다. 시라토리 계열의 '동양사학자'들이 조선총독부 내부에서 한국사서편찬을 장악함으로써 '만선사'가 기본 관점으로 자리잡게 된다. 따라서 최남선의 '단군론'은 조선총독부를 겨냥한 발언이기도 하다. 만선사와 타율사관에 대해서는 히타다 다카시[旗田巍], 이기동 역, 『일본인의 한국관』, 일조각, 1983, 특히 2부 3장 참조.

19) 최남선, 「만몽문화」, 『육당최남선진집』 10권, 356면.

말하자면 '신화는 역사가 아니다'라고 주장하는 것은 '현대인'의 관점이다. '고대인'의 관점에서 보자면 '신화는 역사이다'라는 주장도 가능하다는 것이다. 현대인의 관점에서는 구별되는 것도 고대인의 관점에서는 구별되지 않는다. 그런 뜻에서 신화와 역사는 "둘이면서 하나, 하나이면서 둘"이다. 현대인의 관점(시라토리)에서 보면 신화는 역사적 사실이 아니겠지만, 고대인의 관점(민족사학)에서 보자면 신화는 충분히 역사적 사실이다. 최남선의 관점에서 보면 시라토리의 동양사학과 조선의 민족사학은 각자 '편견'에 사로잡혀 있는 셈이다. 그 편견을 교정하는 길은 '두 개의 눈'으로 보는 데서 시작된다. 역사를 보는 눈(일본 근대사학의 눈)과 신화를 보는 눈(조선 민족사학의 눈), 다시 말해서 현대인의 눈과 고대인의 눈으로 동시에 볼 수 있어야 한다. 이렇게 해서 신화를 '역사적 사실'로 볼 수 있는 눈이 트인 것이다.

고대인이 "신화 그대로를 진실이라고 믿"었다는 것, 그것만은 역사적 사실에 속한다. 그러므로 '역사적 사실'로서 중요하게 취급되어야 할 것은 '기록된' 신화 자체가 아니라 '기록되기 이전'의 신화적 내용이다. '기록된' 신화 자체야 역사에서 추방할 수는 있겠지만, '기록되기 이전'의 신화적 믿음만은 역사적 사실로 남아 있게 된다. 기록되기 이전, 심지어 기록조차 되지 않은 부분에 또 다른 '역사적 사실'이 숨겨져 있다. 그렇다면 '기록 이전'(=先史)조차 역사적 사실에 포함시켜야 한다.

그러나 '기록 이전'을 어떻게 확인할 것이며, 그것을 어떻게 기록에 버금가는 확고한 증거로서 제시할 수 있단 말인가. 그것은 일본의 동양사학자들에게조차 해결할 수 없는 질문이다. 역사(歷史)는 선사(先史)를 어떻게 취급할 것인가? 시라토리를 만남으로써 최남선은 비로소 선사와 역사의 경계선에 서게 되었다. 하지만 선사와 역사를 자유롭게 넘나들던 시절은 지나갔다. 아직 민족주의 사학자들이 발견하지 못한 그 균열을 그는 절감한 것이다. 그렇다면 그 균열을 그는 어떻게 극복할 수 있었는가?

5. 죽은 문자를 넘어

시라토리에게 '선사(先史)'는 '역사(歷史)'의 산물이고, 역사의 투영이다. 역사 이전의 사실이 역사에 기록된 것이 아니라 기록을 통해 비로소 역사로 만들어진 것이 신화이다. 모든 신화는 '역사적 신화'인 것이며, 역사가 개입하지 않은 순수한 신화란 없다. 설령 있다 한들 알 도리가 없다. 시라토리에 의해 선사와 역사는 소통이 두절되었기 때문이다. '문자 이전'의 시대와 '문자'의 시대는 과거에는 서로 통했다 할지라도 시라토리의 영역에서는 양자의 소통이 불가능해졌다. 더 이상 재래적 소통방식은 통하지 않는다. 고대인과 현대인은 서로 통할 수 없게 되었다. 진보적인 동양사학자 시라토리는 역사라는 학문의 정립을 위해 재래적 소통을 모두 금지하였던 것이다. 시라토리의 단군말살론은 이렇게 말한다. 전통으로 가는 길은 막혔다. 길을 새로 만들어야 한다.

이처럼 시라토리는 현대인의 관점만을 강조한다. 그러나 신화가 모두 역사 시대의 산물이라면 선사 시대의 신화는 어떻게 설명할 것인가? 시라토리의 학문체계 안에서 선사 시대의 신화는 '말할 수 없는 부분'이다. 신화는 스스로 말하지 않는다. 문자가 없기 때문이다. 역사 시대에 갇힌 동양사학자는 선사 시대 앞에서 침묵한다. 이때 최남선의 고민은 신화에 대한 역사학자의 침묵을 충분히 이해한다는 데서 비롯된다. 그럼에도 불구하고 '문자 이전' 시대와 '문자' 시대와의 불통을 견딜 수 없다는 것이 문제이다. '신화'와 '역사'가 소통할 수 있는 통로는 결코 없는 것인가? 차라리 신화로 하여금 스스로 말하게 하는 방법은 없는가? 이때 최남선이 발견한 통로의 이름이 바로 '불함'이라는 언어이다. 앞서 보았던 감옥에서의 감격이 그 통로의 발견과 연관되어 있다. 그렇다면 그 통로로 들어가 보자.

우리들은 언어문자의 저편에 있는 사실을 파악하는 데 힘쓰지 않으면 고전의 진의는 잡아내지 못하는 것입니다. (…중략…) 이들 문헌을 떠나서 민속적으로 조사하여 보더라도, 언어·지명·인명 등에 숨어 있는 殘譚을 파낼 수 있는 것입니다. 여러분도 다 아시는 바와 같이, 조선 안에 있는 산으로 이름 있는 것에는 모두 白이란 글자가 씌어져 있습니다. 혹은 태백이라든지, 소백이라든지, 백두라든지, 백악이라고 부르고 있습니다. 이와 같은 문자는 각각 다르지만 모두 白이란 문자가 사용되어 있어, (…중략…) 그렇다면 白이란 뜻은 어디서 온 것인가 할 것 같으면, 오랫동안 여러 가지로 생각하여 본 결과, 조선의 명산에 白이란 글자가 붙어 있는 것은 결코 우연한 것이 아니라 이에 필연적인 이유가 있음을 알게 되었습니다.[20]

인용문은 '불함문화론'의 기본 발상을 압축적으로 잘 말해주고 있다. 그는 먼저 조선의 산 이름에 '白'이라는 문자가 많음에 착안했다. 그 수많은 '白/山'의 어원을 추적한 끝에 결국은 '白'이라는 한자어가 '붉' 혹은 '붉은'이라는 조선의 고어(古語)에서 파생된 것임을 확인하게 된다. 그 '붉'은 Pǎrk으로도 표기되며, 그 안에 '神'이라는 뜻도 숨기고 있다. '붉'이나 Pǎrk이라는 어원을 지닌 고산(高山)은 '神山'으로 숭배되었다. 그러므로 '붉산' 혹은 'Pǎrk산', 다시 말해서 '불함산'은 '신산'을 뜻하는데, 단군신화의 태백산(지금의 백두산)이 바로 '불함산'인 것이다. 더군다나 '붉'과 '붉은'이라는 우리말 어원의 변형체들이 일본의 가나문자권을 비롯하여 몽고어, 만주어 등에서도 두루 발견됨을 확인하고, 이 지역을 묶어 '붉'의 문화권 혹은 '불함문화권'이라 명명하였다. 그러므로 '불함문화권'은 '白문화권' 혹은 'Pǎrk문화권'인 셈이다.[21]

최남선의 논법에서 '白'이라는 한자(문자)는 그 안에 숨겨져 있는 '붉'이라는 우리말(어원)을 실어나르는 단순한 도구에 지나지 않는다.[22] 같

---

20) 최남선, 「조선의 고유신앙(라디오 강연)」, 『육당최남선전집』 9권, 250~251면.
21) 최남선은 '白' 대신 '不咸'이라는 이두식 표기를 선호하며, Shaman에 대해서도 중국의 '巫'보다는 '薩滿'이라는 몽고어를 선호한다. 그것은 최남선의 탈중국 욕망을 반영한다. 그 또한 시라토리와 공유하는 바이다.

은 방식으로 모든 '문자' 뒤에는 '어원'이 비밀스럽게 잠복해 있다. 하지만 어원은 모든 문자들 속에 산재해 있지만, 쉽게 확인되지 않는다는 특성이 있다. 그것을 알아볼 수 있는 사람에게만 어원은 그 모습을 온전히 드러낸다. 또한 문자 몇 개가 사라진다고 해서 어원조차 사라지는 것은 아니다. 문자는 이리저리 모양을 바꾸지만 어원은 결코 변하지 않는 것이다.

이제 최남선은 이와 같은 '문자/어원'의 구별을 통해 '歷史/先史'의 소통가능성을 점친다. 문자는 역사를 열었지만 그 대신 선사를 망각했으며, 선사를 기억하는 것은 어원뿐이다. 그래서 문자 중심의 '역사학'은 문자 속에 은폐되어 있는 '선사'에 접근할 수 없다. 시라토리의 동양사학, 그리고 그의 단군말살의 논리는 역사 연구의 영역을 '문자 중심'으로 한정할 수밖에 없다.

그렇다면 선사와 역사의 경계선에 올라선 최남선이 다시 그 경계선을 넘어서기 위해서는 무엇을 해야 하는가? 그것은 말할 것도 없이, 시라토리가 만들어놓은 한계를 넘어서는 것이다. 먼저 자신의 연구 영역을 '문자'(역사)를 넘어 '어원'(역사 주변 학문)으로까지 확장해야만 한다. 따라서 「불함문화론」 이후 최남선의 학문 영역은 '민속학' '인류학' '고고학' '언어학' '신화학' 등등으로 무한 확장될 수 있었다. 그것들은 모두 '역사 이전', 즉 '문자 이전'과 대화하는 방법을 풍부하게 제공해준다. 학제간 접근을 통해서 최남선은 다시 '단군에 이르는 길'을 구상하게 된다.

조선의 국토는 산하 그대로 조선의 역사며 철학이며 시며 정신입니다. 문자 아닌 채 가장 명료하고 정확하고 또 재미있는 기록입니다. 조선인의 마음의

---

22) 중국 한자의 영향을 받기 이전의 순우리말 발굴 욕망은 최남선의 「불함문화론」에 잠복하는 탈중국의 욕망을 구체적으로 말해준다. 한자와 순우리말의 관계에 대해서는 김현주, 앞의 글 참조.

그림자와 생활하는 자취는 고스란히 똑똑히 이 국토의 위에 박혀 있어, 어떠한 풍우라도 마멸시키지 못하는 것이 있음을 나는 믿습니다. (…중략…) 곰팡내 나는 서적만이 이미 내 知見의 웅덩이가 아니며, 한 조각 책상만이 내 마음의 밭일 수 없이 되었습니다. 도리어 서적과 책상에서 병신된 내 소견을 眞如한 상태로 있는 活文字 大机案에 矯正받고 補養얻지 아니치 못할 것을 통절히 느끼었습니다.[23]

시라토리가 최남선을 역사의 한계 지점까지 유도해줬기 때문에, 그 한계 너머에서 최남선은 신천지를 볼 수 있었다. 특히 그는 '국토'가 무궁무진한 책이라는 것을 알게 되었다. 조선의 국토에서 "문자 아닌 채 가장 명료하고 정확하고 또 재미있는 기록"을 발견하기 때문이다. 그것은 국토 이곳저곳에 살아 움직이는 '언어' 때문이다. 그 언어는 '문자'에 갇히지 않고 '어원'을 따라 수천, 수만 리를 뻗어나갈 수 있으며 수천 년의 수명을 자랑한다. 문자는 바뀌어도 그 언어는 결코 변함이 없다. 그것들은 문자로 고정되지 않으니 '역사적 사실'은 아니지만 역사적 사실보다 더욱 확실하게 살아 있는 문자("활문자")이다. 최남선은 그것을 '역사적 사실'에 견주어 '민속학적 사실'이라 말했다. '민속학적 사실'은 '문헌'보다 더 확실한 '사실'이다. 다시 옥중 체험담을 들어보자.

옥중에서 단군 문제의 기사적 연구를 행하여 대체의 견해를 세우고 단군이 이론상으로 '단굴'이란 말의 對音일 것을 추정하고서, 과연 實證이 있는지 없는지, 문자 전설에는 물론 없거니와, 혹시 遐方僻語에라도 그 片影을 찾을 수 있을지 없을지를 조 비비듯 궁금해 하다가, 출옥한 뒤에 사방 탐문한 결과로 錦江 좌우 지방―〈삼국지〉의 이른바 天君의 임자인 馬韓 古土에서 무당을 '단굴'이라고 일컬음을 발견하였을 적에 꼭 한번 소원 성취의 쾌미란 것을 맛보고, 무슨 福力에 다시 이러한 아름다운 기회를 얻어볼까 하다가 (…후략…)[24]

---

23) 최남선, 「심춘순례」, 『육당최남선전집』 6권, 259면.
24) 최남선, 「백두산근참기」, 『육당최남선전집』 6권, 51면.

최남선은 결국 '금강 좌우 지방'에서 시라토리의 칼날에 살해된 단군의 생사를 확인하게 된다. 단군의 시신을 찾아낸 것이 아니라 '살아 있는 단군'을 만난 것이다. 어느 지방에서 "무당을 '단굴'이라고 일컬음"만으로도 그 지방에 혹은 그 지방의 민속에 단군이 살아 있다는 "실증"인 것이다. 그러한 '실증'은 시라토리의 '실증'을 능가하는 정확성을 자랑한다. 죽은 문자의 실증은 일상언어 속에서 실현되는 살아 있는 어원의 실증을 능가할 수 없기 때문이다.

> 고대의 언어와 같은 것은 무엇보다도 그 중요성을 인정해야 할 것이라고 생각합니다. 물론 언어는 살아 있는 것으로서, 생사나 변화의 현상을 수반하는 것이므로, 그것을 곧바로 어느 옛날을 표시하는 것이라고 인정하는 데는 가지가지 불합리한 점도 있습니다마는, 어떤 이유에 의해 그 오램이 증명되는 것이면, 아무런 危懼없이 훌륭한 유물로 취급하여 무방할 것은 물론입니다. 근래 학계에 언어고고학이란 말이 드문드문 보이기 시작하는 것도 물론 우연한 일이 아닙니다. 이제 아세아의 북방문화, 특히 고대의, 더욱이 정신 방면의 그것을 고찰하는 데 있어서, 그 시대 사람들의 관념(의식)을 구상화한 유일한 유물로 확실성을 가진 약간의 언어야말로, 실로 더 할 수 없이 귀중한 자료입니다.[25]

6. 「단군론」이라는 외교문서

이제 "근시안의 역사가에 의하여 조선 國祖로서의 단군"이 "말살되는 일이 있다 하더라도"[26] 최남선은 걱정할 것이 없다. 단군은 "곰팡내나는 서적"[27]에만 있는 것이 아니기 때문이다. 그것은 "단군의 일을 문

---

25) 최남선, 「동방 고민족의 신성관념에 대하여」, 『육당최남선전집』 9권, 260면.
26) 최남선, 「단군소고」, 『육당최남선전집』 2권, 344면.

헌 본위·문자 본위로 고찰함이 부당한 所以요, 도리어 민속적 방면"[28]
의 고찰이 더욱 적절한 접근법이기 때문이다. 이러한 확신에 토대해서
「불함문화론」을 완성한 최남선은 그 내용의 공개를 잠시 미뤄둔 채 「단
군론」을 비롯한 단편적인 단군론을 선보인다. 그 중에서 그의 「단군론」
은 좀더 특별한 데가 있다.

그의 「단군론」은 1926년 3월 3일부터 7월 25일까지 『동아일보』에 연
재된다. 그해 7월 12일 총독부 '조선사편수회' 위원들이 전해에 이어 두
번째 위원회를 개최하였다. 첫 번째 위원회가 1925년 10월에 있었으니
꼭 9개월만의 일이다. 조선사편수회는 한일합방 직후부터 시작된 총독
부의 '반도사' 편찬사업을 완성하기 위해 설립된 마지막 조직체로서, 관
변단체의 특성상 그동안 양로원 조직에 불과하던 것을 1922년부터 학
술집단으로 전면 개편하여 '조선사편찬위원회'라 했다가 1925년 6월부
터 좀더 조직의 독립성을 보장하고 학술적 성격을 강화하면서 '조선사
편수회'로 개칭한 상태였다.[29] 시라토리의 단군론을 극복하고 단군의
'민속학적 사실성'을 새삼 분명하게 밝힌 그의 「불함문화론」이 1925년
2월에 완성된 이후 조선사편수회가 새롭게 출범한 것이다. 총독부 내부
의 반도사 편찬사업은 언제나 최남선의 관심사였다지만, 「단군론」에는
새롭게 출범한 조선사편수회를 직접적으로 언급한 대목이 있다.

반도사 편찬이란 것이 어름어름하고 말기는 경비 문제의 밖에 학적 '딜레
마'에 인하는 거북도 작지 아니한 이유이었던 모양이다. 그러나 今西니 三浦
니 하는 이들이 드나드는 통에, 달리는 갸륵한 공적을 드러나게 보지 못하겠
으나 오직 하나 단군 말살이라는 것이 확정적이게 된 듯함은 그네에게 있어
서 꽤 큰 벌이가 아님이 아니었다.[30]

---

27) 최남선, 「심춘순례」, 『육당최남선전집』 6권, 259면.
28) 최남선, 「단군론」, 『육당최남선전집』 2권, 95면.
29) 조선사편수회의 변천과정에 대해서는 이도상, 「일본의 한국침략논리와 식민주의사
학」(단국대 박사논문, 2001)이 비교적 자세하다.

이마니시 류[今西龍], 미우리 히로유키[三浦周行] 등은 '조선사편찬위원회'때부터 참여했던 사람으로서, '조선사편수회'의 책임을 떠맡은 이나바 이와키치[稻葉岩吉]와 더불어 모두 시라토리의 '동양사학'을 계승하는 사람들이다. 그리고 '단군'에 대한 이들의 관점은 시라토리에서 별다른 진전을 보지 못했다. 「불함문화론」으로 시라토리에서 해방된 최남선은 「단군론」을 통해서 총독부 조선사편수회에 참여한 동양사학자들의 단군관을 조목조목 언급하면서 그 관점을 만천하에 드러내고 있다. 그는 비록 편수회 위원회 회의석상에는 직접 참여하지 못했지만 「단군론」의 형식으로나마 간접적 참여의 효과를 얻은 것이다. 그런 의미에서 「단군론」은 일종의 정치적 압력을 염두에 두고 작성된 문서라 할 수 있다. 편수회 참여위원 하나하나를 거론하고 그들의 단군관에 대해 일일이 반박할 수 있었던 것은 「불함문화론」의 완성이 큰 몫을 했다고 할 수 있다. 편수회를 주도하는 일본의 '동양사학자들'은 여전히 '문서'와 '문헌' 중심의 사실관을 강조할 것이고 단군은 어김없이 삭제될 것이지만 최남선은 '문서상의 삭제'에 대해서 담담할 수 있었다. 단군은 이미 문서의 영역을 넘어서 전국토에 퍼져 있는 언어 속에 새겨져 있다고 최남선은 믿었기 때문이다. 그 순간 단군은 유령적 성격을 띠게 되고, 그 유령과의 접신적 만남을 가능하게 하는 것은 '언어'이며, 그 과정에서 최남선은 '무당'이 된 것이다. 그러나 그 유령적 성격은 '사실이면서 사실이 아니어야 한다'는 이중적 기준에 부합하는 것이다. 조선의 관점에서는 사실이고, 근대사학의 관점에서는 사실이 아니기 때문이다. 양측의 편견을 교정하는 과정에서 형성된 최남선의 '단군론'은 친일과 민족의 분할을 불가능하게 만든다.

---

30) 최남선, 「단군론」, 위의 책, 90면.

제4장

근대시의 역사지리학

이용악론

1. 월북 시인의 비애

한국 문학사에서 월북 시인이라는 별칭은 친일 시인 못지않은 오해와 편견 속에 해당 시인을 방치하는 결과를 낳는다. 친일의 정도에 대한 판정과 마찬가지로 월북의 자발성 여부를 통한 정치적 판정이 해당 시인에 대한 문학적 가치 판단에 언제든지 개입할 여지가 있기 때문이다. 월북 시인에 대한 연구 허용이 국가적 차원에서 이루어진 정치적 결단에 해당되기 때문에 더욱 그러하다. 따라서 해금 이후 월북 시인에 대한 연구는 대개 해당 시인에 대한 정치적 판단을 문학적으로 정당화하는 방식으로 이루어졌다. 그에 따라 월북 시인은 개별적으로 문학사에 등재되는 것이 아니라 동료 집단의 형식으로 취급되는 경우가 많았다. 월북 시인이라는 별칭은 해당 시인의 개성을 파악하는 데 장애 요인으로 기능한 것이다.

더군다나 해방 이전 작품에 대한 판단에서조차 해당 시인들의 월북 이미지가 크게 작용했던 것 또한 사실이다. 이는 해방 이전의 작품 활동과 해방 이후의 정치적 행적에 연속성을 가정하는 인식의 결과인 것이다. 해방 이전의 문학적 활동에 마치 정치적 의미가 내재하는 것처럼 가정하고 그 의미를 적출하려는 연구도 많았다. 그 의미 적출에 실패한 정지용을 예외로 한다면, 대개의 월북 시인 연구는 그들이 카프 혹은 프로시의 계보를 잇는다는 가정의 확인에서 멀지 않았다. 카프 혹은 프로시에서부터 북한 시문학으로 이어지는 문학사적 계보의 정신이 월북 시인 개인의 문학적 연대기에서 개별적으로 실현되는 듯한 환상이 뒤따랐던 것이다. 월북 시인에 대한 연구는 북한 시문학의 기원에 대한 연구였던 것이며, 따라서 그 연구는 북한시문학사 연구의 일부로서 이루어졌던 것이다.

그러나 이러한 연속성에 대한 가정은 월북 시인 개개인을 향해서 역사 소급적 폭력을 행사하는 것과 다르지 않다. 우선 해방 이후의 행적에서 추출된 이미지를, 해방 이전 작품의 가치를 판별하는 '원인'으로 사용한다는 것 자체가 소급적 폭력이다. 그것은 해방 이전의 작품을 '기원'으로 만들고자 하는 욕망의 표현이다. 전기적 연속성을 서술하고자 하는 욕망은 이처럼 '기원'을 향한 욕망을 자극한다. 그리고 그 욕망이 북한 시문학사의 '기원'을 만드는 데 추진력으로 작용한 것이다.

하지만 월북 시인의 해방 이전 작품은 북한 시문학의 기원이 아니다. 그것은 첫째로 북한 시문학의 기원이 유독 월북 시인에서만 발굴되는 것이 아니기 때문이고, 둘째로는 북한 시문학은 월북 시인들의 해방 이전 작품의 다양한 잠재력에 대한 억압의 산물이기 때문이다. 그렇다면 월북 시인을 북한 시문학의 기원으로 호명하는 것은, 기원의 복잡성에 대한 단순화, 그리고 작품의 다양한 잠재력에 대한 폭력적 균질화를 전제하지 않고서는 불가능한 판단에 해당된다. 따라서 월북 시인에 대한 정당한 연구의 전제는 '월북'에서 '시인'을 해방하는 것이다. 월북은 해당 시인의 작품 전체를 지배하는 요인이 될 수 없다. 하물며 해방 이전의 작품에 대한 연구에서 월북 사실이 역사 소급적으로 적용되어서는 안 된다. 이러한 전제에서 우리는 이용악의 해방 이전 시세계를 다루고자 한다.

2. 조선적 상상력의 희생양, 오랑캐꽃

이용악은 해방 이전에 두 권의 시집(『분수령』(1937), 『낡은 집』(1938))만을 상재하였지만, 해방 이후에 간행된 시집 『오랑캐꽃』(1947)에도 해방 이전의 작품이 상당수 포함되어 있는 것으로 봐서 주요작품이 대체로 해방 이전에 완성된 시인이라 볼 수 있다. 특히 처음 두 시집이 일본 유학 기간에 간행되었다는 사실은 기억할 만하다. 무엇보다도 그의 시편의 상당수가 '실향'과 '이향'을 소재로 한 것인데, 그 대부분이 멀리 타향에서, 그것도 타국 일본에서 쓰여졌다는 사실 때문이다. 그렇다면 그의 시의 진정한 소재는 '고향과 타향의 관계'에 있는 것이라 볼 수 있다. 일본 유학을 마치고 귀국한 직후에 발표한 「오랑캐꽃」이라는 작품이 특히 그러하다.

> 아낙도 우두머리도 돌볼 새 없이 갔단다
> 도래샘도 띳집도 버리고 강건너로 쫓겨갔단다
> 고려 장군님 무지 무지 쳐들어와
> 오랑캐는 가랑잎처럼 굴러갔단다
> (…중략…)
> 너는 오랑캐의 피 한 방울 받지 않았건만
> 오랑캐꽃

너는 돌가마도 털메투리도 모르는 오랑캐꽃
두 팔로 햇빛을 막아줄께
울어보렴 목놓아 울어나 보렴 오랑캐꽃

—「오랑캐꽃」부분

이 작품은, 중일전쟁 이후 동아시아 연대라는 신체제 구축의 인문적 지원을 자처하는 『인문평론』 창간호에 발표되었다. 하지만 이 작품에서 '동아시아 연대'나 '신체제'의 흔적을 발견하기는 어렵다. 만약 그렇다면 해방 이전에 발표된 이 작품이 해방 이후 간행되는 시집의 표제로까지 사용되지는 않았을 것이다. 박두진의 「해」와 마찬가지로 「오랑캐꽃」은 해방 이전과 해방 이후를 동시적 배경으로 하는 드문 작품이라 하겠다. 식민지의 설움과 해방의 감격을 동시에 기재하고 있다는 이중적 인상 때문이다. 그 만큼 다양한 해석이 가능하다는 증거이기도 하다. 하지만 그 동안에는 해방 이후를 맥락으로 하는 민족주의적 해석이 타당성을 인정받고 있었다. 오랑캐와 오랑캐꽃을 각각 일본과 조선의 비유적 표현으로 보고 식민지 백성의 정체성 상실감을 특별히 강조하는 독법이 그것이다. 그러나 이 작품을 식민지적 상황의 역사적 투사로만 보는 민족주의적 해석은 작품의 맥락을 지나치게 단순화한 것이다.

작품 해석의 맥락으로 반드시 고려할 것으로, 시적 상상력의 뿌리인 '고향'에 대한 충분한 고찰이 부족했기 때문이다. 사실 이용악의 작품에서 실향과 이향의 소재가 중심을 차지하는 것도 그 고향의 지리적 조건과 전혀 무관하지 않다. 「전라도 가시내」라는 시작품에 명기된 것처럼 이용악의 고향은 '함경도 경성읍'이다. 그곳은 "북쪽은 고향"(「북쪽」)이라는 시구절에 나타나는 것처럼 한반도에서도 북쪽에 위치하는 해변 마을이다. 지리적 위치로 보면 위로는 '두만강'을 사이에 두고 북간도와 연해주를 마주하고 있으며, 동해를 건너 일본에 닿아 있는 곳이 그의 고향 경성인 것이다. 다시 말해서 그의 고향은 조선과 일본, 중국(북간도), 러시아(연해주)의 국경이 마주하는 곳에 위치해 있다. 그의 고향은 어쩌면 '국경'인지도 모른다. "나는 나의 조국을 모른다"(「쌍두마차」)라는 고백처럼 국경 자체가 이용악의 고향을 규정짓고 있는 것이다.

특히 그의 고향 함경북도 경성은 오랫동안 여진족이 거주해오면서 고려와 여진족 사이에 여러 차례 국경 분쟁이 발생하던 지역이다. 결국 "고려 장군님 무지 무지 쳐들어와" 그 일대가 고려의 영토가 되었고, 여진족은 북쪽으로 밀려나게 되었다. 그 뒤로 고려와 조선 사람들이 제비꽃을 오랑캐꽃으로 명명한 것은 패퇴한 여진족에 대한 경계심을 표현한 것이다. 이 꽃은 그 자체만으로도 오랑캐에 대한 멸시와 증오, 경계를 투사한 조선적 상상력의 실례인 것이다. 오랑캐꽃의 입장에서 보자면 오랑캐의 이미지를 자신에게 투사한 조선인의 심리적 복합체가 설움의 근원인 셈이다. 그러므로 "오랑캐는 가랑잎처럼 굴러갔단다"에서 박수를 보내는 사람들은 그 오랑캐를 역사 속의 여진족으로 보든 아니면 비유 속의 일본인으로 보든 민족주의적 해석의 한계에 갇히게 된다. 할 수만 있다면 오랑캐꽃에서 오랑캐의 이미지를 제거해줘야 한다는 당위적 결론에 귀착하게 되는 것이다.

하지만 오랑캐꽃에 오랑캐의 이미지를 투사한 것이 그들 자신이라는 생각에는 미치지 못한다. 작고 귀여운 보라색 제비꽃에 오랑캐를 향한 증오와 멸시, 경계의 감정을 투사하고도 "몇백년이 뒤를 이어 흘러갔"다는 사실을 망각한 것이다. 이때 "울어보렴 목놓아 울어나 보렴"과 같이 반복을 통한 감정적 고양은 이용악이 애용하는 공감 도출의 한 방법이다. 그렇다면 "목놓아 울어나 보렴"의 청자가 비단 오랑캐꽃만은 아닐 것이다. 조선적 상상력을 승계받은 시인, 그리고 그러한 상상 세계의 폭력성을 외부에서 들여다 볼 수 있는 지점에 있는 조선인이 모두 그 청자에 해당된다. 이렇게 해서 이용악은 안에 있으면서도 바깥에 설 줄 아는 아이러니스트의 양가적 자리를 차지하게 된다. 이처럼 안과 바깥이 교차하는 경계적 상상세계는 그의 고향이 준 선물의 하나이다. 그

선물에는 자기 고향의 폭력성까지도 숨기지 않는다는 냉혹함이 배어 있다.

3. 시인, 밀수꾼의 상상력

동향 선배 시인 김동환의 「국경의 밤」에서도 확인되는 바이지만, 함경북도에는 "우라지오(블라디보스톡—인용자)로 다니는 밀수꾼"(「우리의 거리」)이 많았다. 이용악의 부모도 마찬가지였다. 이용악은 밀수꾼의 후예였다. 그의 어머니조차 어린 아이를 등에 업고 "눈보라에 숨어 국경을 넘나들"(「우리의 거리」)었던 것이다. 그러한 사실은 국경을 넘나드는 상상력의 폭과 규모의 진원지를 시사해준다. 물론 그러한 떠돌이의 삶이 유쾌한 경험에 해당된다는 것은 아니다.

> 손톱을 물어뜯다도 살그만히 눈을 감는
> 제비 같은 少女야
> 少女야
> 눈감은 양볼에 울정이 돋힌다
> 그럴 때마다 네 머리에 떠돌
> 悲劇의 群像을 알고 싶다
> (…중략…)
> 너는 어느 凶作村이 보낸 어린 犧牲者냐
>
> —「제비 같은 少女야」 부분

> 네 두만강을 건너왔다는 석 달 전이면
> 단풍이 물들어 천리 천리 또 천리 산마다 불탔을 겐데

그래두 외로워서 슬퍼서 초마폭으로 얼굴을 가렸더냐
두 낮 두 밤을 두루미처럼 울어 울어
불술기 구름 속을 달리는 양 유리창이 흐리더냐
―「전라도 가시내」 부분

「제비 같은 少女야」에는 "강건너 酒幕에서"라는 부제가 달려 있는데, 이때 '강'이 두만강을 가리키는 것이라면 "주막"은 「전라도 가시내」의 "북간도 술막"에 이어진다. 두 작품은 가난으로 빚어진 북간도 이주민 가족의 삶을 비극적으로 묘사한 것이다. "살그만히 눈을 감는" "제비 같은 소녀"나 "외로워서 슬퍼서 초마폭으로 얼굴을 가"린 "전라도 가시내"의 비극적 심정에 대한 공감은 "우리집도 아니고/일가집도 아니고/고향은 더욱 아닌 곳에서"(「풀버렛소리 가득차 있었다」) 최후를 맞이한 아버지의 죽음과 포개진다. 그들은 모두 우리집, 일가집, 한마디로 고향 상실에 몸서리치는 것이다.

이때 「낡은 집」의 "털보네"도 그러했겠지만 "북간도로 간다는 강원도치"(「두만강 너 우리의 강아」)가 건넜다는 "두만강"은 이용악의 상상세계를 가로지르는 경계선으로 기능한다. 두만강을 사이에 두고 조선과 북간도, 연해주가 마주보고 있다. 두만강은 국경선의 물리적 현시인 것이다. 하지만 식민지의 시인에게는 고향과 타향의 경계선이라는 의미가 강하게 부각된다. 문제는 그 경계선에서 이루어지는 밀수꾼의 상상력이다. 두만강 이북으로 이주한 사람들의 기억이 끊임없이 두만강 이남으로 밀수입된다는 것이다. 두만강 이북에서의 삶이 고달플수록 두만강 이남의 삶에 대한 상상적 서사는 더욱 풍부해진다. 두만강은 다만 물리적인 경계에 불과한 것이 아니라 현실과 상상이 거래되는 은밀한 통로로 작용한다는 것이다. 그 은밀한 거래의 방식은 두만강 이북에서의 현실이 두만강 이남 지역을 '고향'으로 호명하는 것으로 시작되는데, 이때 현실은 비로소 견딜만한 세계로 된다. 그러한 호명을 일러 '상상적 호명'이라 할 만하다.

> 石段을 올라와
> 잔디에 조슴스레 앉어
> 뾰족뾰족 올라온 새싹을 뜯어 씹으면서
> 조곰치도 아까운 줄 모르는 주림
> 지난밤
> 회파람은 돌배꽃 피는 洞里가 그리워
> 北으로 北으로 갔다
>
> —「길손의 봄」 전문

봄나물로 주린 배를 채우는 가난한 현실 속에서도 "조금치도 아까운 줄 모르는 주림"일 수 있는 것은 "지난밤" 고향으로 날려보낸 "회파람" 때문이다. 이때 "회파람"을 통해서 생산되는 고향을 향한 그리움의 크기는 고향으로부터 떨어져 있는 "길손"의 공간적 거리에 비례한다. "회파람"이 주림을 대신할 수 있으려면 얼마나 먼 거리가 필요하겠는가.

> 백모래 十里벌을
> 삽분삽분 걸어간 발자옥
> 발자옥의 임자를 기대려
> 海棠花의 純情은
> 해마다 붉어진다
>
> —「海棠花」 전문

이때의 "발자옥"은 「낡은 집」에서 털보네 떠난 자리에 남아 있는 "북쪽을 향한 발자옥"에 이어진다. 북쪽으로 떠난 "발자옥의 임자"와 그 임자를 기다리는 "해당화의 순정"은 해를 거르지 않고 "붉어진다". 해당화가 주로 바닷가에서 핀다는 것을 생각하면, 바다로 떠나지 않고 모랫벌을 따라 떠났다는 것은 북쪽으로 떠났음을 암시하는 것이면서, 듬

성듬성 피어 있는 해당화는 모랫벌에 남아 있는 선명한 발자국의 이미지를 연상하게 한다. '오랑캐꽃'이 그러했던 것처럼 '해당화'에는 북으로 떠난 사람의 마음이 새겨져 있는 것이다. 그에 따라 떠난 사람과 남아 있는 꽃의 공속성이 붉은 색감, 핏빛으로 이어진다. 고향에 있는 해당화의 '붉음'은 고향을 떠나 있는 사람의 그리움의 감정이 현시된 것이다. 혈맥을 통해 혈액이 흐르듯이 떠난 사람과 남아 있는 꽃 사이의 은밀한 소통이 이루어지는 것이다. 해당화를 붉게 만드는 것은 실향민의 고달픈 삶이다. 물리적으로 멀리 있을수록, 그리고 가난이 깊어갈수록 심정적으로 가까이 다가오는 고향이라는 역설적 사태를 해당화의 붉은 기운이 대변해주고 있다.

4. 쌍두마차의 비밀

그렇다면 이렇게 말할 수 있다. 사람들은 바깥 세계에 대한 경계의 감정을 상상적으로 내부의 어떤 것에 투사하여 경계를 견고하게 만들고, 경계를 넘어 멀리 떠난 사람들은 그 경계의 안쪽을 그리움으로 상상함으로써 어렵고 힘든 삶을 견뎌나간다고 말이다. 견고한 경계에 대한 상상이 안전한 삶을 보장하는 것처럼, 경계를 넘나드는 밀수꾼의 상상력은 삶의 불안을 견디게 만든다. 그 어느 경우에서든 경계를 중심으로 발생하는 안과 바깥의 부단한 상호교섭은 삶을 구성하는 필수적 활동인 것이다. 이를 통해서 이용악의 다음 시를 읽어볼 수 있다.

나는 나의 祖國을 모른다
내게는 定界碑 세운 領土란 것이 없다

－그것을 소원하지 않는다

나의 祖國은 내가 태어난 時間이고
나의 領土는 나의 雙頭馬車가 굴러갈
그 久遠한 時間이다

나의 雙頭馬車가 지나는
우거진 풀 속에서
나는 푸르른 眞理의 놀라운 進化를 본다
山峽을 굽어보면서 꼬불꼬불 넘는 嶺에서
줄줄이 뻗은 숨쉬는 思想을 만난다

―「雙頭馬車」 부분

　"내게는 定界碑 세운 領土란 것이 없다"는 진술에서 알 수 있는 것처럼 사실상 그의 시에서 공간적 경계는 아무런 의미도 갖지 않는다. 오히려 이용악은 공간적 경계의 이쪽과 저쪽을 동시에 자기 마차를 끄는 말로 삼고 있기 때문이다. 모든 경계선을 넘나들면서 만들어내는 상상적 세계는 공간의 견고성을 휘발시키는 "久遠한 時間"이 지배하며, 거기에서 그는 "줄줄이 뻗는 숨쉬는 思想을 만난다." 상상력의 무한한 능력에 대한 신뢰를 표시하고 있는 "쌍두마차"는 국경을 넘나드는 상상력의 크기를 자랑하지만, 국경을 넘나들면서 그것은 내부의 상상세계를 직조하고 조형한다. 이용악에게 있어서 시인이란 이처럼 내부와 외부에서 공동으로 생산되는 상상력의 가능성과 위험성을 동시에 보여주는 존재이다. 이는 그의 고향 '함경북도 경성읍'에서 기원하는 지리적 상상력에 연결된다. 그곳은 여러 국가의 국경이 중첩되어 있는 곳이면서, 두만강을 넘어 잦은 국경 이동이 발생하는 곳이고, 그러면서도 고향에 대한 상상적 그리움이 은밀하게 뒷거래되는 장소이기도 하다. 그렇다면 고향이 차지하는 지리적 위상이야말로 이용악의 시세계를 지탱하는 숨겨진 기둥에 해당되는 것이다. 이용악이 "날마다 새로운 旅程을 探求"(「雙頭馬車」)할 수 있는 것도, 고향을 안팎으로 넘나들면서 살아가는 영원한 경계의 시인임을 자처하기 때문에 가능한 일이다.

제5장

박두진 초기 시의 종교적 성격
시집 『해』를 중심으로

1. '청록파'를 넘어서

박두진에 대한 일반적 이미지는 대개 '청록파'에서 멈춰 있다. 조지훈, 박목월과 더불어 『청록집』(1946)을 발간했다는 이유로 붙여진 문학사적 명칭이 그의 이미지로 고착화된 것이다. 생각해보면, 우리 문학사에서 그와 같은 3인 공동시집이 이례적인 것도 아니었다. 해방 이전에도 이광수·주요한·김동환 등이 공동으로 발간한 『삼인작 시가집』(1929)이 있었으며, 해방 이후에도 황동규·김영태·마종기 등의 『평균율』(1968)을 비롯하여 여러 차례 공동 시집 발간의 경험이 있었지만, 그렇다고 해서 그들을 일러 '삼인작시가파'라든가 '평균율파'라고 하지는 않는다. 거기 참여한 세 시인의 개성들이 너무나 뚜렷하여 동일 범주로 포괄하기 힘들기 때문이다. 그러므로 '청록파'라는 명칭이 세간에 널리 쓰인다는 것은 해당 시인들 각자의 개성이 크게 주목받지 못하고 있다는 뜻이기도 하다. 시인 개개인에게 '청록파'라는 명칭은 달갑지 않은 표현인 것이다.

더군다나 '청록파'라는 명칭은 명예롭게 사용되지도 않았다. 해방 이후 한국 시단에서는 '전통적 서정시'와 '현대적 서정시' 사이의 대립이 선명하게 드러나 있었으며, 이때 '현대적 서정시'를 옹호하는 측(대표적으로는 후반기 동인들)에서 '전통적 서정시'의 대명사로 '청록파'를 즐겨 거론했기 때문이다.[1] 그때부터 '청록파'라는 명칭은 '낡은 서정시'를 대표하는 기호로 통용되고 있다.[2]

그러므로 시인 박두진을 정당하게 평가하기 위해서는, 먼저 낡은 서정시를 고수하는, 개성 없는 '자연파' 시인이라는 이미지를 벗어던질 필요가 있다. 다시 말해서 박두진을 『청록집』에서부터 해방시켜야 한다. 조지훈, 박목월, 박두진 등은 사실상 정지용의 추천으로 등단했다는 것, 그것이 인연이 되어 『청록집』을 공동으로 발간했다는 것 이외에는 사실상 아무런 공통점도 가지고 있지 않기 때문이다. 그들 세 사람은 오히려 『청록집』 이후에 더 활발하게 자기 세계를 펼쳐보일 수 있었다. 따라서 그들 시세계의 출발지점에 불과한 『청록집』만으로 그들의 시세계 전체를 평가하는 일은 없어야 한다.

박두진의 경우도 마찬가지이다. 박두진의 시세계는 초기에서 후기로 갈수록 시의 영역이 확대 심화되는 것을 볼 수 있다. 박두진 자신의 고백에 따르면 "시를 처음 쓰기 시작했을 때" 그는 이미 "장차 써 나갈 시세계의 단계적 윤곽을 자연, 인간, 신의 세 단계로 설정한 일이 있었다"[3]. 이 진술에 의존해서 대부분의 연구자들은 박두진의 시세계 전체를 초기(1940년대)의 자연, 중기(1950~60년대)의 인간, 후기(1970~80년대)의 신을 중심으로 기술하고 있다. 그렇다면 박두진의 이미지가 초기의 자

---

1) 오문석, 「전후 시론에서 현대성 담론 연구」, 『현대문학의 연구』 26, 2005 참조.
2) 그러나 정작 박두진 자신은 '낡은 서정시'에 대해서 비판적이었다. 그는 '도시적 서정시'와 '낡은 서정시'를 동시에 비판하면서 제3의 시세계를 지향했던 것이다. 이에 대해서는 박두진, 『시적 번뇌와 시적 목마름』, 신원문화사, 1996, 220면 참조.
3) 박두진, 위의 책, 89면.

연을 통해서 고착화된다는 것은 중기와 후기의 새로운 시세계에 대한 망각을 전제하는 것이다. '청록파'라는 명칭을 통해 오히려 망각되는 중기와 후기의 세계는 바로 인간과 신의 관계를 숙고하는 '종교시'의 단계이다. 박두진의 종교시는 그러므로 '청록파'라는 이미지에 가려져서 주목받지 못했던 것이다. 하지만 역설적이게도 바로 그렇기 때문에 중기와 후기의 시세계야말로 몰개성적인 '청록파'의 세계가 아니라 박두진만의 고유성과 개성이 살아 있는 시기에 해당된다.

박두진은 이처럼 등단 초기부터 자신의 시적 발전 단계의 최종 목표를 '신'에 두었던 시인이다. 그가 비록 '자연'에서 출발한다고는 했지만 그 궁극적인 도달점은 항상 '신'을 향하고 있었다. 이것이 박두진 시세계의 개성을 규정하는 데 있어서 반드시 전제되어야 할 사항이다. 박두진은 '신'을 전제하지 않았을 때의 소박한 '자연'의 시인이 아니라, '자연'을 통해서 이미 '신'을 향하고 있었던 시인인 것이다. 그러므로 초기 시의 세계에서 후기 시의 세계로 진전한 것이 아니라, 이미 후기 시의 목적이 초기 시에서부터 작동하고 있는 것으로 보아야 한다. 이렇게 보았을 때 박두진 시의 '자연'은 새롭게 평가될 수 있으며, 그의 '자연'이 몰개성의 징표가 아니라 개성의 표현으로 부각될 수 있을 것이다.

2. 해야 솟아라

박두진의 '자연'은 '신'을 전제하지 않은 상태에서 이해될 수 있는 성질의 것이 아니다. 박두진이 자기 시의 최종적 도달점으로 설정한 '신'의 지평은 박두진의 시세계 전체를 유도하는 등대와 같은 것이기 때문이다. 그의 삶은 목적이 이끄는 삶이었다. 『사도행전』(1973), 『포옹무한』(1981), 『예레미야의 노래』(1981), 『가시 면류관』(1988) 등 주로 후기 시집에 국한하여 제목에서부터 종교적 색채가 노골화되는 것은 사실이지만, 그의 '신'은 사실상 초기 시집(『해』와 『오도(午禱)』)에서부터 줄곧 박두진과 함께 했다고 할 수 있다. 그러므로 그의 초기 시세계를 지배하는 '자연'을 중기 및 후기 시에서 전면화되는 '신'의 지평을 통해서 다시 읽을 필요가 있다.

해야 솟아라. 해야 솟아라. 말갛게 씻은 얼굴 고운 해야 솟아라. 산 넘어 산 넘어서 어둠을 살라먹고, 산넘어서 밤 새도록 어둠을 살라먹고, 이글 이글 애띤 얼굴 고운 해야 솟아라.

달밤이 싫여, 달밤이 싫여, 눈물같은 골짜기에 달밤이 싫여, 아무도 없는 뜰에 달밤이 나는 싫여……,

해야, 고운 해야. 늬가 오면 늬가사 오면, 나는 나는 청산이 좋아라. 훨훨훨 깃을 치는 청산이 좋아라. 청산이 있으면 홀로래도 좋아라.

—「해」에서

인용문은 박두진의 두 번째 시집 『해』(1947)의 표제작이다. 많은 시인들이 지는 해(노을)를 사랑했지만 박두진의 해는 언제나 떠오른다. 그런 의미에서 그는 '밤의 시인'이 아니라 '낮의 시인'이다.[4] 그 해를 맞이하기 위해서 시인은 지금 높은 "청산"에 "홀로" 서서, 멀리 해가 떠오르는 바다를 바라보고 있다. 이처럼 높고 푸른 산에 올라 먼 바다를 바라보며 떠오르는 해를 기다리는 그의 모습은 초기 시의 유형을 이룬다.[5] 이

---

4) 그의 세 번째 시집의 제목 '오도(午禱)'조차도 밤의 기도가 아니라 한낮의 기도이다.
5) 이런 장면은 독일의 유명한 낭만주의 화가 프리드리히의 「안개 낀 바다의 산보자」(1918)를 연상케 한다. 그것은 산 정상에 올라선 사람이 멀리 안개 자욱한 골짜기들을 바라보는 장면을 뒤에서 잡은 화면으로, 자연의 숭고미를 설명할 때 자주 등장하는 그림이다. 박두진의 자연에서도 아름다움보다는 숭고를 지향한다는 점에서 프리드리히의 그림과 유사한 모티프가 발견된다.

처럼 높은 산과 푸른 바다, 그리고 떠오르는 태양을 세 개의 꼭지점으로 하는 시적 공간, 그것은 시적 체험을 가능케 하는 상상력의 크기를 말해준다. 그 규모는 추정컨대 산과 바다를 아우르는 지구와, 그 지구가 속한 태양계, 그리고 그 태양계가 속해 있는 별들의 세계까지 미치는 거대함을 자랑한다. 그리고 그의 시의 우주적 스케일은 신이 거주할 수 있는 공간을 확보하기 위한 의지의 산물이다. 이와 같은 규모의 거대한 우주만이 그의 신이 거주할 수 있는 교회인 것이다. 이때 시인은 그 거대한 교회의 사제인 것이다. 그리고 그 거대한 교회의 사제인 시인이 지금 우주의 중심에 있는 태양을 향해 명령한다. "해야 솟아라."

> 나에게 있어서 신앙시와 신앙시가 아닌 시의 구별이 불가능한 시, 시가 곧 종교적 신앙에 바탕하고 그 미학을 성취하는 것, 종교적 신앙 체험이 곧 시적 체험, 바로 그것일 수 있는 궁극적 일치의 시를 나는 원하고 있다.[6]

사실 모든 종교 시인들이 그러하듯이 박두진 또한 자신의 시적 체험이 종교적 체험과 일치하기를 소망했다. 그렇기 때문에 초기 시에서 시적 체험의 중심을 차지하는 '자연'이 소박한 자연일 수 없었던 것이다. 그의 자연은 이미 '신'이 드러나는 처소였다. 그러므로 자연에서 신이 드러나게 하는 시쓰기를 통해서 그의 시적 체험은 가능해지는 것이다. 자연은 시적 체험과 종교적 체험이 매개되는 장소였으며, 그의 시쓰기는 그 둘을 매개하는 실천적 행위였다. 시인이 신의 간접적 우회적 등장을 자연을 통해 매개하고자 할 때, 자연은 신을 맞이할 수 있을 만한 규모의 공간을 확보하게 되는 것이다.

그러나 그것은 비단 공간의 문제에서 그치지 않는다. 그의 '해'는 공간적으로는 우주의 중심이지만, 시간적으로는 특정 역사의 끝(목적)을 가리키기 때문이다. 해가 솟는다는 것은 일정한 역사적 시기의 '종말'을

---

6) 박두진, 앞의 책, 86면.

의미한다. 그리고 종말을 맞이할 역사는 바로 "(달)밤"이 지배하는 역사이다. 해가 뜬다는 것은 그러므로 우주의 중심을 밝힘으로써 신이 들어설 수 있는 거대 규모의 공간이 확보된다는 것, 그리고 밤의 시간이 종말을 고하고 낮의 시간이 도래하는 사건을 가리킨다. 성스러운 공간과 시간이 열리는 순간, 지금까지의 모든 시공간적 존재들은 새로운 모습으로 등장하게 된다.

> 해야, 고운 해야. 해야 솟아라. 꿈이 아니래도 너를 만나면, 꽃도 새도 짐승도 한자리 앉아, 워어이 워어이 모두 불러 한자리 앉아 앳되고 고운 날을 누려 보리라.
>
> ―「해」의 마지막 행

무한히 팽창한 시공간 속에 모든 생명체들이 한 자리에 모이는 "앳되고 고운 날"은 창세기의 장면을 연상케 한다. 그렇다면 이 시에서 "해야 솟아라"고 말하는 시인의 명령은 창세기에서 "빛이 있으라"고 말하는 신의 명령과 포개진다. 가상의 시공간에서 내려진 시인의 명령을 통해 무한한 우주는 처음 열리는 날을 반복한다. 일출이 비록 매일 반복되는 일상사일지라도, 그것은 박두진의 시에서 성스러운 창조 행위에 연결된다. 시인은 그 창조 행위를 명령하는 사람인 것이다. 이때 성스러운 시공간의 열림을 향한 시인의 '명령'은 사실상 '기도(祈禱)'에 가깝다고 할 수 있다.

3. 산에 올라

그러나 그의 거대한 우주, 그 광대한 자연을 비로소 개방하는 박두진의 '태양'은 어디에서 기원하는가? 역설적이게도 그의 태양은 "밤"이 낳은 자식이다.

밤이 작고 가라앉는다. (…중략…)

가라앉는 푸른 밤을 먼 별이 당긴다. 은실처럼 줄져오는 푸른 별의 입김들. ……별의 줄에 딸려 도는 밤에 잠긴 지구! …… 꿈을 잃는 지구! …… 별을 잃는 지구! ……

밤이 작고 發熱한다. 밤이 작고 上氣한다. 타오르는 붉은 볼. …… 밤은, 고운 밤은, 어둠 속 가장 안에 꽃을 겹겹 깐다. 가장 熱한 별을 맞아 孕胎를 한다. 밤의 입덧. (…중략…)

─이윽고 펑! …… 푸른 물이 터져올라 깔려 나간다. 새로 치는 파돗소리. …… 새로 치는 날갯소리. …… 귀를 씻고 빠져나올 휘둥그란 太陽. …… 새로 빠져 솟아나올 올리브빛 태양. …… 별을 먹고 꽃을 먹고 밤이 낳은 태양. …… 꿈을 먹고 나빌 먹고 밤이 낳는 태양.

─「밤의 무게」에서

박두진의 태양은 지구의 밤이 "별을 맞아" 수태해 낳은 자식, 즉 "밤이 낳은 태양"이다. 수태고지를 연상케 하는 이 장면에서, 도저히 태양을 낳을 수 없는 밤이 태양을 낳기 위한 조건이 제시된다. 즉 태양을 낳으려면 밤은 "별을 먹고 꽃을 먹고", "꿈을 먹고 나빌 먹"어야만 한다. 평범한 자연을 신성한 시공간 속의 자연으로 새로 태어나게 만드는 박두진의 태양은 그러므로 우연히 외부에서 주어지는 어떤 것이 아니다.

그 태양은 한편으로는 어둠 속에서도 꿈을 잃지 않는 사람들에 의해서 내부에서부터 생성된 것이면서, 다른 한편으로는 어둠 속으로 그 사람들이 초대한 저 먼 달빛이라는 외부 요인에 의해 생성된 것이기도 하다. 내부자의 소망과 외부에서의 은총이 결합했을 때 밤은 비로소 태양을 낳는다. 어둠 속의 사람들과 별빛의 축복이 결합했을 때, 즉 성과 속의 합작을 통해 태양은 수태된다. 매일 아침이면 어김없이 떠오르는 태양은 성과 속의 결혼을 알리는 신호이자 약속인 것이다.

동일한 사물일지라도 어떤 경우에는 성현(聖顯)으로 간주되고 수용되지만 어떤 경우에는 아무런 의미도 없는 속된 현상으로 받아들여지는 경우가 있다.[7] 시인은 밤에는 보잘 것이 평범했을 자연을 아침의 태양빛 속에서 새롭게 조명하여, 그것을 태양처럼 성스러운 것으로 솟아오르게 만드는 사람이다. 어느 순간 자연이 태양처럼 빛나게 될 때, 그 자연은 신이 거주할 만한 거대한 우주를 개방하는 것이고 거기에서 우리는 새로운 시간을 예비할 수 있게 되는 것이다.

그렇다면 박두진에게 있어서 어떤 자연이 빛을 발하는 태양이었던가? 박두진의 경우 태양이 될 수 있었던 최초의 자연은 단연 '산'이다.[8] 앞서 보았듯이 산은 박두진이 아침의 태양을 맞이하기 위해 항상 올라서는 장소로서, 언제나 봉우리가 첩첩이다.

> ① 칼날 선 서릿발 짙푸른 새벽,
> 상기도 휘감긴 어둠은 있어,
> (…중략…)
> 봉우리엘 올라서면 바다가 보이리라.
> 찬란히 트이는 아침이사 오리라.
>
> ──「새벽 바람에」에서

---

7) 정진홍, 『엘리아데―종교와 신화』, 살림, 2003, 28면.
8) 이는 박두진의 호를 보아도 알 수 있다. 그의 호 '혜산(兮山)'은 '있는 그대로의 산'이라는 뜻이다.

②산이여! 너훌대는 나뭇잎 푸른 산이여! 햇볕살 새로 퍼져 뛰는 아침은, 너희 새로 치는 소리들에 귀가 열린다. 너희 새로 받는 햇살들에 눈이 밝는다, ―피가 새로 돈다, 울울울 올라갈 듯 온몸이 울린다, 새처럼 가볍는다.

―「해의 품으로」에서

③山, 山, 山들! 累巨萬年 너희들 沈默이 흠뻑 지리함즉 하매,

山이여! 장차 너희 솟아난 봉우리에, 엎드린 마루에, 확 확 치밀어 오를 火 焰을 내 기다려도 좋으랴?

핏내를 잊은 여우 이리 등속이, 사슴 토끼와 더불어 싸릿순 칡순을 찾아 함 께 즐거이 뛰는 날을, 믿고 길이 기다려도 좋으랴?

―「香峴」에서

박두진에게 있어서 '산'은 우선 태양을 맞이하는 장소이며, 그 소망을 키우는 장소이다. 그에게는 산봉우리에 올라서면 언제든지 "찬란히 트이는 아침"을 맞게 될 것이라는 확고한 믿음이 있다. 그 믿음의 결실로서 "햇볕살 새로 퍼져 뛰는 아침"이 오면 그는 새롭게 "귀가 열"리고, 새롭게 "눈이 밝"아지고 새롭게 "피가 돈다"는 경험을 하게 된다. 그는 '산'을 통해서 매일 아침 새로운 탄생을 경험하는 것이다. 그렇기 때문에 그는 산을 일러 "내 영원한 어머니"(「설악부」)라고 고백한다. 새로운 탄생의 경험을 제공해주는 성스러운 장소인 까닭이다.

하지만 '산'이란 것은 단지 멀리 태양을 바라볼 수 있게 하는 장소, 따라서 태양에 대한 소망을 품게 하는 장소에서 그치지 않는다. 산 또한 그 내부에 "치밀어 오를 화염"을 품고 있기 때문이다. 언제 터질지 모르는 화염을 품고 있으면서도 박두진의 산은 그것을 억누르고 "누거만년" "침묵"을 유지하고 있는 것이다. 매일 아침 태양을 맞이하는 일상 속에서 산은 "다른 태양이 솟는 날 아침"(「설악부」)을 기다리고 있는 것이다.9) 산은 일상적인 태양이 아니라 전혀 다른 태양에 대한 소망을

품고 있는 장소인 것이다. 그 장소는 이미 종말론적 시간을 가리키고 있다. 그리고 언젠가 억제되었던 "화염"이 마침내 분출되는 최후의 날에는 여우, 이리, 토끼 등에서 작동하는 생태적 먹이사슬의 질서는 무너질 것이고, 결국 모두가 "즐거이 뛰는 날"이 될 것이다. 이처럼 산의 내부에서부터 찾아오는 폭발적 종말은 기왕의 질서가 무너지고 마비되는 공동체적 카니발을 예비하게 된다. 산은 이처럼 매일의 태양을 선사함으로써 일상에서 갱신의 기회를 제공하는 것이면서, 또한 동시에 그 일상을 뒤흔들고 전혀 새로운 태양의 도래를 예비하는 혁명적 기능을 수행할 수 있다. 이처럼 산은 밤과 낮이, 어둠과 빛이, 죽음과 생명이, 일상과 혁명이, 결국에는 성과 속이 서로 교차하는 장소인 것이다. 박두진의 모든 자연은 이 산을 닮아 있는 것이다.

4. 바다를 그리며

그러나 박두진의 시에서 태양이 떠오르는 쪽은 언제나 바다이다. 시인이 산에 오르는 까닭도 "봉우리엘 올라서면 바다가 보이리라 / 찬란히 트이는 아침이사 오리라"(「새벽 바람에」)는 소망 때문이다. 그래서 박두진에게 있어서 바다는 언제나 '그리움'과 '향수'의 대상이다.

　　바다를 바라보고

---

9) 태양을 기다리게 하는 산의 종교적 성격에 대해서 박두진은 「오월의 기도」에서 이렇게 노래하고 있다. "어떻게, 더 먼, 더 꼭한, 더 못견딜 영원을 기약하곤, 이내 돌아서서 가시는 당신의 뒷모습을, 멀리까지, 멀리까지 바라보기 알맞은 그러한 봉우리를 주옵소서, 주여. // 바다를 밟고 오신 싱싱한 바닷내와, 헤쳐 오신 산길의 싸리꽃낼 풍기시며, 멀리서 다시 이내 기적같이 오시는, 오오, 언제까지나 당신을 기다리어 서 있기에 알맞은, 그러한, 푸르고 찬란한, 눈물겨운 봉우리를 주옵소서, 주여."

사려 앉아 주십시오
못견디게 바다가 가슴을 설레우면,
당신의 흰 옷은 바다의 갈매기……

오 언제쯤,
저 먼 어느 深海―
햇살들의 숲속에서
새의 떼는 올까요

―「아침의 시」에서

　물론 박두진에게 있어서 바다를 향한 그리움의 동력은 "못견디게 황
홀한/ 아침"(「아침에」)에서 온다. 만약 바다에 대한 그리움이 사라진다면,
그것은 "눈물도 없고, 죽음도 없는" "언제나 아침뿐인, 먼 먼 푸른 섬"(「부
활절 별편」)에 서 있을 때뿐이다. 하지만 시인 박두진의 일상적 거점은
'섬'이 아니라 '산'이다. 그 산에서 그는 다만 멀리 바다를 바라볼 수 있
을 뿐이다. 태양을 중심으로 하는 삶이지만, 그 태양을 저 먼 바다에서부
터 떠오르게 하고, 그것을 높은 산에서 멀리 바라보는 것이 박두진 초기
시의 상상적 공간의 규모를 말해준다. 태양과 지구의 거리, 그리고 그 태
양이 떠오르는 바다와 산의 거리가 박두진이 운신하는 시적 공간인 것이
다. 이때 그것은 공간적인 거리이면서 동시에 시간적인 지연을 가리킨
다. 그리움과 기다림이 개입할 수 있을 만한 간격의 확보인 것이다.

　구름이 간다. 구름이 간다. 청산을 넘어 구름이 간다. 아무도 오지 않는 푸
른 산 봉우리, 이끼 낀 푸른 돌 바위에 앉아, 나는 혼자서 구름을 본다.

　휘휘휘 불어 오는 푸른 산 바람. 귓가를 불어가는 푸른 산 바람. 바다로 불
어가나? 바다가 그리워라. 머얼리 파도 치는 바다가 그리워라. 짙 푸른 짠 물
결 파도 소리에 메마른 귀가 젖는 바다가 그리워라.

―「海愁」에서

박두진의 시에서 고향을 향한 그리움[鄕愁]은 바다를 향한 그리움[海愁]으로 대체되어 나타난다. 고향과 바다는 교환가능한 등가물인 것이다. 그러므로 일반적으로 고향이 이향과 귀향의 대상으로 원환적 세계를 형성하는 것처럼, 박두진의 시에서는 바다가 다시 돌아가고픈 원점의 기능을 하고 있다. "아무도 오지 않는 푸른 산 봉우리"에서 "청산을 넘어" 바다를 향해 가는 "바람"과 "구름"이야말로 박두진의 그리움의 표현인 것이다. 정처 없는 유랑 생활을 주로 비유하는 바람과 구름의 이미지가 박두진의 시에서는 정처를 향한 그리움의 자연적 표상으로 변신하고 있음을 알 수 있다. 바람과 구름은 박두진의 그리움을 전달하는 기능을 수행한다는 점에서 다음 시의 '바다 갈매기'와 다르지 않다.

바다에서 자라 난 나래 하얀 새, 바다에서 자라 난 나래 흰 새야. 어서 너여기 내게로 와 앉으라.

하늘엔, 높이, 오늘도 구름만 노을져 타고, 바람도 잠자려, 휘휘휘 기슭으로 숲을 찾아 드는 저녁, 다만, 여기, 오오래 너를 바라 혼자만 섰는 나무, 아늑한, 내 품, 푸른 잎의 그늘에 와 앉으면,

나는, 이 밤, 자지 않고 너를 지켜, 도는 하늘, 내 잎잎을 밟고 가는 빛나는 별빛으로, 네, 잠든 눈, 어리는 꿈의 위에, 하늘을 빛내주고,

고이 접은 네 두 나래에선, 나는 겹겹이 지니었던, 내, 머언, 그, 빛나는 바다에의 향수를 더듬으며, 다만 여기, 널 안고 이 한밤 서서 살다가,

밤이 다한 아침! 새로 솟는 해를 맞아, 내 함빡 온 몸에 빛을 입고 서면! 나는, 있는 손 다아 들어 기빨처럼 흔들며, 햇살 입고, 흰 나래 다시 훨훨, 바다로 가는 너를 이별해주마.

—「바다로」전문

바다 갈매기를 통해 "바다에의 향수"를 달래는 것은 "이 한밤"에 한정된다. 바다에서부터 태양이 떠오르고 "밤이 다한 아침", "새로 솟는 해를 맞"이하는 순간, 시인은 "바다로 가는 너를 이별해"줄 수 있는 것이다. 바다를 향한 그리움이 밤을 통해 지속된다는 것, 그러므로 그러한 그리움을 매개하는 모든 자연적 사물들이 오직 "새로 솟는 해"를 위해서만 존재의미를 부여받는 세계가 박두진의 시적 상상계인 것이다. 그곳은 바다 갈매기가 바다를 향한 시인의 그리움을 대리하고, 바다를 향한 그리움은 다시 태양을 기다리는 마음을 대리하는 세계이다. 박두진의 시세계에서 모든 자연은 궁극적으로는 태양과 아침으로 대표되는 신적인 세계로 수렴될 것이며, 그렇기 때문에 모든 자연은 다시 태양과 아침을 기다리는 마음 때문에 비로소 존재의미를 부여받게 되는 것이다.

모든 것을 수렴하는 신적인 것을 향한 기다림이, 그럼에도 불구하고 그 안에 자연을 품을 수 있었던 것은, 박두진 상상 세계의 거대 규모에서 비롯된 것이다. 태양으로부터 멀리 떨어진 지구, 그 지구에서도 육지에서 멀리 떨어진 수평선, 그 수평선을 높은 산에서 바라보고자 하는 박두진의 상상 세계의 규모는, 그 안에 존재하는 모든 자연을 빛의 축복 속에 있는 그리움의 대상으로 만들고 있다. 박두진의 시에서 모든 자연은 신적인 빛의 조명때문에 밝게 빛날 수 있는 것이다. 자연에서 발산되는 그리움의 빛, 그 아름다움은 사실상 그 스스로는 빛날 수 없지만 오직 태양 빛을 받아서만 밝게 빛날 수 있는 달빛의 운명과 닮아 있다. 산이, 바다가, 그리고 구름과 바람이 지니는 의미는 오직 아침에 솟아오르는 태양, 그리고 그것을 기다리는 시인의 믿음에서 기원하는 것이다. 초기 시에서부터 박두진의 자연은 신적인 빛으로 충분히 비춰지고 있었던 것이다.[10]

---

10) 이는 자연, 인간, 신의 3단계로 그의 시적 세계를 구별한다는 것이 얼마나 무의미한 일인지 잘 말해준다.

5. 장미로 피어나다

하지만 "밤이 다한 아침"이 올 때까지 박두진은 여전히 바다 갈매기 두 날개에서 바다 냄새를 (사실은 태양의 냄새를) 맡아야 한다. 그리고 바다를 향한 지독한 향수는 "불러봐도 찢어봐도 어쩔 수가 없는, 나 하나 너 때문에 말라가는"(「오 바다」) 지경에 이르게 된다. 그 지독한 향수의 절정에서 해는 떠오르기 때문이다.

> 부푼 내 가슴에 푸른 가슴에, 붉다가 터지다가 타오르는 것, 내 가슴 맺힌 피가 어려 오르는 한 송이 장미꽃은 피어나리라.
>
> —「오 바다」에서

태양은 태양을 기다리는 마음 또한 태양으로 물들인다. 그러므로 박두진에게 있어서 태양이란 바다를 가르고 솟아오르는 붉은 해일뿐만 아니라, 동시에 태양을 갈망하며 가슴에 맺힌 붉은 피, 즉 장미꽃이기도 하다. 태양을 중심으로 해서 태양계에 있는 모든 자연이 신적인 빛의 영향권 속에서 신적인 빛을 발산할 수 있게 되었을 뿐 아니라, 그 태양을 기다리는 시인의 마음 또한 신적인 빛으로 피어난다. 태양을 향한 그리움을 통해서 외적인 자연 세계와 시인의 내면 세계가 온통 성스러운 빛으로 물들게 되는 것이다. 시인은 다만 태양을 향한 미래적 소망을 품고 산에 오르고, 멀리 태양이 솟아오르는 바다를 바라보았을 뿐이다. 하지만 그로 인해서 "모두 다 새로 일어나, 일제히 수런수런 빛을 받는 소리"(「해의 품으로」)를 들을 수 있는 박두진 시인만의 독특한 가상 공간이 설정된 것이다.

따거운 볕,
초가을 햇볕으론

목을 씻고,

나는 하늘을 마신다.
작고 목 말러 마신다.

마시는 하늘에 내가 익는다.
능금처럼 내 마음이 익는다.

―「하늘」에서

그 가상 공간 속에서는 하늘에 대한 목마름으로 "하늘을 마"시면, 그 하늘에 의해서 "내 마음이 익는" 것처럼, 모종의 교환이 가능해진다. 태양에 대한 그리움이 태양 주변에 있는 모든 것을 태양으로 만들어버리는 것처럼, 하늘에 대한 목마름은 내 마음을 하늘처럼 숙성시킨다. 박두진의 육체는 한 그루 장미와 마찬가지로 움직임에 있어서 한계가 있지만, 가장 멀리 있는 태양조차도 그리움만으로 내 마음으로 끌어올 수 있는 능력을 가지고 있다.

①이제는, 머언 언제 새로운 날 다시 있어,
내, 어느, 바다가 바라뵈는 언덕에 와 앉아,
오오래, 당신을 기다리기, 하늘로 맺혀 오른 고은 피의 얼이,
다시, 저, 푸른 하늘에서, 이슬처럼 내려 맺어
나의 앞에, 붉은 한 떨기 장미꽃이 피기까지,
나는, 또, 혼자, 오오래 소년처럼 기다릴까 봅니다.

―「五月에」에서

②나는 여기 섰다. 바람아. 푸른 나무처럼 나 홀로 여기 섰다. 아직도 작고 나는, 그 누구가 그리워……, 그 누가 보고지워……, 그 누가 올 것같어……, 나는 섰다. 그리운, 징―울려오는 그의 마음, 그리운 그 모습. 그리운 그 품. 그리운 그 눈!……

―「나무처럼」에서

그의 기다림(①)과 그리움(②)은 이렇게 해서 모든 외적인 자연과 내적인 자연을 신적인 것으로 물들이는 힘이 된다. 이는 "오오래, 당신을 기다리기"의 힘에 대한 박두진의 믿음에서 비롯된 것이다. 그리하여 태양을 중심으로 하는 거대한 공간적 상상력, 그리고 "새로운 날"에 대한 순박한 기다림을 통해서 박두진의 자연은 이미 신적인 능력으로 충일한 장소로 변해 있는 것이다. 비록 "푸른 나무처럼" "홀로 여기 섰다"고 할지라도, 그의 마음에 그리움과 기다림이 가득한 상태에서는 이미 온 우주를 품고 있는 것과 마찬가지인 것이다. 그것은 외적인 자연과 내적인 자연 모두 신적인 빛에 대한 그리움과 기다림으로 충일해 있을 때 발생하는 현상이다. 자연을 성스러운 공간으로 만드는 일, 그것은 박두진에게 있어서 시인의 소명이기도 하다.

후기에 박두진은 '수석'에 열중하였다. 돌(=자연) 속에서 창조주의 흔적을 발견하고, 수석을 고르는 행위에서 자연미와 예술미의 결합을 추구했던 박두진의 시도는, 자연에서 인간과 신이 만나는 장소를 마련하려 했던 초기 시의 연장선상에 있는 것이다. 초기에는 산, 바다, 태양을 중심으로 만들어진 거대한 우주적 규모의 상상계에서 이루어진 것이라면, 후기에는 단 하나의 돌 조각에서 압축적 규모로 이루어진다는 차이점이 있을 뿐이다. 그러므로 '청록파'에 참여한 나머지 두 시인과의 유사성을 통해서 박두진의 시적 세계를 이해하기보다는 박두진 자신의 시적 여정 전체를 통해서 그를 이해하는 것이 올바른 길이라 할 수 있다.

제6장
식민지 시대 교지校誌 연구

1. 머리말

근대적 교육제도가 정착되면서 학교 교지(校誌)의 역사도 시작되었다. 우리는 그 초기의 모습을 1885년 선교사 아펜젤러에 의해서 설립된 배재학당에서 찾아볼 수 있다. 개교 10주년이 지난 후 배재학당에서는 최초의 학생회라고 할 수 있는 '협성회'가 조직되었는데(1896.11.30), 그 후 학생회는 기관지 『협성회회보』를 주간지의 형태로 발간하게 된다(1898.1.1). 최초의 교지라고 해야 할 이 『협성회회보』는 발간 5개월만에 14호까지 내고 폐간되었는데, 무능한 수구파 정부관료에 대한 학생회의 신랄한 비판이 그 원인이 되었다. 그러나 폐간 이후 회보는 오히려 『매일신문』(최초의 일간신문)으로 거듭남으로써 학교의 담을 넘어서는 기회를 얻게 된다.

한 학교의 교내 간행물이 대중적 언론매체로 변신할 수 있었다는 것은 지금으로서는 상상할 수도 없는 일이지만 당시로서는 오히려 자연스러운 일이었는지도 모른다. 간행물의 수효가 지금처럼 많지도 않았고 신문이나 잡지가 귀하던 시절, 학교의 아담한 교지가 교만한 신문과 잡지를 대신하여 요긴한 정보원으로 기능했으리라는 것은 능히 상상하고도 남음이 있다. 학교의 교지는 발행처만 특정한 학교였을 뿐 대외적으로는 공신력 있는 어엿한 신문이고 잡지의 일종이었던 것이다. 실제로 일제시대 동안 경성에서 발간된 전문학교 교지의 대부분은 비매품이 아니었다. 1920년대 후반 경성제국대학 법문학부 학생회에서 발간한 『신흥(新興)』과 이화여전의 『이화』는 40전에 판매되었으며, 연희전문의 교지 『연희』는 다른 공식 잡지처럼 목차를 포함하는 광고를 내기도 하였다.

이처럼 교지의 영향 범위가 학교 울타리를 넘어섰다는 것은 당시 '학교'라는 기구 자체가 교육기관 이상의 의미를 지니고 있었음을 말해준다. 조선 전체가 하나의 거대한 '학교'라는 발상은 다만 계몽운동 시기에서 종결되지 않았던 것이다. 지금까지도 남아 있는 오래된 사립학교들 중 상당수는 1910년 한일합방 이전에 건립된 것들로서, 여기에는 사립학교 건립 자체가 일제의 국권 침탈에 맞서는 교육적 대응의 일환이었다는 전설이 따라붙는다. 사립학교 건립을 위한 예비 모임의 성격으로 전국에서 산발적으로 조직된 각종 학회에서는 미리부터 나름의 학회지를 발간하기 시작하였는데, 이러한 학회지의 성격이 이후 각종 사립학교 교지의 모델로 전이된 것으로 보인다. 그 무렵 발간된 여러 종류의 학회지가 근대문학이 형성되어 가는 과도기적 모습을 보여주는 귀중한 문학사적 자료로 주목받고 있음은 주지의 사실이다.

그러나 근대문학이 본격적으로 출범한 이후에 간행되는 각 학교의 교지의 경우는 사정이 다르다. 지금까지도 문학사에서 그것들은 상대적으로 관심권 바깥에 놓여 있는 형편이다.[1] 물론 공식적으로 문단이 성

---

1) 문단 형성 이후에 발간되는 교지에 관심을 두지 않는 것은 사학과 및 신문방송학과의 경우도 마찬가지이다. 적어도 1919년 3·1운동 이후 신문, 잡지가 공식적으로 활발

립된 마당에 학교 교지에 실린 아마추어 작품이 관심을 끌지 못하는 것은 어쩌면 당연한 일인지도 모른다. 이런 사정은 일본 유학생 학회지의 경우도 마찬가지이다. 국내 학회 학회지의 경우처럼 유학생 학회지가 문학사의 조명을 받는 경우는 대개 국내 문단 형성 이전으로 한정되기 때문이다. 이처럼 문단 형성 이후 발간된 교지 및 학회지에 대한 관심의 쇠퇴는 공식적인 문단을 중심으로 문학사를 서술하려는 태도와 맞물려 있다. 그렇다면 교지를 통해서 우리가 확인하게 되는 것도 어쩌면 정식으로 문단에 이름을 올린 사람들의 뒷모습 정도인지도 모른다. 이런 맥락에서 이 글은 우선 교지 연구의 필요성을 제기하는 차원에서 일제시대 전문학교 교지의 성격과 내용을 개관하는 데 목적을 둔다.[2]

2. 고등보통학교 교지의 성격

한일합방 이후 사립학교에 대한 총독부의 탄압은 계속되었다. 그 연장선상에서 공포된 1915년의 사립학교규칙은 1908년의 사립학교령을 더욱 보강한 것으로 전문학교 진학 자격을 고등보통학교 졸업자로 제

하게 간행되면서부터 학교 교지는 연구의 관심권 바깥으로 밀려났다. 따라서 교지에 대한 연구로는 해당 학교의 창립기념출판물에 간략하게 언급된 것이 있을 형편이다. 이 글 또한 여러 대학을 비롯해서 각 학교에서 발간한 기념출판물의 내용에 빚지고 있음을 밝힌다. 연세대학교100년사편찬위원회, 『연세대학교백년사』(4), 연세대 출판부, 1985; 이화100년사편찬위원회, 『이화100년사』, 이화여대 출판부, 1994; 숭실대학교100년사편찬위원회, 『숭실대학교 100년사』, 숭실대 출판부, 1997; 고려대학교90년사편찬위원회, 『고려대학교 90년사』, 고려대 출판부, 1995.

2) 문단 형성 이전의 학회지와 문단 형성 이후의 교지 사이의 관계, 문단 형성 이후 학교 교지가 문학사적 자료로 어떻게 활용될 수 있는지, 더 나아가 보통학교 및 전문학교에서 엮어진 동인들의 학창시절 등사판 동인지들의 실태 연구, 그리고 문단 형성 이후 그들의 이합집산 과정을 추적하는 것은 이후의 과제로 남겨둔다.

한함으로써 기존의 중등학교의 위상을 좁히는 한편, 고등보통학교로 승격하는 데 있어서 그 조건을 까다롭게 하고 인가제로 바꿈으로써 사학(私學)에 대한 통제의 의도를 노골화한 것이다.[3] 이를 계기로 상당수의 중등교육기관이 고등보통학교로 명칭을 변경하게 되었다. 사립학교규칙과 거의 동시에 발표된 전문학교규칙은 "본령에 의하여 설치하는 전문학교가 아니면 전문학교라 칭할 수 없다"[4]는 규정을 강조함으로써 상당수의 고등교육기관을 전문학교 승격 과정에서 누락시키게 된다. 승격된 전문학교조차 일본의 전문학교와 동격에 놓일 수는 없었다.[5] 두 개의 법령은 고등보통학교와 전문학교의 교과내용까지 규제하여 지리와 한국사, 성경을 교과목에서 배제하는 등 사립학교를 식민지 교육기관으로 제한하려는 뜻을 드러내었다. 게다가 고등보통학교와 전문학교를 제외하고는 조선인의 대학 설립 자격을 박탈함으로써 관립대학을 제외하고 식민지 기간 동안 대학 교육을 받기 위해서라면 일본 유학을 선택하지 않을 수 없었다. 사정이 이렇다면 사립학교의 교지에 사학의 민족주의적 자존심이 스며 있는 것은 당연하다.

고등보통학교의 경우 교지의 성격은 그것을 담당하는 학생회 부서명에서 이미 드러난다. 학생회의 조직이 정비되어 가는 과정에서[6] 그 담당 부서가 간혹 바뀌는 경우도 있었지만, 대개는 학생회 산하 '문학부'에서 교지 발간을 책임졌다. 문학부에서 담당한다는 것은 교지의 문예

---

3) 손인수, 『한국근대교육사』, 연세대 출판부, 1971, 118~119면 참조.

4) 손인수, 위의 책, 119면.

5) 이로써 명칭을 변경한 학교의 경우 '~고보(高普)', '~전문(專門)'(여학교의 경우는 '~여고보', '~여전')이라는 약칭으로 불리게 된다.

6) 학교의 명칭이 바뀌는 만큼 각 사립학교의 교지 명칭 또한 수차례 변경되었는데, 이 경우는 대부분 학생회 조직의 정비와 때를 같이 한다. 예컨대 이미 언급한 배제고보의 경우 1903년에 조직된 배재학생 기독청년회가 그 조직을 정비해 나가는 과정에서 교지의 명칭을 1918년에는 『배재학보』로, 1922년에는 『배재』로 변경하게 된 것이 그 사례이다. 물론 『이화』, 『오산』, 『휘문』 등 교지명이 그대로 학교명을 따르는 경우도 많았다.

적 성격이 강조되었음을 뜻한다.[7] 교지를 통해 "될 수 있는 대로 반사회 급(及) 타학교 생도에게까지 문학적 사상의 보급을 계(計)하"[8](『배재』)려 했던 것은 비단 『배재』에 한정되지 않는다. 이처럼 교사와 학생들간의 친목도모에 그 뜻을 두기보다 문학을 '보급'하는 데에서 교지의 의의를 찾게 된다는 것은 문단 형성 이후 교지들이 친목회회보의 성격을 탈피하여 문예지를 모방하고 있기 때문이라고 판단할 수 있다.[9] 학생들 사이에서 교지의 문예면은 이미 B급 문단의 구실을 했던 것이다. 더군다나 교지의 예상 독자층이 이미 학교의 울타리를 넘어서 있었던 점을 감안한다면 교지를 통한 사회적 발언에도 신중함이 더했을 것이다. 그렇기 때문에 교지의 내용이 종종 검열을 통과하지 못하고 삭제 또는 압수되는 사태는 충분히 예상할 수 있는 일이었다. 학생들의 사상적 동향을 살피는 데 있어서 교지의 내용은 간접적인 정보자료로도 활용되던 것이다.[10] 이와 같은 사정은 전문학교 교지에도 그대로 적용된다.

---

7) 배재고보의 경우 문학부의 사업은 "회원 학생들에게 문학적 사상을 보급하고 소질을 길러 주며 또는 도서실을 경영하고 배우는 과정 외에 문학, 실업, 과학 등의 실사회에 대한 지식을 얻게" 하는 것으로 규정되어 있다. 배재백년사편집위원회, 『배재백년사』, 학교법인 배재학당, 1989, 246면.

8) 위의 책, 같은 면.

9) 고보의 경우 교지의 창간 시기는 학교 사정에 따라 달랐다. 예를 들어 보성고보가 1910년에 이미 『보중친목회보』를 발간하고 있었는데 반해, 배화여고보는 1929년에 가서야 교지 『배화』를 창간하기에 이른다. 그러나 특별한 경우를 제외하고는 대개 1920년대 중반을 전후해서 학교명에 따른 교지를 발간하게 된다. 이처럼 문단 형성 이후에 발간된 교지들이 많다는 것은 문단에 유통되는 문예지와 학교 교지간의 모방관계를 짐작케 하는 대목이다.

10) 각 학교의 교지를 검열하는 총독부 도서과에서는 교지를 자료 삼아 「출판물로 본 조선인 학생의 사상적 경향」이라는 문서를 제작하기도 하였다(『배재백년사』, 177면 참조).

3. 전문학교 교지 개관

1) 숭실대학의 교지

당시 전문학교는 3년 학제로 이루어져서 정상적인 대학교육을 감당하기 어려웠다. 그래서 1920년대 초중반 민립대학을 세우려는 시도가 여러 차례 있었지만 모두 좌절되었고, 민립대학 대신에 1924년 관에 의해 경성제국대학이 정식 대학으로는 처음 건립되었을 뿐이다. 하지만 평양의 숭실대학은 미리부터 대학이라는 명칭을 사용하고 있었고, 일찍부터 학생회 활동이 활발하였던 예외적인 경우를 보여준다. 1915년 당시까지 대학생의 숫자가 71명에 불과했던 숭실대학은 중등학교와 연계하여 『숭실학보』를 창간하게 된다(1915.9). 교장 배위량과 편집인 김인준이 주관한 『숭실학보』에는 학생뿐 아니라 교수, 지방유지들이 글을 투고하는 등 지방잡지의 모양새를 갖추고 있었다. 창간호는 일본 요코하마에서 인쇄하였지만 2호부터는 평양에서 직접 인쇄하였으며 20전에 판매되었다. 학보의 체계를 갖추기 시작한 것은 2호부터인데, 학생들의 문예작품 6편을 비롯해 교수와 학생의 논단이 마련되어 있었다.

공식적인 교지 외에도 숭실에서는 등사판 『숭실문학보』(1916년 창간)가 있었는데, 1914년부터 결성되었던 숭실대학 '문학부(문학동호회)'의 동인지인 셈이다. 월 2회의 강연과 시회(詩會)를 개최하던 그 '문학부'가 『숭실학보』 2호부터 편집을 전담하게 된다. 이때까지 숭실대학에는 학생회가 없었으나 1921년 숭실대학 학생기독청년회가 결성되면서 1924년 교지명을 『숭실』로 개명하고 학생회 산하 '지육부(智育部)'로 하여금 교지 편집을 맡게 하였다. 특이하게도 "본지는 매 학기 1차씩 년 3회 발간하는 중 2차는 간단히 시보로 하고 제2학기만 잡지로 발간하는 바"(5호, 1927)라고 하여 시보와 잡지를 별도로 발행하는 모습을 보여준다. 『숭실』은 그 4호(1926.11)가 원고를 전부 압수당하는 수모를 겪었다 하니 그 논조를 짐작케 한다. 교지의 구성은 『숭실』 5호의 경우 논문 7편, 기행 6편, 시 12편, 창작 2편에 소식란과 편집후기로 나뉘어져 있으며, 대략 100쪽 분량으로 되어 있다.

1928년 양주동의 부임은 숭실의 문예활동이 더욱 활발해진 계기가 되었다. 부임 이후 양주동은 『문예공론』을 발간하는 등 활발한 문단 활동을 전개하면서 숭실 학생들의 시를 교지를 비롯 신문, 잡지에 추천해 주기도 하였다. 실제로 『숭실』 6호부터는 학생들의 시(23편)와 창작(4편)이 전년에 비해 2배 가량 늘었으며 교지의 면수도 145쪽으로 늘어났다. 시일이 지나면서 교수들의 논단이 줄어드는 대신 학생들의 문예란이 확장되어 1930년 창간 기념호(10호)에는 교수들의 논문 5편을 제외하면 시(26편)와 창작(4편) 등 학생들의 작품으로 채워져 있다. 편집후기에는 "재학생들의 원고만으로 문예호를 내보려고 힘써왔습니다. 그러나 그 속내는 결국 실현돼보지 못"하였음을 고백하고 있어 주목된다. 결국 1930년대에는 교지와는 별도로 『숭전교우(崇專校友)』까지 창간하는 열의를 보이고 있다. 교지 또한 11호(1931.2), 12호(1931.12)를 거치면서 점차 학생들의 시와 창작소설로 채워졌으며, 자연 그 선별과 지도는 양주동의 손을 거치게 되었다.

이 시기(1932년)에 김현승이 숭실전문 문과로 진학하게 된다. 그는 1학기 겨울에 이미 장시를 교지에 투고했다고 고백하고 있으며, 『숭실』 15호(1934)에 실린 「쓸쓸한 겨울 저녁이 올 때 당신은」이라는 작품을 양주동이 『동아일보』에 추천하여 등단하게 된다. 같은 호에는 김현승 작사 김동진 작곡의 「숭실의 노래」가 악보와 함께 수록되어 있어 당시 김현승의 위상을 알려준다.[11] 이듬 해 1926년 이효석이 부임해왔으나 중일

---

11) 김현승 이외에도 16호(1935)에는 1929년 광주학생 만세사건으로 옥고를 치렀던 김조규의 시 「마음의 칠현금」이 수록되어 있다. 시인 김조규는 우리에게 월북시인으로 알려져 있다.

전쟁(1937) 이후 노골적인 탄압이 가중되면서 학교는 1938년 문을 닫게 된다.

2) 연희전문의 교지

1915년 전문학교로 설립된 연희에서는 그 해 10월 '연희학생청년회' 가 조직되어 그 산하 '지육부(智育部)'에서 『연희』 발간을 책임지게 되었다. 하지만 "1919년경에 창간호를 발행하려고 편집까지 마치고 제반 준비가 완성되었던 것이나, 주위의 사정으로 수포로 돌아가고"(『연희』 창간호, 1922.5) 말았다. 주위 사정이란 3·1 운동을 말하는 것으로, 이렇듯 수년의 산고 끝에 창간된 교지에 대한 기쁨은 「창간사」에 잘 나타나 있다. 창간호는 여느 교지처럼 창간사 외에 논문(9편), 수필(1편), 소설(1편), 시(6편), 기록(4편) 등으로 구성되어 총 92쪽 분량으로 출간되었다. 숭실과 마찬가지로 교지는 교수와 학생의 글에 의해 꾸며졌으며, 처음에는 춘추호로 한 해에 두 번씩 내려 했으나 대체로 1년에 한 번씩 간행되었다. 그러나 『연희』는 그 출발부터 순탄치 않았다. 2호는 발행을 금지당했으며, 겨우 11월에야 임시호를 낼 수 있었는데, 이 때도 김윤경의 「먼저 사람이 됩시다」라는 논문과 강성주의 「신생의 여명기를 임하여」라는 감상문이 압수당했다. 이에 대해 「연희 임시호 발간에 대하여」라는 글에서 위당 정인보는 "특별한 사상이 있는 것도 아니요, 과격한 언론이 있는 것도 아니건만, 검열관의 눈에는 어떻게 놀라워 보이었던지"라고 한탄하고 있다. 압수 이후 2호 임시호부터는 분량을 종전의 두 배 정도로 늘이면서 논문과 문예가 절반씩 차지하게 배려하였으며, 특별한 변화 없이 3호(1924.5)부터 4호(임시호, 1925.3), 5호(1925.10), 6호(1926.7)를 거쳐서, 상당 기간 휴간되었다가 7호(1931.7)에서 속간되어 8호(1932.12)로 종간되었다.

『연희』지의 종간 이후 1930년 문과에서 조직된 '문우회'가 그 기관지 『문우』(1932)를 창간하여 그 뒤를 잇게 된다. 편집인 하태수의 「권두언」에는 "대중이 요구하는 문예활동이란 그들의 생활상태와 그들의 의식을 여지없이 그려내고 그들의 운동방침을 제시하는 데 있을 것"이라고 하여 교내 잡지의 울타리에서 벗어나 본격적인 문예잡지로 진출하려는 의욕을 나타내고 있다. 그러나 『문우』 또한 이시우의 시와 김대균의 희곡이 삭제당하는 등 검열에 시달렸는데, 이에 대해 편집후기는 "우리의 문단은 바야흐로 파쇼의 침략 하에 그 자취를 감추려는 위기에 있다"고 기록함으로써 당시 KAPF 검거 사건을 둘러싼 험악한 분위기를 노골적으로 비난하는 모습을 보여주고 있다. 『문우』는 부정기적으로 간행되다가 1941년 5호를 마지막으로 종간되었다. 당시 다른 잡지의 경우와 마찬가지로 5호는 대부분 일본어로 씌어졌다. 그 외에도 연희전문의 학생 간행물로 1930년 한국기독교청년회의 『시온(詩蘊)』, 경제연구회의 『경제연구』 등이 발간되었지만 모두 단명했다. 1935년에는 현재 『연세춘추』의 전신이라고 할 수 있는 『연희타임스』가 간행되어 대학신문의 효시로 기억된다.

『연희』지와 『문우』지를 통해서 활동한 작가로는 우선 박영준을 꼽을 수 있다. 그는 1930년에 입학하여 『연희』 7호에 「근성(近城)」이라는 시를, 『문우』에도 시 「이기주의자, 야심을 버리어라」를 발표한 바 있다. 하지만 정작 그를 유명하게 만든 것은 1934년 정월, 졸업을 석달 앞두고 『조선일보』 신춘문예에 당선되었던 「모범경작생」이라는 소설이다. 같은 해에 그는 『신동아』 신춘문예에 장편 『일년』과 콩트 「새우젓」이 동시에 당선되는 영예를 얻어 작가로서의 재질을 충분히 인정받았다. 그의 초기 작품은 대개 농민소설 계열로서 농민에 대한 애정을 담고 있다. 그는 연희가 배출한 최초의 작가인 셈이다.[12] 또한 『문우』지에서

---

12) 그 외에 『연희』와 『문우』를 거친 시인, 소설가들 중에는 그 인연을 동인지에서 이어가는 사람들도 많았다. 그 중에서 신백수를 중심으로 이시우·장서언·최영해 등이 참

우리는 시인 윤동주의 「우물 속의 자화상」과 「새로운 길」을 보게 된다. 『문우』에 실린 대부분의 원고가 일본어로 되어 있음에도 불구하고 그의 시를 비롯한 몇 편의 시가 한글로 발표되었음이 특기할 만하다.[13]

3) 경성제국대학의『신흥(新興)』

경성제국대학은 조선의 민립대학 설립운동을 제압하기 위한 방편으로 1924년에 건립된 관립대학이다. 경성제국대학은 교수와 학생 대부분이 일본인으로 구성되어 있었으며, 조선인의 입학조건은 상당히 까다로운 편이었다. 학제는 예과와 학부(요즘말로 본과)로 이루어져 있고, 예과는 다시 문과와 이과(의대)로, 문과는 다시 문과A(법학)와 문과B(문학, 사학, 철학)로 나뉘었다. 1925년 설립 초기부터 학생회가 있어서『청량(清凉)』이라는 순 일본어로 된 교지가 발간되었지만, 조선인 학생은 따로 '문우회'를 만들어 1년에 한 번『문우』지를 간행하였다. 1927년 조선인 학생의 모임을 자제하라는 권유에 따라『문우』는 5호로 종간되었고, 그후 조선인 학생들은 '경제연구회', '적송회', '낙산문학회' 등으로 분산되어 있었다. 그러다가 1929년 법문학부 학생이 중심이 되어『신흥

여하여 시험삼아 발행한『삼사문학』(1934)이라는 동인지는 지금은 초현실주의 경향의 잡지로 기억되고 있다. 특히 이시우가 3집에 발표한 「절연하는 논리」라는 글은 한국 초현실주의 선언문에 가까운 글로 평가된다. 신백수 등은 이후『창작』(1935),『탐구』(1936) 등의 동인지를 잇달아 발간하기도 하였다. 그 외에도 연희전문을 중퇴한 김이석은 고향 평양으로 가서『단층』(1939)이라는 동인지를 발간하여 모더니즘 경향의 소설을 선보였는데, 이로써 그 동인들은 '단층파'라는 별칭까지 얻었다. 마지막으로『연희』 3호(1924)에 희곡으로 얼굴을 내민 박용철 또한 연희전문을 중퇴하고『시문학』(1930)을 창간할 무렵 그 동인으로 정인보와 변영로를 추대하고 있는데, 이는 연희전문 재학시절의 인연을 따른 것으로 보인다.

13) 윤동주는 1938년 연희전문 문과에 입학하여 1941년 12월 졸업하기까지 연희 기숙사에서 시세계를 키웠으며, 졸업 후 한정 출간하려 했던 시집『하늘과 바람과 별과 시』는 생전에는 햇빛을 보지 못하다가 사후(해방 이후)에야 출간될 수 있었다.

(新興)』(1929.7)이라는 잡지를 발간하게 된다.

사실상『신흥』은 법문학부 1회 졸업생들의 졸업작품인 셈이다. 이처럼『신흥』은 전체 학생회의 교지도 아니었고, 이과생을 포섭하지도 못했다는 점에서 조선인 학생 전체를 대표하지도 못하였다. 하지만 조선인 문과생 전원이 자유롭게 참여할 수 있었다는 점에서 어느 정도는 경성제국대학 조선학생 교지를 대신한다고 할 수 있다. 또한 교수와 학생의 공동작품집이었던 대부분의 다른 교지에 비해 학생들만의 단독 잡지라는 점에서『신흥』은 특별한 의미를 지닌다고 할 수 있다. 그래서그런지「축사」도「발간사」도 생략된 채 곧바로 논문으로 시작하는『신흥』창간호의 모습은 어떤 단호함을 느끼게 해준다. 그 느낌은 창간호 편집후기에 이렇게 표현되고 있다. "조선의 모든 정세는 드디어『신흥』을 탄생시키었다. 과거의, 우리의 모든 운동에 있어서 누구나 통절히 느끼던 것은, 우리에게 확고한 이론—과학적 근거로부터 우러나오는, 운동의 지표의 결함이었다. 신흥은, 모든 곤란을 극복해가며, 조선의 운동의 이러한 방면에 기여함이 있으려 한다." 여기에서도 확인할 수 있는 바와 같이『신흥』의 창간 목적은 조선의 모든 운동에 대하여 "확고한 이론—과학적 근거"를 제공하는 것, 곧 최초의 현실성 있는 학생학술논문집의 탄생이다.『신흥』에서 가장 높은 비중을 차지하는 것이 '논문'임은 능히 짐작할 수 있다. 이는 문예에 비중을 두었던 다른 여타의 교지와 구별되는『신흥』만의 특징이라고 하겠다.

창간호(1929)에서 9호(1937)까지『신흥』에 실린 논문의 수는 총 94편(번역 13편 포함)으로 문학작품 29편(번역 6편 포함)을 세 배나 넘어서는데, 해외의 정치·경제·문예 상황을 소개하는 글 18편을 포함하면 논문의 수만 총 112편에 달한다. 소개의 글을 제외하고 논문의 내용을 분류해보면 사회과학계열(40편)과 국학계열(33편)이 압도적으로 많은데, 이는 마르크시즘과 민족주의가 당시 학생들의 양대 근본 사상을 이루고 있었음을 짐작케 한다. 사회과학계열의 논문에서는 철학(23편)이, 국학계열의 논문에서는 고전문학(11편)이 수위를 차지하고 있다. 그 외에도 법학(6편), 경제학(6편), 정치학(5편), 한국사(9편), 국어학(5편), 민속학(7편) 등 두루 망라되어 있고, 기타 중국문학, 영문학에 해당되는 논문들도 보인다. 철학은 거의 대부분이 독일철학(칸트·헤겔·마르크스·딜타이·후설 등)이고, 『신흥』 7호와 8포의 뒷표지는 아예 독일어로 논문의 목차를 표기하고 있어서(물론 문학은 제외),14) 일본과 독일 파시즘 사이의 학문적 연대를 상기하게 만든다. 구성원들은 비교적 최근 시기의 잡지까지 입수해서 읽고 번역하고 평가하는 일에 익숙해 있는 점을 상기한다면 그 내용에 대한 정밀한 검토가 요구된다. 그렇다면 국학에 대한 과도한 집착도 그 혐의에서 벗어날 수는 없을 것이다. 당시 민족주의와 동양패권론 사이의 거리가 그리 멀지 않았다는 점을 상기한다면 말이다.

『신흥』의 발행인은 배상하·이강국·유진오(7호)로 이어졌는데, 특히 7호의 발행인 유진오가 두드러진다. 우리에게는 「김강사와 T교수」(1935)로 잘 알려져 있는 유진오는 이미 교내에서 '경제연구회'라는 조선학생 모임을 주도하기도 했는데, 그 연구회 구성원 중에 조선공산당재건운동에 참가한 사람까지 발생하자 해산을 종용받기도 했다. 그는 같은 경성제대 출신 이효석과 더불어 KAPF에 동조하는 이른바 동반자 문인으로 알려져 있다. 『신흥』에 거의 매호 발표된 그의 논문은 대개 마르크시즘 철학과 관련되어 있어 그의 이념을 짐작케 한다. 유진오와 더불어 '경제연구회' 회원으로 활동했던 신남철은 '헤겔 100주기 기념 강연'에 참여할 정도로 헤겔철학에 정통한 철학자이면서 KAPF 퇴조 이후 비평의 공백기를 철학적 논변으로 채웠던 신예 비평가이기도 하다. 그 외에도 우리는 국어학의 이희승, 고전문학의 조윤제, 한국고미술사의 고유섭, 한문학의 김태준 등의 빛나는 글을 『신흥』에서 발견하게 된다.

---

14) 7호의 독일어 목차 제공은 편집후기를 쓴 신남철의 작품이 아닌가 싶다.

4) 보성전문, 이화전문의 교지

보성의 교지는 앞에서 말했던 『보중친목회보』까지 거슬러 올라간다. 하지만 1922년 전문학교로 인가받은 이후 보성전문(현 고려대)의 이름으로 발간한 교지는 1925년 문예부에서 발간한 『시종(時鐘)』(1925.1)과 교우회(학생회)에서 발간한 『보성(普聲)』(1925.5)이라는 잡지에서 시작된다. 『시종』과 『보성』은 모두 월간으로 기획되었지만, 각각 4호와 3호로 종간되고 말았다. 『시종』은 김억·염상섭(소설 「악몽」 연재) 등 현직 문인의 글도 싣고 있다는 점을 제외하고는, 논문란과 문예란을 적절하게 배열하는 형식이나 그 내용에 있어서 『보성』과 별 차이를 보이지 않는다. 『시종』과 『보성』이 종간된 이후 그 10여 년간(1926년부터 1935년까지) 보성전문을 대표하는 교지는 알려져 있지 않다. 1936년 11월에 학생회에서 『보전학생』을 창간했지만 그것마저도 1938년 그 2호를 낸 것에 그치고 있다.

1925년 전문학교로 인가되면서 분립(分立)된 이화여전에서는 이화학생기독교청년회(이화 YWCA)가 그 산하에 '문학부'를 두고 『이화』지를 간행하게 하였다(1929). 교지 발간 외에도 문학부는 주로 학생들의 문학예술활동을 지원하는 일에 주력하여, 강연회, 토론회, 강사초빙강연, 연구발표 등을 주관하였다. 『이화』지는 1929년 창간 이후 1935년 7호까지 일년에 한 번 발간되었으며, 매호 교내 관련 자료와 풍부한 사진 등을 덧붙이고 있어 기록물로서의 가치를 높이고 있다. 전체적 구성은 논평(논문)·감상(수필)·일기·전기·시조·신시·번역·창작 등으로 이루어져 있는데, 전체의 3/4 이상을 문예면에 할애하고 있다는 점이 특징이다. 특히 7호(1935)에는 '현상문예작품 당선발표'난을 만들고 시(13편)와 소설(2편) 당선작을 싣고 있어서 교내 문예공모의 시작점을 마련하고 있다. 『이화』지는 모윤숙[15]·노천명[16]·전숙희 등을 배출함으로써 당시로서

---

15) 모윤숙은 학생회 이사이자 농촌부장으로 교내 활동에 적극 참여했는데, 특히 농촌부장 경험은 농촌 풍경을 노래한 그녀의 소박한 서정시편에 잘 반영되어 있다. 그녀는

는 빈약했던 여류 문인 진출의 교두보로 기능하고 있었음을 입증한다.

4. 맺음말

　같은 친목회지임에도 불구하고 개화기의 국내 학회지와 국외 유학생 학회지는 근대의식의 산 증거물이자 근대문학 이행기의 보물창고로서 주목받고 있는 데 반해, 한일합방 이후 국내에서 간행된 학생회 중심의 간행물은 근대문학의 화려한 출범식과 더불어 영원히 기억의 창고 뒷전으로 밀려나고 말았다. 하지만 각 학교의 교지는 변변한 학술논문집 하나 없었던 일제 시대의 교수 및 학생들에게 연구성과를 담는 소중한 창구였을 뿐 아니라 문단의 벽이 점점 높아지면서 표현의 욕망을 발산할 수 없었던 학생들의 유일한 배출구이기도 하였다. 또한 교지는 교사와 학생이 서로 소통하는 자리였을 뿐 아니라 동시대의 문제의식을 함께 고민하는 자리이기도 하였다. 더군다나 교지는 단지 학내에서만 유통되는 소모품으로 그치지 않고 학교의 울타리를 넘어서 모든 대중에게 개방된 일종의 종합 잡지의 성격도 지녔다. 바로 그렇기 때문에 일제로서는 교지야말로 학생들의 사상적 동향을 파악할 수 있는 유익한 정보원이라고 판단했던 것이다.

　물론 교지에 숨겨진 문학사는 대부분 가십거리에 지나지 않을지도 모른다. 거기에는 문학사에 등재된 문인들의 철없던 시절 습작품이 실려

졸업 후 처녀시집 『빛나는 지역』(1933)을 상재하였다.

16) 1934년에 졸업한 노천명은 우리에게는 시 「사슴」으로 잘 알려져 있으며 『이화』에 여러 편의 시와 소설을 발표하고 졸업 후 『시원』으로 등단하여 1938년 첫시집 『산호림』을 출간하였다.

있기도 하고, 장르를 넘나드는 그들의 의욕과 치기를 고스란히 보여주기도 해서 개인적 연대기를 구성하는 데 요긴하게 소용되기도 한다. 그러나 이제는 특정 작가의 학창시절의 추억을 들추기 위해서 교지를 활용하는 선을 넘어야 하지 않을까 싶다. 교지를 통해서 어쩌면 우리는 당시 문학 청년들의 문학적 취향을 간접적으로 확인할 수 있을 뿐 아니라 그 취향 형성에 끼친 문단의 영향력까지도 가늠할 수 있을 것이다. 이처럼 교지를 한낱 문학사의 가십거리로 폄하하는 편견에서 벗어나서 우리가 거기에서 문학과 사상이 살아 움직이고 소통되는 현장을 발견하려 했을 때 교지는 비로소 문학사적 자료로서의 가치를 더욱 잘 드러낼 것이다.